İBRAHİM'İN SAVAŞI

Alegorik Bir Roman

Semion Vinokur

ISBN: 978-1-77228-192-7

İbrahim'in Savaşı

www.kabbalahbooks.info

info@kabbalahbooks.info

www.kabacademy.com

Copyright [c] 2024 by Laitman Kabbalah Publishers
1057 Steeles Avenue West, Suite 532
Toronto, ON M2R 3X1, Canada
info@kabbalahbooks.info
All rights reserved

Öğretmenim
Michael Laitman'a

İçindekiler

Kitap Bir - Başlangıç..11

1-1 Yıldızlar Konuşuyor..13

1-2 Göklere Yükselen Bir Kule..................................15

1-3 Dâhi Şelah...19

1-4 Tanrıları Yendik..25

1-5 Ölmek için Doğmak?..29

1-6 Rahibin İntikamı...32

1-7 Kadehteki Zehir..35

1-8 Erkek Çocuk ve Tanrılar....................................39

1-9 Boş Gökyüzü..43

1-10 Bir Yıldızın Doğuşu..46

1-11 "Bir Küçük Çocuk Onlara Öncülük Edecek"............51

1-12 Katliam...57

1-13 İnsanlar Neden Öldürür?..................................61

1-14 Kurtuluş..66

1-15 Kaderde Yazılı Buluşma...................................70

1-16 Avram'ın Keşfi..75

1-17 Tek Bir Aile Olarak Yaşıyorduk..........................79

1-18 Kovalamaca..84

1-19 Beklenti, İfşa..92

1-20 Babil'in Yeni Tanrısı.......................................96

Kitap İki - Geri Dönüş..101

2-1 İyi Haberler..103

2-2 Düello..106

2-3 Yaradan ve Kilden Putlar.................................110

2-4 Çünkü Adalet Yok..124

2-5 Bir Kez Daha Kilden Putlar..134
2-6 Her Şeyin Üstünde Bir Kule...139
2-7 Belalılar...147
2-8 Duruşma..151
2-9 Zafer mi Yenilgi mi?...163
2-10 O Tanrılarımızı Tahrip Etti!...167
2-11 Nemrut'un Kararı...180

Kitap Üç - Savaş...185
3-1 Hapishane..187
3-2 Hapishaneden Haberler...191
3-3 İlk Öğrenci..194
3-4 Nemrut Zindana İniyor...200
3-5 Özgür ama Ne Zamana Kadar....................................208
3-6 Size Bir Canavar Hükmetti...214
3-7 Avram'ın Hükümdarlığı...222
3-8 Benim Hükmettiğim Dünya...226
3-9 Hızlı Duruşma..231
3-10 Avram ve Sarai..234
3-11 Yeniden Yollarda...236
3-12 Grubun Oluşumu..244
3-13 İfşalar Gecesi...252
3-14 Boğazına Dayalı Bıçak..259
3-15 İlk Onlu...263
3-16 Avram'ın Savaşı...267
Uluslararası Kabala Akademisi..279
Kapsamlı Kabala Öğrenimi..280
Kabala Kitapları Online Satışı..281

Bu kitapta anlatılan Genç Avram ile Babil'in güçlü, sinsi ve kurnaz Kralı, "Yeryüzünün kendi kendini yaratan tanrısı, herkesi ezebilen" Nemrut arasındaki mücadeleyi bir roman olarak okuyabilirsiniz.

Başlangıçta, Nemrut tüm gücüyle Avram'ı öldürmeye yönelir ama bunu başaramaz. Sonra Avram'ı durdurmak ister ama yine başaramaz. Nemrut'un kahinleri, büyücüleri ve muhafızları Avram'ı herkesin yaşadığı şekilde yaşamaya zorlamak isterler. Onlar da başarılı olamazlar.

Kader, Avram için hiç kimsenin dayanamayacağı ızdıraplar ve çileler hazırlamıştır. O, bunların hepsiyle başa çıkabilmiştir.

Nasıl olur da herkes pes ederken o pes etmemiştir? Herkes inancından vazgeçerken o inancını nasıl koruyabilmiştir?

Tüm insanlardan çok çok uzakta, o mağarada ona ne ifşa olmuştur? O zindanda, sonsuza dek kalması beklenen o hapishanede, kiminle konuşmuştur?

Bu roman, İbrahim'in Savaşı, bu sorulara cevap vermektedir[1].

Bu roman, aynı zamanda gerçek bir 'Alegorik Hikâye'dir. Bunu aklınızda tutun ve bu romanı bir alegori olarak yorumlayın. Bu kitabın her birimizle ilgili olduğunu keşfedeceksiniz çünkü Nemrut her birimizin içinde yaşamaktadır. Kral Nemrut, bizi harekete geçiren güçtür; o bizim öteki "Benliğimiz"dir; kendimizle duyduğumuz gururdur "Kalplerimizi zorlayan", kendimize olan sevgimizdir.

O bize hükmetmektedir! Bizi çatışmaya zorlayan, başkalarıyla barış halinde olmamıza izin vermeyen, kendimizle

---

[1] Doğduğunda ona Avram adı verilmiştir. Manevi bir dönüşümden sonra Yaradan ona İbrahim (Avraham) adını vermiştir. Nesiller boyunca torunları tarafından İbrahim olarak anılmıştır.

barış halinde olmamıza da izin vermeyen odur!

Kabul etmeliyiz ki sevgili Kralımız Nemrut bizim için çok değerlidir; çünkü her zaman güçlü bir liderin özlemini çekeriz.

Peki ya Avram? O kimdir? O ne tür bir güçtür? O genç ve cılızdır ve içimizde henüz doğmak üzeredir. Avram, merhamet tomurcuğudur, gururlu kalbimizdeki sevgi noktasıdır: Avram budur.

O bize hiç de yakın değildir. İhsan etme, birlik ve başkalarıyla beraber çalışma hakkında konuşur. Onu kabul etmek kolay iş değildir! Herhangi biriyle bir şey paylaşmak kolay değildir. Birini sevmek kolay değildir. Vermek kolay değildir!

İçimizdeki bu içsel gücün, Avram'ın farkına vardığımız zaman, bizi tamamen bambaşka bir yaşam beklemektedir.

Kitap Bir
Başlangıç

Yıldızlar Konuşuyor

Başrahip Biş, Kral Nemrut'un sağ koluydu. O günlerde, Kral'la her türlü buluşmadan kaçınmak istiyordu.

Kraliyet odalarına uzanan koridorda ayaklarını sürüyerek yürüyordu. Muhafızlar ona bakmaktan kaçınıyordu; gözlerindeki ateşle onları yakmasın diye yere bakıyorlardı.

Koridorun sonunda, Biş değerli sedir ağacından yapılma ağır kapıyı açtı ve titreyen bir sesle "Haberler kötü, Kralım," dedi. Konuşurken durakladı.

Alnında bir okun ucu, elinde gergin bir yayla, Kral Nemrut, "Konuş!" dedi.

"Yıldızlar öngörüyor ki..." Biş dilini zorlukla döndürebiliyordu. "Onlar... Öngörüyor ki... Krallığınızda bir erkek çocuk doğacak ve o... Sizin kutsallığınızı inkâr edecek."

Nemrut yayı bıraktı. Ok hedefe doğru uçtu, ancak yön değiştirip tavana saplandı.

"Onun bitirmesine izin verirdim, Yüce Kralım..." dedi birisi, alçak sesle.

Bu, tahtın sağ tarafındaki derin bir girintide dikilmekte olan, otuz yaşlarında, gri saçlı bir adamdı.

Nemrut, "O ne zaman doğacak?" diye sordu.

"Otuzuncu gün batımı öncesinde. Yirmi dokuz günümüz var."

"Bunu engellemek için ne gibi önlemler alıyorsunuz?"

"Doğurmak üzere olan tüm kadınları bir yerde topluyor ve bebeklerini alıyoruz. Sadece kız çocuklar hayatta kalmalı."

Nemrut, gri saçlı adama "Ne dersin Terah?" diye sordu.

Terah, "Karım hamile..." diye karşılık verdi.

Biş'in yüzünde çarpık bir gülümseme belirdi ve hemen yok oldu.

"Doğuma daha iki ay var," diye devam etti. "O zamana kadar her şey bitmiş olur."

Nemrut ona dik dik baktı. "Eğer onu kurban etmen gerekseydi eder miydin?"

Terah, soğuk bir sesle "İki ay sonra doğacak," diye tekrarladı.

Nemrut, "Gerçekten ne düşünüyorsun, cevap ver," diyerek sözünü kesti.

Terah, gözlerini hiç kaçırmadan, "Yalnız bir tek Kral var, büyük Kral Nemrut," dedi. "Ve onun sözü Tanrının sözüdür."

"Yani onu kurban eder miydin?"

"Evet."

Kral çıkarken, "Güzel, güzel... Bu iyi. Sadakatini tekrar gösterdin Terah. Şimdi... Acıktım. Gidelim!" diye bağırdı.

Cellat Siyuta'nın çirkin yüzü karanlıkta belirdi. Sessizce efendisini takip etti. Efendisine sadakatinden dolayı kendi dilini kesen bu sessiz suikastçı kapıda arkasına döndü ve Terah'ın ayaklarına tükürdü.

***

O gün zalimce bir emir verildi ve ulaklar bu emri ülkenin her bir ucuna iletmek için dört nala koştular. Emir meydanlarda okundu ve Babilliler tarafından kabul edildi. Hiç kimse Nemrut'a, tanrıya, direnmeye cesaret edemedi.

Doğum zamanı yaklaşan hamile kadınlar ebelere gidiyor ya da eşleri tarafından götürülüyorlardı.

Bir ay içinde, ülkede yenidoğan tek bir erkek bebek bile sağ kalmamıştı.

Göklere Yükselen Bir Kule

Kral Nemrut ve tüm ülke için gurur meselesi olan Büyük Kule, o ay seksen arşın daha yükseldi.

Büyük Kule, Babil'in ana meydanında, Dünyanın Yaratıcısı olan ve canavar Tiamat'ı yenen tanrı Marduk onuruna inşa edilen Esagila Tapınağı'nın yakınında inşa ediliyordu. Bu kule, göklerin kalbine ulaşmak içindi.

Kule, Babil halkının kolayca yenilemeyeceğini herkese kanıtlarcasına yükseliyordu. Kulenin amacı, yeryüzü ile gökyüzünü birleştirmekti ve herkes bunun olacağını biliyordu.

Kulenin inşasından beş ay önce, hiç beklenmedik bir şekilde, Kral Nemrut, şehirde yaşayan herkesi Fırat'ın kıyısında, Büyük Vadi'de, surların ötesinde topladı.

Kral, diz çökmüş kalabalığın önünde, atının üzerinde dörtnala ilerliyordu. Nemrut konuştu ve ulakları onun sözlerini çok uzaklara ilettiler, öyle ki sağırlar bile ne dediğini öğrendiler.

Nemrut şöyle konuştu: "Sizi buraya bir soru sormak için topladım ve sorum şu: Siz kimsiniz? Sizler, boğazlarının ne zaman kesileceğinden haberi olmayan sadık koyunlar mısınız? Yoksa kaderinizin ne olacağına kendiniz mi karar vereceksiniz?"

Nemrut sustu ve karşısındaki insan denizine baktı. Kalabalığın içinden, "Kendimiz karar vermek istiyoruz! Kaderimize kendimiz karar vermek istiyoruz!" diye bir ses yükseldi.

Diğer herkes aynısını tekrar etti: "Kendimiz," diye bağırdılar hep birlikte.

Nemrut başını salladı. Cevabın ne olacağından her zaman emindi.

"Pekâlâ o zaman," dedi. "Bir kule inşa etmeliyiz."

Kalabalığın içinden bir ses yükseldi: "Kule!"

Nemrut, haykırışın kaldığı yerden devam etti: "Göklere yükselen bir Kule!"

Onun bu ilanına karşılık olarak, kalabalıktan "Oooooooo," sesi yankılandı.

Nemrut gökyüzüne baktı, sırıttı ve devam etti: "Bizi bir daha asla sellerinle boğamayacaksın!" Kolunu tehditkâr bir şekilde gökyüzüne doğru kaldırdı. "Bizler, senin istediğini yapabileceğin sessiz koyunlar değiliz! Bizler, hayatlarımızın efendisiyiz!"

Kalabalık kükreyerek cevap verdi: "Kule! Bir kule yapacağız! Gökyüzüne yükselen bir kule!"

Nemrut böyle bir kükremeyi duymak için bekliyordu ve kalabalık onu hayal kırıklığına uğratmamıştı. Ne de olsa onlar liderlerine sonsuz itaat halindeydiler.

Nemrut, bağırarak seslendi; "Tanrılar, atalarımızın ölümleri için bize hesap vermeli! Hey! Tanrılar! Onları neden sel sularınızla yok ettiniz?"

Kalabalık hareketsiz ve sessiz kaldı. Bundan sonrasında ne olacağını görmek için beklediler. Bu savaşta kimin galip geleceğini bilmek istiyorlardı. Gökyüzü sessiz kalırken, Nemrut gülümsedi.

Herkesin gözleri önünde yeni bir Tanrı doğuyordu. Bu Tanrı, kendilerine daha yakın ve daha somuttu. Tanrı Nemrut.

Kalabalıktan biri "Çok Yaşa Tanrı Nemrut!" diye bağırdı ve bu bağırış yumuşak bir şekilde tekrarlandı ve daha sonra tüm kalabalık "Çok yaşa Tanrı Nemrut! Çok yaşa Tanrı Nemrut!" diye tezahürat yapana kadar güçlenerek büyüdü.

Nemrut elinin bir hareketiyle kalabalığı susturdu. "Bana verilen güçle, yeryüzündeki tanrı gücüyle, bu görev için atadığım kişi..."

Nemrut sağ tarafına baktı. Orada, ona itaatkâr ve hayran bir şekilde bakan Başrahip Biş ve Başbakanı Terah vardı.

Başrahip endişeyle gözlerini kırpıştırırken Nemrut yavaşça devam etti, "Sorumlu olarak atadığım kişi..."

"Sorumlu olarak, Babil'in bütünlüğünden sorumlu olarak atadığım kişi," diye özenle devam etti.

Biş tüm varlığıyla bu görevi istiyordu. Bu görevi kelimelerle ifade edemeyecek kadar çok istiyordu. O anda isminin söylenmesi için her şeyini vermeye hazırdı.

Nemrut: "Terah. Bu göreve atadığım kişi Terah," diye ilan etti.

Biş'in gözlerini öfke ve kıskançlık bürüdü. Göğsünde bir alev tutuştu. Kalabalık ise son derece itaatkârdı. Terah'ın ismini bağırmaya başladılar ve Terah, "Size sonsuz bir şekilde minnettarım, Yüce Nemrut! Halk adına, burada ilan ediyorum ki göklere yükselen bir kule inşa edeceğiz ve bu size sadık Babillilerinizin bir armağanı olacak ve artık hiçbir sel bizi yenemeyecek ve yok edemeyecek!" dedi.

Nemrut elini uzattı ve Terah onu öpmek için yaklaştı. Tüm gün ve gece boyunca devam eden bir kutlama oldu ama Biş orada değildi.

***

Bunların tümü beş ay önce gerçekleşti. Karar alındı ve derhal, sağlığı yerinde olan herkes, yaşlısıyla, genciyle, güçlüsüyle, zayıfıyla -ellerinde el arabası, çekiç, keser, taş, dal, sopayla- hep birlikte kuleyi inşa etmeye başladılar. Sarsılmaz bir inançla güdülenmişlerdi. Onların coşkusu dizginlenemez bir haldeydi ve Terah böylesine bir gücü kontrol etmekte zorlanıyordu. Bu vahşi bir atı, ruhunu ezmeden eyerlemeye benziyordu. Bir ay boyunca inşaat alanından ayrılmadı ve günlerce uyumadı.

Askeri bir düzen oluşturuldu: generaller, komutanlar, binbaşılar, yüzbaşılar atandı. Bir ay sonrasında, uzaklardan getirilen taşların tamamı kullanılmıştı. Tüm ülke bir düzlük üzerinde yer alıyordu; başkenti çevreleyen dağlar işe yaramaz haldeydi -taşlar kulenin inşasında kullanılabilir nitelikte değildi. İnşaat durma noktasına gelebilir ve Terah'ın kellesi gidebilirdi.

Nemrut gecikmeyle ilgili hiçbir şey duymak istemiyordu. Cellat Siyuta da sürekli baltasını bilemekteydi.

Civar bölgeden daha fazla taş toplamak bir hafta sürdü ve bir hafta içinde o taşlar da tükendi.

Her şeyin duaya kaldığı bu zamanda, birisi "Tanrılar buna karşı. Onlara yanlış yaptık," diye fısıldadı.

Ve söylentiler yayılmaya başladı.

Dâhi Şelah

İşte bu, Babil kulesinin parlak mimarı, kızıl saçlı genç Şelah'ın kendini bir kez daha kanıtladığı zamandı. O, kulenin çizimini yapan, olması gerekenleri belirleyen ve destekleyici yapıyı hesaplayan kişiydi. Göklere elli yıl içinde ulaşmak için, çalışmada ne kadar malzemeye ve ne kadar insan gücüne ihtiyaç duyulacağını hesaplayan, çalışmanın nasıl bir hızla ilerleyeceğine karar veren oydu. İlk günlerde sevinçle koşuşturan ve herkes tarafından saygı gören oydu.

İnsanlar onu gördüğünde, "İşte O! Şelah! Nasıl da bir beyne sahip. Ne beyin ama! Çocuklarımız da onun gibi zeki olsun!" diye sesleniyorlardı.

Yüzeyin alt kısmında sert bir kaya platosunun olduğunu öngören, yirmi beş yaşındaki Şelah'dı. Kayaların kuleyi yapmaya uygun sertlikte olduğunu öne sürmüş ve bu kayalık alanın nerede olduğunu bulmuştu.

Kazı başladı ve yüz yirmi arşın derinlikte güçlü ve uygun kayalara ulaşıldı.

Bu göklere karşı kazanılmış yeni bir zaferdi ve insanlar yeniden kendi güçlerine inandılar.

Bir taşocağı kazıldı.

İnşaat yeniden başladı fakat bu da çok uzun sürmedi. Birkaç ay sonra, Terah'a plato kaynaklarının hızla azaldığı bilgisi geldi. Kırk gün içinde, taş tükenmiş olacaktı. Bunun gizli tutulmasına ve kimse tarafından bilinmemesinin en iyisi olacağına karar verildi. Şelah'a bir çözüm bulması talimatı verildi. Şelah bir çözüm arıyor ama bulamıyordu.

Artık Terah'ın kendisi de kuşku duymaya başlamıştı

-tanrılar bunu gerçekten istemiyor olabilir miydi?

O gün inşaat alanında dalgın dalgın dolaşıyordu. İşçiler ve amirler onu takip ediyordu. İnsanlar kulenin etrafını sarmıştı ve o kadar çoklardı ki kule görülemiyordu. Her şey dev bir karınca tepesine dönüşmüştü; insanlar Terah'ın yanından geçiyor ve önünde eğiliyorlardı, yüzlerinde sevinç vardı. El arabası taşıyan insanlar yürümüyor, koşuyorlardı. Asansörler kalkmıyor, adeta havalanıyordu. Taşocağında her şey inliyor, haykırıyordu... Onlar kazıp her bir taşı çıkartıyorlardı. Terah bunların son taşlar olduğu gerçeğini düşünmeye korkuyordu.

Taşlar hızlıca kesiliyor ve arabalara yükleniyordu. İnsanlar evlerine gitmiyorlardı. Yorulmuyorlardı. Göklere yükselen kulenin düşüncesiyle kalpleri yerinden fırlayacak gibi oluyordu. Terah taşocağına indi ve bir sorunun başlamak üzere olduğunu anladı. Yorgun taş kırıcıların önünde uzanan kuyruktaki arabacılar homurdanıyordu. Terah kalabalığın bağırışlarını duydu ve Şelah'ı gördü. Şelah her zamanki gibi darmadağın bir haldeydi; solgun görünüyordu, günlerdir uyumamıştı.

Şelah öylece, elleri aşağıda, yorgun ve aşağılanmış bir şekilde ayakta dikiliyordu.

Arabacılar onun yüzüne doğru bağırdılar: "Bir saniye daha beklemek istemiyoruz. Buraya dinlenmeye gelmedik. Senin o meşhur beynin nerede, Şelah?"

Şelah'ın dehasına tapınmaları sadece üç ay sürmüş ve yok olmuştu. Onca hayranlık nereye kaybolmuştu?

Şelah, ellerini havaya kaldırarak "Ne yapabilirim?" dedi. "Madenciler durmaksızın çalışıyorlar. Benim hesaplamalarıma göre..."

"Senin hesaplamaların umurumuzda değil! Arabaların derhal dolması gerekiyor!"

"Bir şeyler bul!" diye bağırdılar. "Mucit sensin, biz değiliz!"

Kalabalığın içinden birisi "Mucit mi? Ne mucidiymiş o?" diye bağırdı. "O bir hiç! O hiçbir şey değil!"

"Kafasına öyle bir yumruk atın ki beyni dışarı fırlasın!" diye bir başka ses daha yükseldi.

Her yerde, herkes küfrediyordu. İnsanlar Şelah'ın etrafında toplanmış iş bekliyorlardı ve bunu yapmakta da haklıydılar. Terah kalabalığa doğru yaklaştı fakat taşıyıcılar onu fark etmediler.

Terah her şeyi gayet açık olarak gördüğü halde, "Burada neler oluyor?" diye sordu. İlk anda, kalabalık durdu. İnsanlar Terah'tan korkuyor ve ona saygı duyuyorlardı. Daha sonra, bağıranlardan biri olan çok saygın bir komutan şöyle dedi: "Yüce Terah, saatlerdir burada bekliyoruz. Plato kesilirken, taşlar kırılıp arabalarımıza yüklenirken vakit geçiyor ve heba oluyor!"

Genç bir arabacı, eliyle Şelah'ın göğsünü dürterek "Bütün bunların suçlusu o!" diye haykırdı.

Şelah başını kaldırıp Terah'ın gözlerine baktı. "Ne yapacağımı bilmiyorum. Düşünüyorum ama aklıma bir şey gelmiyor," dedi usulca ve ellerini iki yana açtı.

Biri, "Sen istemiyorsun!" diye bağırdı. "Belki de bunu maksatlı olarak yapıyorsundur!"

Şelah, "Çok yoruldum," diye fısıldadı.

Genç arabacı, "Bize iş ver!" diyerek Şelah'ı öyle güçlü bir şekilde itti ki, yere düştü.

Kalabalıkta merhamet yoktu.

Yaşlı bir komutan, "Bu kuleyi tüm ulusumuz için inşa ediyoruz!" dedi. "Onun gibi birine bel bağlayamayız." Parmağıyla Şelah'ı işaret etti ve onu tekmelemeye başladı.

Şelah'ın ellerinin kiri gözyaşlarına bulandı. Herkesin gözü Terah'taydı ama o sessiz kaldı.

Şelah tekrar tekrar, "Tükendim. Bunu nasıl yapacağımı bilmiyorum. Bunu nasıl düzelteceğimi bilmiyorum," diyerek Terah'a seslendi.

Bir ses usulca, "Bu meseleye Nemrut'un celladı el atmalı," diye mırıldandı.

Kalabalık, uğursuzca sırıtan Biş'in ortaya çıkması için ikiye ayrıldı.

"Evet, evet," diye devam etti konuşmaya. "Eğer sorumlu kişi, büyük mühendis Şelah bunu yapamıyorsa geriye başka ne seçenek kalıyor?"

Şelah'ın korku dolu gözleri Biş'e sabitlenmişti.

"İnsanlar, yüce Kralımız Nemrut'un da emrettiği gibi aralıksız çalışmalı ama buradalar, hala dikiliyorlar ve tüm bunların suçlusu da bu acınası adam!"

Biş, Şelah'a baktı ve bakışları o kadar korkunç ve uğursuzdu ki Şelah elleriyle yüzünü kapatarak kendini ondan korumaya çalıştı.

Biş alay edercesine, "Bir karar ver Terah!" dedi. "Ne de olsa bu gösteriyi yöneten sensin, ben değilim!" Bakışları Terah'a yöneldi, kalabalığın bakışları da ona yöneldi. Şelah yere düştü ve o da hala sessizliğini koruyan Terah'a baktı.

Terah bir süre daha sessiz kaldı ama Biş teleplerinde acımasızdı. "Bir karar ver. O cezalandırılmalı. Bu, diğerleri için de caydırıcı olmalı." Biş kalabalığa doğru hareketlendi, "Tüm bu insanlar bir süre sonra taş kesiyor olabilirler. Şelah'ın yerine birini getirmeliyiz. Onun yerine geçebilecek, yetenekli bir Babilli tanıyorum."

Terah, Şelah'a doğru bir adım attı, elini uzattı ve ayağa kalkmasına yardım etti. Şelah ayağa kalkarken titriyordu.

"Tüm bu süre boyunca ne kadar uyudun?" diye sordu.

Şelah neredeyse duyulur duyulmaz bir sesle, "Kısa bir süre," diye cevapladı. "Bir yol bulmaya çalışıyordum ama bulamadım ve..."

Terah arkasında dikilen hizmetkârlarından birine döndü ve ona bir emir verdi: "Onu yedirip içirin. Yatağına yatırın ve en az üç gün boyunca rahatsız etmeyin."

Hizmetçinin suratı asıldı.

"YAP," diye homurdandı Terah. Gözleri, çelik gibi bir bakışla, Biş'in gözleriyle buluştu. "Seni inşaat alanında görmek istemiyorum. İnsanları korkutuyorsun ve bunun sonucunda da çalışmayı bırakıyorlar."

Biş hızlıca doğruldu. Herkes nefesini tutmuş, bu yüzleşmenin sonucunu bekliyordu.

Uzun bir duraksamadan sonra "Pekâlâ..." dedi. "Burada patron sensin. En azından şimdilik."

Sonra da hızla arkasını döndü ve uzaklaştı.

Sessiz bir inilti duyuldu, bu hizmetçinin kollarına yığılan Şelah'ın sesiydi.

"Herkes iş başına!" diye emretti Terah. "Taş kırıcılara

yardım edin! Boş durmayın! Amacı düşünün, inşa ettiğimiz büyük kuleyi düşünün!" Kimse bizi durduramaz! Hiç kimse!"

Kalabalık hep bir ağızdan, "HİÇ KİMSE!" diye bağırdı.

Terah da dahil olmak üzere herkes kendini işe adadı. Terah, kolları sıvayıp işe koyuldu, eline devasa bir çekiç aldı, zorlanmadan kayaları kırdı. Sanki çok az taş stoğunun kaldığını ve işlerin yakında duracağını bilmiyor gibiydi.

Terah, gerçekten de bilge ve cesurdu ve bu nedenle de üstün bir amir olarak görülüyor ve biliniyordu.

Tanrıları Yendik

O sırada, mühendis Şelah, Kraliyet hamamına getirildi. Hala titriyor, ürpertisinin üstesinden gelemiyordu. Kendisine dinlenmesi için üç gün verilmiş olmasına hala inanamıyordu. Dinlenmek istemiyordu. Üç günün geçmesinden ve hiçbir şey düşünememiş olmaktan korkuyordu. Başı ağrıyordu. Beyninin onun için çalışacağına daima güvenmişti.

Aromatik yağlar işe yaramadı. Sıcak su onu gevşetemedi. Kendi tasarımı olan koca havuz, onun sadece kaygısını artırıyordu. "Bana her şeyi sundular ve benim bir şeyler düşüneceğimi zannediyorlar fakat yapamıyorum..." diye düşündü. Paniğe kapıldı. "Sonra da Terah'ın kellesi uçacak."

Biş'ten korkmuyordu; Nemrut'un celladı Siyuta'dan korkmuyordu. Sadece kendisinden korkuyordu. İnsanların büyük beklentilerini karşılayamamış, onların ümitlerini boşa çıkarmıştı. Terah'a hayrandı, fakat şimdi onu da hayal kırıklığına uğratıyordu. Tanrı Nemrut'u üzüyordu. Madem ki böyleydi, o zaman yaşamamak daha iyiydi.

Onun bu hararetli düşünceleri Terah'ın hizmetkârı, kendisini efendisine adamış yardımcısı, aşçısı ve aynı zamanda da bir avcı olan olan Sapir tarafından bölündü. Onun efendisine bağlılığı herkes tarafından bilinirdi.

Bir anda ortaya çıktı, Şelah'ın önünde çömeldi ve sordu:

"Uyanık mısın, Şelah?"

Şelah, "Uyuyamıyorum," diye cevapladı.

Sapir ona, üstünde dumanı tüten, sıvıyla dolu bir kâse uzatarak "İç bunu," dedi.

Şelah tereddüt etti.

"Korkma. Bunu sana Terah gönderdi. Bu otları Büyük Vadi'den kendim topladım."

Şelah kâseyi aldı ve içindekini itaatkâr bir şekilde içti. Bir anda irkilerek başını geriye attı, gözleri devrildi ve kendinden geçti.

Böylece, gözleri açık bir halde ve nefes almıyormuşcasına üç gün boyunca orada yattı. Herkes onun öldüğünden emindi ama bu konuda konuşmaya korkuyorlardı. Bunun olacağı belliydi diye düşündüler. Çünkü ona güvenmişlerdi ve Şelah onları hayal kırıklığına uğratmıştı. Ne diye bu kadar büyük bir sorumluluğu üstlenmişti ki?

Onun bir şezlonga yatırılması ve üç gün boyunca ona hiç dokunulmaması emredilmişti.

Üç gün sonra, Şelah uyandı. Hiçbir şey hatırlamıyordu. Kafası hiç olmadığı kadar zindeydi.

Önündeki masada kilden yapılmış yumuşak tabletler ve ucu sivriltilmiş çubuklar vardı. Şelah hızlıca yataktan fırladı ve bir şeyler çizmeye başladı. Sonrasında olanlar, tarihçiler tarafından bir mucize olarak adlandırıldı. Üç gün içinde, meydanda taştan, dev bir yapı inşa edildi. Ortasında, büyük bir ağıza benzeyen bir boşluk vardı. Bu yapı, Şelah'ın idaresinde inşa edildi. O yine uyumuyordu. Yeni ve olağanüstü bir şey yapmaktaydı.

Ülkenin her tarafından kil getirildi. Bunun ne için olduğunu kimse anlamıyordu. Fakat Şelah, Terah'ın tam desteğini almıştı. İnsanlar Terah'ın bu çılgınlığa inandığını gördüler ve onlar da inandılar.

Bir sabah herkes toplanmaları için çağrıldı. Kızıl saçlı Şelah kalabalığın önünde koşuşturuyordu. Arkasında, dumanı tüten çirkin bir yapı vardı. Ağız kısmından ateş fışkırıyordu.

Terah, "Başlayalım," diye emretti.

Şelah herkesin duyabileceği bir şekilde, "Bu bir fırın!" diye bağırdı. Bu fırında taş pişiriliyor. Bu taşlara ben tuğla diyorum."

Hızla fırına gitti ve iki kilidini çekerek açtı. Hemen o anda, fırının ortasından yere bir yığın tuğla düştü. Kalabalık kükredi...

"Bunların nasıl kalıplanacağını ve pişirileceğini buldum. Çok basit!"

Terah, "Fakat yeterince sağlamlar mı?" diye sordu.

Şelah bir test uyguladı, bu test sonrasında herkes sessizliğe büründü.

Tuğlaları beş kat halinde üst üste koydu, bir tür harçla onları sabitledi ve "Size bir işaret verdiğimde, bu tuğlaların üzerine çıkın! Hepiniz! Çıkın!" diye bağırdı. On dakika sonra kalabalık duvarın üzerindeydi, korkmuyorlardı ama merak içindeydiler. Duvar hiç kıpırdamadı. En ağır adamı çağırdılar, duvar yerinden oynamadı. Tüm vücutlarıyla duvara yüklendiler, duvar onlara gülüyor gibiydi. Şelah da gülüyordu. Belki de ağlıyordu, çünkü tükenmişti, çünkü yine üç gün üç gece boyunca hiç uyumamıştı. Endişeli bir halde, Terah'ın gözlerinin içine baktı, onaylayıcı sözler bekliyordu.

"İyi iş çıkardın," dedi Terah. "Tanrıları yine yendik."

Sonrasında, Şelah ağlamaya başladı. Birden yere çöktü, gözyaşlarını gizlemek yerine kirli yanaklarından akıtarak ağladı.

O anda, herkes bir mucizenin gerçekleştiğini anladı. Yumruklarını gökyüzüne doğru kaldırarak bağırmaya başladılar: "Kazandık! Tanrıları yendik! Tanrıları! Bu bambaşka bir hikâye!" İnsanlar kükreyerek gökyüzündeki bulutlara baktılar. "Sadece bekleyin; bizi boğmanıza karşılık size dersinizi vereceğiz! Şimdi biz hükmediyoruz! Yüce Nemrut ve yüce halk!"

Terah, "Bugün, bu kutsal gün dolayısıyla, evlerinize, ailelerinizin yanına gitmenize izin veriyorum!" dedi.

Halk tek bir ses halinde, "Evlerimize gitmek istemiyoruz. Orada ne yapacağız?" diye karşılık verdi.

Terah akıllıydı, onların böyle söyleyeceğini biliyordu.

Bu yeni bir şeyin başlangıcıydı. Tuğlalar yapıldı ve fırınlandı, sanki kendi kendilerine oluşuyorlarmış gibiydi. Fırınlardan çıkan sayısız tuğla arabalara boşaltılıyordu. Arabacılar bekliyor, neşeyle dans ediyor ve hızlıca kuleye koşuşturuyorlardı; arabaları tepesine kadar yüklüydü ve taşıyıcılar mutluydu.

Kule her dakika daha da büyüyordu. Kulenin tepesine iki geniş merdiven çıkıyordu; biri doğudan, biri batıdan. Doğudaki merdiven yük taşımak için kullanılıyordu. Batıdaki merdiven ise insanların inmesi içindi.

Denilebilirdi ki, inşaatı yapanlar kuleyi bitirme konusunda o kadar takıntılıydı ki, kazara bir tuğla düşüp kırılsa onu yerine yenisini koymanın ne kadar güç olacağından yakınıyorlar ama bir işçi düşüp ölse umursamıyorlardı.

Büyük fikir zihinlerini ele geçirmişti. Büyük bir zaferin önsezisi yüreklerini ısıtıyordu: Tanrılara karşı kazanılacak bir zafer. Gerçekten de hiç böyle bir şey görülmüş müydü?"

Ölmek için Doğmak?

Kulenin inşası sırasında bir olay daha gerçekleşti. Bu olay, Terah'ın ve ailesinin hayatını birden değiştirdi. Kahinlerin öngördüğü bir aylık süre sona ermek üzereydi. Tüm belirtilere göre, Terah'ın karısı Amtalei'nin doğumuna bir ay daha vardı. Hamileliğini bu süre boyunca sürdürdüğü ve Nemrut'un zalimce emri onu etkilemediği için mutluydu.

O bir erkek bebekti, Amtalei bundan emindi. O bunu, bebeğin onunla iletişim şeklinden, onu asla ağrıya sebep olmadan tekmeleme şeklinden anlıyordu.

Süre sona ermekteydi, tıpkı Nemrut'un emrinin geçerli olduğu sürenin dolmakta olduğu gibi. Bir gün daha dayanması gerekiyordu. Fakat aniden, bebeğin içeride, hiç daha önce olmadığı ve çok farklı bir şekilde döndüğünü hissetti. Dehşet içinde uyandı. Kocası evde değildi, bebek onunla konuşuyor gibiydi ve o da işaretleri çok açık bir şekilde anlıyordu. Bebek dışarı çıkma zamanının geldiğine karar vermişti. Gitgide aşağıya inmişti.

"Bugün olmaz! Lütfen, hayır, bugün değil. Hayır! Hayır!" diye düşündü Amtalei.

Amtalei karnına bakıyordu. Uzun zamandır beklediği oğlu, onun için tanrılara yalvardığı çocuğu bugün doğamazdı, doğmamalıydı. Karnını okşadı ve onu ikna etmeye çalıştı. "Sana yalvarıyorum, sevgilim, orada kal, aşkım, iki gün daha orada kal, sadece iki gün, iki gece ve sonra seni kucaklayacağım oğlum, sevincim, hayatım..."

Fakat bebek onu dinlemedi, çıkmak istiyordu.

Böylece, korkunç yasanın süresinin dolmasına bir gün kala Amtalei'nin kasılmaları başladı.

Terah'ın orada olmadığını bildiği halde, dehşet içinde "Terah!" diye bağırdı. Terah bütün günlerini, gecelerini kule inşaat alanında geçiriyordu.

"Terah, ne yapmalıyım! Ah, şu an sana ne kadar çok ihtiyacım var sevgili eşim!"

Kapı açıldı ve sanki onun yakarışını işitmiş gibi, Terah içeri girdi. Sakindi. Ne de olsa onun cesur, sevgili Terah'ıydı.

Amtalei, "Buradasın, Terahım!" diye haykırdı ve suçluluk duygusu içinde ağladı. "Onu tutamıyorum!"

Terah, "Merak etme. Onun erken doğabileceğini biliyordum," diyerek onu sakinleştirmeye çalıştı. Karısının yanına yaklaştı. Amtalei ona yalvarırcasına bakıyordu. "Benim yüce eşim, durdur onu!"

"Yapamam," dedi Terah. "Buna tanrılar karar veriyor, biz değil."

Amtalei, Terah ona sarılırken gözlerinin içine baktı.

"Ondan vazgeçmeyeceğim!"

Ağrıyla boğuşurken, zorlukla konuşuyordu. "Onu kimseye vermeyeceğim!"

"Bunu söyleyeceğini biliyordum," dedi Terah.

Amtalei, "Onu öyle uzun zamandır bekliyorduk ki," diye inledi.

"Evet. Doğmak için zamanlaması korkunç."

"Ama ondan vazgeçmeyeceğiz, değil mi?"

Birden geri çekildi ve korkuyla Terah'a baktı.

Terah, "Kral Nemrut..." diye söze başladı.

Amtalei, sert bir şekilde "Onu kimseye vermeyeceğim!" dedi. *"HİÇ KİMSEYE!"*

Şimdi, yavrusunu bedeniyle saran dişi bir kurt gibi görünüyordu. Gözleri şimşek gibi parlıyordu; bebeği için, henüz doğmamış bebeği için yanına yaklaşmaya cüret edecek herkesi dişleriyle ısırmaya ve çiğnemeye hazırdı. Birden vücudu ürperdi ve feryat etti: "Hayırrrr!"

Amtalei alt tarafına baktı, suyu gelmişti.

Terah, "Merak etme aşkım, Kral Nemrut onu alamayacak," dedi.

Kocasına öyle bir sevgiyle baktı ki ağrısı hafifledi. Böyle olacağından emin ve minnettar bir şekilde kocasına gülümsedi. Terah'ın, sözünden asla dönmeyeceğini biliyordu.

"Hizmetçileri gönderdim," dedi. "Onun doğumunu biz gerçekleştireceğiz."

Amtalei şaşkın bir şekilde, "Doğumun bugün olacağını nasıl bildin?" diye sordu.

"Yıldızları Başrahip gibi ben de okuyabiliyorum."

Terah karısına şefkatle baktı.

"Acele etmeliyiz, aşkım" dedi ve onun elini tuttu.

Rahibin İntikamı

Rahip Biş yine sarayın uzun koridoru boyunca koşturuyordu. Ondan korkan muhafızlar yine bakışlarını kaçırdılar. Biş, Kral'ın odasının kapısına yaklaştı ve kapının önünde durup fısıldadı: "Kötü haberlerim var ey yüce Kral Nemrut."

Dikkatli bir şekilde, kapıyı iterek açtı.

Hemen eşikte, "Size daha kötü haberler getirdim Yüce Kral," dedi ve konuşmasına ara vermeden devam etti: "Terah'ın evinin üzerinde bir yıldız yükseldi."

Nemrut elinde dumanı tüten bir kap tutuyordu. Biş'e bakmadı bile.

Rahip, Kralın odasına her girdiğinde oradan sağ çıkamayabileceğinin de farkındaydı. Cellat Siyuta tarafından kafası kesilebilir ya da Kral Nemrut'un okuyla duvara mıhlanabilirdi.

Fakat Biş, kaderini kendisi seçmişti -Kral'a yakın olmak istiyordu- bu yüzden, her an ölmeye hazırdı. Hiçbir pişmanlık duymuyordu.

"Yıldız gök kubbede hızla ilerliyor," dedi. "Şimdiden doğu, batı, kuzey ve güneydeki dört yıldızı yuttu."

"Bu ne anlama geliyor?" diye sordu Nemrut.

Biş, sert bir şekilde "Bu demek oluyor ki Terah'ın evinde bir erkek çocuk doğdu..." dedi.

Nemrut tüm bedeniyle Biş'e doğru döndü.

"O bebek sizin Krallığınızı ele geçirecek!" diyerek sözünü bitirdi rahip. Nemrut'un dudakları seğirdi.

"Bir ay sonra doğması gerekmiyor muydu?" diyerek gözlerini rahibe dikti.

"Tanrılar onun bugün doğmasını istediler," diye cevapladı Biş.

"Bunu daha önceden biliyor muydun?" diye sordu Nemrut.

"Ben... Tahmin etmiştim..."

Nemrut, sırıtarak "Ve sen ona hiçbir şey söylemedin," dedi.

"Bunun, onun için sürpriz olmasını istedim," diye kasvetle cevapladı rahip.

Nemrut kalktı ve odanın içinde biraz daha yürüdü. Yüksek sesle düşünüyordu.

"Sen bana, Terah'ın, en sadık hizmetkârımın, benim Başbakanımın benim emrime itaat etmediğini mi söylüyorsun?" Sesi sakindi.

"Henüz kimse evden ayrılmadı," dedi Biş. "Muhbirlerim dünden beri evi gözetliyor. Evden kimse çıkmadı. Kimse eve ebe de getirmedi. Sanki evde doğum olmamış gibi."

"Bebek doğmamış olabilir mi?" Nemrut durdu ve Biş'e baktı.

"O doğdu!" diye cevapladı Biş.

Nemrut elini kaldırdı. Yüzüklerle dolu parmağını Biş'e dayadı ve aniden Cellat Siyuta karanlıkta belirdi. Her an tetikte bekliyordu.

"Oraya git ve her şeyi kontrol et," diye emretti Nemrut. "Eğer doğruysa, benim adıma çocuğun hastanenin doğum bölümüne nakledilmesini emret. Terah'a, ona herkesten daha çok saygı duyduğumu söyle. Senden bile."

Rahip, nefretin sarı ışıklarının gözlerinde nasıl parladığını Kral fark etmesin diye gözlerini yere indirdi.

"Bu kadehi ona verebilirsin." Nemrut, cellada tuhaf bir şekilde başını salladı. Siyuta, kadehi masanın altında duran testideki kırmızı şarapla doldurdu.

Nemrut, "Bu Kral'ın kabı," dedi. "İçinde zehir var. Onu içecek ve ölecek; zavallı, zavallı Terah. Ya da içmeyip zehri yere dökecek -eğer sadık kaldıysa... Bu ona bağlı lütfen, bunu ona söyle."

Kadehteki Zehir

Biş, on atlı eşliğinde Terah'ın evine vardı. Kapıyı uzun süre çaldı, fakat kapıyı kimse açmadı.

Sessizlik, aşırı derecede şüphe uyandırıyordu. Fark edilebilir bir ses, duyulabilir bir nefes, bir hışırtı bile yoktu. Biş'in şeytani, keskin bir işitme gücü vardı. Bir evin çatısından düşen kum tanesinin sesini; sabah açan bir çiçeğin yapraklarının birbirine dokunuşunu bile duyabilirdi.

Ama burada mutlak bir sessizlik vardı. Tek bir ses bile yoktu.

"Bir şey saklıyorlar," diye düşündü Biş. "Demek ki, saklayacakları bir şey var."

"Kuleye!" diye bağırdı atlılarına.

Babil Kulesi'nin etrafı meşalelerle çevriliydi -böylece çalışma gece de devam ediyordu. İnsanlar yürümüyor, merdivenlerden koşarak çıkıyorlardı. Ağızları kulaklarında kocaman gülümsüyorlardı. Hareketlilik kaotik görünüyordu ama gerçekte çok sıkı bir nizama uyuluyordu. Herkes, deyim yerindeyse bu karınca yuvasındaki yerini biliyordu. Terah tüm bu süreci organize etmişti -Terah zekiydi, gerçekten zekiydi. Şimdi, bir platformda dikilmiş, her şeyi görebiliyordu.

Terah'ın gözleri, alışkanlıkla her detayı not ediyordu. Doğu duvarında bir gecikme vardı -ustabaşının dikkati dağılmış, dalgın dalgın başka bir şey düşünüyordu. Belki de âşık olmuştu ve bu nedenle değiştirilmesi gerekliydi. Üçüncü fırının önünde fark edilir uzunlukta, üç araçlık bir kuyruk vardı. Ateşçi, her zamanki şarkısını iki gündür ıslıkla çalmıyordu. Belki de ne düşündüğünü bir kontrol etmek lazımdı.

Terah göz ucuyla atlıları fark etti. Önlerinde Biş, ona doğru geliyorlardı. Terah, onun için geldiklerini hemen anladı. Yüzünde bir tek gerginlik emaresi olmadan, sakince bekledi.

Biş atından indi ve Terah'a yaklaştı. Hiç selam vermeden, "Bebeği nereye sakladın?" diye sordu. Kendi gücünü hissedebiliyordu.

Terah, "Maalesef, kollarımda öldü," diye cevapladı.

Rahip, "Ne trajik," dedi. "Onu nereye gömdünüz?"

"Rüzgâr küllerini savurdu."

"Aha," dedi Biş ve şarap dolu kadehi göstermek için elini kaldırdı.

"Bu kadehi tanıdın mı?" diye sordu. "İçinde zehir var, eğer çocuk doğduysa ve yaşıyorsa, içecek ve öleceksin. Kral Nemrut bunu sana söylememi istedi. Biş kadehi zorla Terah'ın eline tutuşturdu.

"İçecek misin?"

"Hayır," diye cevapladı Terah. "Ben Kral'ın sadık bir hizmetkârıyım."

Biş dikkatle Terah'a baktı. Birden Terah'ın gözleri yukarı doğru kaymaya başladı, nefes alıp vermesi kesilmişti. Nefes almaya çalışıyor ama yapamıyordu.

Rahip usulca, "Bana yalan söyleme," dedi. "Şimdi, sana konuş dediğimde konuşacaksın. Oğlunu nereye sakladığını bana söyleyeceksin." Biş'in gözleri alev alevdi.

Kırmızı göz bebekleri Terah'ın içine işliyordu. Terah'ın eli gibi kadeh de titriyordu.

"Konuş!" diye emretti Biş.

Terah hırıldadı ama pes etmedi.

"Söyle!" dedi Biş ileriye doğru atılarak.

Terah, "Ah, O..." diye fısıldadı.

"İyi mi? İyi mi?"

"O..."

Biş, *"Nerede o?"* diye kükredi.

"O öldü," dedi Terah güçlükle. Biş yumruklarını sıktı.

"Yalan söylüyorsun?"

Birden, Terah'ın yüzündeki ifade değişti. Gülüyordu.

Terah sakin bir şekilde, "Yalan mı söylüyorum?" diye sordu. "Ben, Terah -Kral Nemrut'un Başbakanı- yalan mı söylüyorum?"

Biş sessizdi, şaşırmıştı. Büyüsü işe yaramamıştı.

"Oğlum öldü," diye tekrarladı Terah. "Bunu iyi belle ve ne yap biliyor musun? Dışarı çık! Benim iznim olmaksızın inşaat alanında görünme. Sana bunu zaten söylemiştim. İnsanları korkutuyorsun ve bu onların çalışmalarını kötü etkiliyor."

Biş gözlerini kapadı. Bu aşağılanmaya dayanması neredeyse imkânsızdı ama yine de dayandı.

Biş arkasını döndüğünde Terah, "Beni ele geçiremeyeceksin, beceriksiz rahip," dedi.

Biş, "Bunun intikamını alacağım," diye fısıldadı ve atına atlayıp kulenin köşesinde gözden kayboldu.

Terah iç çekti. Aralarındaki konuşmanın onu çok yorduğu açıktı. Kadehi eğdi, koyu kıvamlı, kana benzeyen şarap yere döküldü. Bir damlası kazayla bir böceğin üzerine geldi ve böcek yok oldu. Terah etrafına bakındı ama tek bir kimse yoktu.

Bu olayın üzerinden bir hafta geçmişti. Biş her saniye Terah'ı izliyordu. Muhbirleri Başbakan'ın evini gözetliyordu. Evin sessiz olduğunu, yas tutulduğunun belli olduğunu rapor etmişlerdi. Çocuk belli ki ölmüştü.

İnsanlar birçok kez Amtalei'yi sokaklarda görmüşlerdi. Gözyaşları içindeydi. Terah her zamanki gibi, her sabah inşaat alanına gidiyor ve üzgün ve sessiz bir halde gece geç saatlerde eve dönüyordu. Günler ve geceler bu şekilde geçerken, Biş onu gözetlemenin artık işe yaramadığını fark etti ve bundan vazgeçti. Fakat bu, kalleş Biş'in Terah'a inandığı anlamına gelmiyordu. Biş asla hiç kimseyi ve hiçbir suçu affetmemişti.

Erkek Çocuk ve Tanrılar

Başkentten o uzaktaki yere gitmek birkaç gün sürüyordu. Orada, insanlardan uzakta, Kartal Gözü Yarığı'nın derinliklerinde, üç keçi yolu arasında, bir mağarada -içinde yağ ve fitil olan, kilden yapılmış kabın içindeki lambanın ışığı titreşiyordu- ve hiç kimsenin bunu fark etmesi mümkün değildi. Gerçekten de her şey çok iyi düşünülmüştü. Birkaç yıldır burada, Terah'ın sadık hizmetkârı Sapir'in gözetiminde, bir erkek çocuk büyüyordu. Kimse bu çocuğu bilmiyordu -o doğarken ölmüştü.

Çocuk, Sapir'i her gün biraz daha şaşırtıyordu. Sadece üç yaşındaydı, fakat çok daha büyük gibiydi. Bu küçük yaşında, çivi yazısını okuyabiliyor ve anlayabiliyordu. Öyle sorular soruyordu ki, basit bir Babilli olan Sapir bu sorulara cevap veremiyordu.

Adı Avram'dı. Tüm tanrıların adlarını biliyordu -Sapir ona her tanrının amacını açıklamıştı. Avram hemen her şeyi hatırlardı. Her sabah, mağaranın giriş kısmına Sapir tarafından tanrı figürleri konurdu. Sapir onlara dua eder ve hediyeler getirirdi. Avram arkasında durur ve onu izlerdi. Onlardan bir cevap gelmemesine rağmen bazen tanrılarla konuşurdu.

Sapir, onun bu konuşmaları sırasında ürperiyordu çünkü onun söyledikleri sıradan dualar gibi değildi.

Avram tanrıları soru yağmuruna tutuyor ve cevaplar talep ediyordu ama tanrılar sessiz kalıyordu. Avram tekrar tekrar soruyordu, soruları bitmiyordu. Küçük ama inatçı bir çocuktu.

Sapir ilk başta müdahale etmeye çalıştı fakat soru sayısı ikiye katlandı ve bu şekilde devam etti, ta ki hayatlarında yeni bir safha başlayana kadar. Bir sabah, Avram soru sormayı bıraktı. Birden Sapir'in yanına geldi, arkasında durdu, tanrı figürlerine baktı... Ve öylece yürüyüp uzaklaştı.

O sabahtan sonra bir daha da onlara yaklaşmadı. Bu gelişme Sapir'i korkuttu. "Sorular sorsa daha iyiydi," diye düşündü.

O andan itibaren, Avram mağaraya sadece uyumak için geldi. Saatlerce, etrafta sessizce dolaşarak bir şeyler arıyordu. Yerde oturuyor, çimenlere uzanıyor, bir parça çimen çiğniyor, iç çekiyor ve tekrar etrafta geziniyordu. Sapir sanki Avram'a bağlıymış gibi onu takip ediyordu. Avram'la sık sık konuşmaya çalışmıştı ama faydası olmadı. Onu neşelendirmeye çalıştı ama bu da işe yaramadı.

Böylece, birkaç gün geçti.

Avram tekrar sorular sormaya başladı ama bu sefer tanrılara sormuyordu. Soruları daha çok Sapir'e ve kendineydi. Bir akşam birlikte yabani elma ağaçlarının arasına girdiklerinde birden, "Yoksa toprağa mı tapmalıyım?" dedi. Ümidini yitirmiş olan ve Avram'ı takip eden Sapir soruyu duyunca sevinçten havalara uçtu.

Avram, elmalarla kaplı dallara bakarken, "Diyorum ki belki de toprağa tapmalıyız," diye tekrarladı. "Onun meyveleriyle besleniyoruz. Sen ne düşünüyorsun Sapir?"

"Evet, evet toprağa tapmalıyız!" diye mutlulukla bağırdı Sapir. "Tabii ki toprağa! Toprak bizi besliyor!"

Avram, bir dakika düşündükten sonra, "Fakat toprak her şeye muktedir değil," diye devam etti. "Toprak da yağmuru veren gökyüzüne bağımlı."

Sapir, "Bu doğru, toprak da gökyüzüne bağımlı," diyerek onu onayladı.

"O zaman gökyüzüne mi tapmalıyız?" Avram, önce Sapir'e, sonra da gökyüzüne baktı.

"Doğru," diye cevapladı Sapir. "Elbette gökyüzüne tapmalıyız!"

"Ama gökyüzüne güneş hükmediyor. Bu dünya, güneşin ışığı ve ısısı sayesinde varlığını sürdürüyor."

Sapir, "Güneş," diyerek onayladı ama sevinmek için erken olduğunun da farkındaydı. "Güneş hükmediyor... Doğru..."

"Öyleyse, güneşin mi tanrı olduğu ortaya çıkıyor?"

"Eve gidelim Avram. Çok geç oldu. Gün batımı..."

"Hayır, güneşe secde edelim," diye önerdi Avram. "Sonuçta, o tanrı."

Avram diz çöktü. Sapir de yanında diz çöktü. Tanrı -güneş- batıyordu. Avram, güneşin, elma ağaçlarının tepesinde kaybolmakta olan ucunu baktı. Güneş batınca tekrar düşündü. Dizlerinin üzerinde doğruldu ve tekrar başını salladı.

"Hayır," dedi ve Sapir'i tekrar umutsuzluğa sürükledi. "Hayır Sapir, güneş tanrı olamaz."

Sapir, "Neden?" diyerek ağlamaklı bir şekilde yakardı. "Fakat neden? Lütfen o, tanrı olsun!"

"Düşün. Mantık yürüt Sapir. Güneş kayboldu ve ay yükseldi ve şimdi ay tanrı oldu. Çünkü şimdi o, güneşten daha büyük." Avram gözlerini kısarak aya baktı ve

"Benimle aynı görüşte misin Sapir?" diye sordu.

"Aynı görüşteyim," diye cevapladı Sapir. "Şimdi tanrı ay. Aynı görüşteyim."

"Eve gidelim küçük Avram, lütfen. Hadi gidelim. Hava soğuyor. Üşüteceksin," diye tekrar yalvardı.

Avram'ın Sapir'e cevabı, "Hayır, bütün bunlardan sonra ay da tanrı olamaz," şeklinde oldu.

Eve vardıklarında çoktan gece olmuştu. Avram düşüncelere daldı, uzandı ve hemen uykuya daldı. Sapir, geyik derisinden yapılmış bir örtüyle onun üstünü örttü ve başının altına kurutulmuş bitkilerle dolu bir kese koydu. Sonra içini çekti, dizlerinin üzerinde sürünerek tanrıların yanına gitti. "Tanrılar... Sevgili tanrılar," diye fısıldadı. "Hepinize sesleniyorum, özellikle de sana yüce tanrı Marduk. Bu küçük çocuğa acıyın. Dilinin ne söylediğini nasıl bilebilir ki? Bilmiyor. Üç yaşında ne bilebilir ki. Sizi seviyor, inanın bana, bu doğru. Görüyorsunuz ki o iyi, nazik ve içten bir çocuk... Ama böyle de meraklı bir zihinle doğmuş, ne yaparsınız... Size bir başka şey daha söylemek istiyorum sevgili tanrılarım; ben ona çok bağlandım. Ona öyle bağlandım ki... Bazen onun babasıyım sanıyorum..."

Sapir omuzlarını kaldırdı ve başını tanrıların daha yakınında olan girintiye soktu.

"Bazen de bana inanmayacaksınız ama ben onun babası değilim de o benim babammış gibi geliyor... Evet, evet beni işitiyor musunuz tanrılarım? Bazen o, öyle yetişkin biri gibi ki..."

Boş Gökyüzü

Gecenin ilerleyen saatleriydi. Ateş çıtırdıyordu ve Sapir mağaranın girişinde uyuyordu. Gökyüzünde yıldızlar titreşiyor ve konuşuyorlardı; ay boşlukta asılı duruyordu. Sapir aniden gözlerini açtı. Zaman zaman, her şeyin yolunda olduğundan emin olmak için geceleri uyanırdı. Bu sefer de öyle gibiydi ama Sapir beklenmedik bir şeyle karşılaştı. Avram'ı yatağında göremedi. Çocuk orada değildi.

Sapir dehşet içinde ayağa fırladı. Arkasında bir fısıltı işitti.

"Orada değilsiniz." Küçük Avram, mağaranın önündeki taşın üzerinde oturmuş, kendi kendine konuşuyordu. "Siz yoksunuz."

Sapir, omuzlarını kürkle örtmek için parmak uçlarında yürüyerek küçük çocuğa yaklaştı.

"Hava soğuk Avram," dedi. "Ateşe yaklaş."

Avram başını öğretmeninin kucağına yerleştirdi ve Sapir öğrencisinin gözlerindeki hüzünlü ifadeyi fark etti.

"Ne..." diye sordu korkuyla. "Ne oldu benim sevgili oğlum?"

"Gördüğüm şeyler, göründüğü gibi değil," dedi Avram.

"O-ho-ho," diye inledi Sapir. "Biliyor musun evlat, gidip bunu tanrılarla konuşsan iyi olur. Onlarla konuş. Bunun bana her zaman yardımı olmuştur."

Avram, "Bu tanrılara bakamıyorum," diye fısıldadı. "Çünkü... Orada değiller... Yoklar."

Sapir şok olmuş bir halde geri çekildi. "Sen neden bahsediyorsun Avram?" Sapir'in başı omuzlarına doğru çekildi. O anda gökyüzü açılacak, şimşekler çakacak ve Avram o şimşeklerin içinde kaybolacak gibi gelmişti. Fakat bir dakika geçmesine rağmen gökyüzü yarılmamıştı ve her şey yerli yerinde duruyordu. Sapir telaşlı bir şekilde, hızla Avram'ın yanına gitti.

"Beni böyle korkutma, sevgili oğlum. Yüce babandan önce, senden ben sorumluyum. Bana, yaşadığın her şey bir rüyadan ibaretmiş gibi geliyor. Evet, sadece bir rüya!" Sapir tanrılara dönerek açıkladı. "Evet! Bir rüyaydı! Herkesin başına gelebilir! Ona kızmayın, o daha bir bebek!"

Avram, bir yıldızın sessizce yanıp söndüğü karanlık gökyüzüne baktı.

"Şu anda biri benimle konuşuyor..." dedi.

"Ne?"

"Sadece, onun dilini bilmiyorum."

"Oy-oy-oy..."

"Belki de aslında, bu bir tanrıdır... bizimle her zaman konuşan, ama bizim duymadığımız bir tanrı. Onu gerçekten duymamızı istiyor..."

Sapir çaresizlikten neredeyse hıçkıra hıçkıra ağlıyordu. Çocuğun kurtarılması gerektiğini hissediyordu. Muhtemelen, yalnızlık yüzünden aklını kaçırıyordu.

Avram, "Lütfen aklımı kaçırdığımı düşünme," dedi. Sıcacık gözlerini kocaman açarak yaşlı adama baktı.

"Uyuyalım Sapir," dedi. "Sadece beni çok erken uyandıracağına söz ver." Bir şeyi kontrol etmem gerekiyor. Söz veriyor musun?"

Sapir, "Elbette," diyerek onu hemen onayladı. Bu gece ve bu eziyet nihayet sona ereceği için mutluydu. Avram'ın sabaha kadar her şeyi unutmuş olmasını ümit ediyordu.

Fakat sabahın erken saatlerinde, şafak sökerken, Avram Sapir'in yardımına gerek kalmadan uyandı ve mağaradan dışarı koştu.

Bir Yıldızın Doğuşu

Sapir gün boyunca, hiçbir şey anlamadan, Avram'ı bir gölge gibi takip etti.

Çocuk coşku doluydu ve yeni keşiflerde bulunuyordu. İlk olarak, bir saatten fazla, hareket etmeksizin bir karınca yuvasının önünde yattı. Karıncaların, hep birlikte bir iş gününe başlayışlarını izledi. Güneşin doğuşuyla birlikte karıncalar, karınca yuvasının girişini kaplayan minik kamışları ve çakıl taşlarını yuvarladılar. Araziye giden, iyi bildikleri yol boyunca birbirlerini geçmeden ve çatışmadan ilerlediler. Kendi düzenlerini takip ediyorlardı. Bu çok açıktı. İkinci olarak, Avram bir yabani nergisin güneşe yönelmesini izledi. Bir eşek arısı çiçeğin üzerinde vızıldadı, iki daire çizdi ve tam ortasına kondu ve aldıklarını, bir ağaç gövdesine yapışık olan bir yuvaya götürdü. Sapir, Yaban arılarının, davetsiz misafirler yüzünden hiddetle vızıldadığı o yere Abram'ı yaklaştırmadı. Burada da düzen, itaat ve hiyerarşi çok net olarak hissediliyordu. Kim görevli, kim değil çok netti. Eşek arıları sanki bir işaret verilmiş gibi küçük bir grup halinde uçarak, Avram ve Sapir'in başlarının üzerinden geçip gittiler ve uzun otların ardında gözden kayboldular. Neredeyse öğlen olmuştu. Avram hiç yorgun değildi ve Sapir onu dereden su içmesi için zorladı ve birazcık olsun beslemek için, ağzına bir çöreği neredeyse zorla tıktı.

O gün keşif dolu bir gündü ve akşama kadar mağaraya dönmediler. Avram her şeyden çok zevk almıştı. Güneş batmaya doğru yol alırken, Avram aniden durdu ve başını gökyüzüne kaldırdı. Sonra, Sapir'le birlikte çimenlere uzandılar. Rüzgârın sürüklediği bulutlar üzerlerinden geçti. Güneş yavaşça battı ve birden ay göründü. Yakınlarda iki yıldız parladı.

Sapir, Avram'ın dikkatini dağıtmamaya çalışarak, onun altına geyik derisi serdi. Hava serinlemeye başlamıştı.

Avram yıldızları izliyordu ve sanki onlar da onu izliyor gibiydi. Yıldızlardan biri kayıp yok olduğunda Avram iç çekti. İç çekişi o kadar doğal ve yalındı ki, sanki sonunda huzura kavuşmuş gibiydi. Avram Sapir'e baktı.

Sapir, "Ne kadar olağanüstü bir yüzü var!" diye düşündü. Çocuğun yüzü gerçekten aydınlanmıştı. Son günlerde olmadığı kadar sakin ve endişeden uzaktı. Avram gülümsedi ve Sapir de ona gülümsedi.

"Bu, Tanrı," dedi Avram.

"Nerede? Ne tanrısı?" Sapir gerilmişti.

Avram, "Sadece şunu söylüyorum -bu çok güzel!" diyerek iç çekti.

"Çok," dedi Sapir.

"Her şey ne kadar şaşırtıcı bir şekilde birbirine bağlı."

"Gerçekten de!" diye haykırdı Sapir.

"Gökyüzü yeryüzüyle; güneş çiçekle."

"Gerçekten! Gerçekten!"

"Bir böcek bir ot parçasıyla; bir yaban arısı bir yaban arısıyla."

"Vay canına! Vay canına!" Sapir zafer sevinci içindeydi. "Haklısın! Haklısın!"

"Soğuk ve sıcak, bir toz zerresi ve bir kelebek kanadı, ay ve bir kurdun uluması, bir karınca ve yere düşmüş bir yaprak sapı..."

Sapir, "Her şeyi ne kadar güzel tanımlıyorsun," diyerek iç geçirdi. "Seni dinlemekten asla bıkmayacağım!"

Avram sustu ve Sapir, onu düşünürken rahatsız etmekten korktu. Avram sabit bakışlarla bakıyordu. Sapir kıpırdamadı.

Sapir şöyle düşündü: "Belki de bir anda bir şiir ya da bir şarkı doğacak, kim bilir! Belki de o bir şairdir. O çok yetenekli!"

Sapir tam da o anda bir "Yıldız"ın doğmakta olduğunu bilemezdi. Bu Yıldız, gelecek yüzyıllar boyunca pek çok neslin yaşamlarına ışık olacaktı. Bu Yıldız, sonsuza dek pek çok yaşamı aydınlatacaktı!

Sapir, tüm ulusların atasının tam o anda doğmakta olduğunu bilemezdi.

Bunu Avram da bilmiyordu. Sadece sessizliği hissetmişti ve bu sessizliğin içinde çok fazla huzur, güzellik ve sonsuzluk vardı. Öylesine çoktu ki nefesi kesildi ve bir anda her şey yok oldu.

Sonsuz ve saf boşluk Avram'ın kalbine dokundu. O anda, ona ne hissettiğini sorsanız açıklayamazdı. Her şey yok olmuştu. Ne bedenler ne taşlar ne de çiçekler vardı. Bu boşluk korkutucu değildi; aksine güven verici ve rahatlatıcıydı. Avram sonsuza kadar orada, bu sessiz boşluğun içinde kalmak istedi. Ne kadar zaman geçtiğini bilmiyordu.

Birden, "Sapir, başka hayvanlar da var, değil mi? Başka böcekler, başka kuşlar da var, görülecek her şeyi daha görmedim, değil mi?" diye sordu.

Sapir eğildi: "Hiçbir şey görmedin! Daha ne gördün ki sevgili oğlum? Burada o kadar çok şey var ki! Ne kadar çok olduğunu bilmiyorsun. Aslında daha hiçbir şey görmedin!" Avram, Sapir'e yaklaştı.

"Peki neyi görmedim?"

Sapir'in duyguları o kadar yoğundu ki, bir anlığına nefes almayı bıraktı.

"Hiçbir şey görmedin! Dağın yarıklarındaki kartal yuvalarını gördün mü ya da yaşlı bir albino kaplanın bir yabani koyunun izini nasıl sürdüğünü? Ya peygamber develerinin, küçük yataklarını karahindibağ saplarından nasıl yuvarladıklarını ya da porçini mantarlarının yağmurdan sonra nasıl büyüdüğünü?

"Vahşi bir vaşak, aya bakarak nasıl şarkı söyler? Ah nasıl! O kadar çok şey var ki ve sen henüz hiçbir şey görmedin Avram!"

Avram, "Onları bana gösterecek misin?" diyerek yaşlı adama sarıldı.

"Sana her şeyi göstereceğim," diye cevapladı Sapir.

"Şimdi mi?"

"Hayır, şimdi çok geç oldu. Yarın! Yarın dağlardaki geçitten geçeceğiz. Sadece beni dinleyeceğine söz ver!" Sapir sert bir şekilde parmağını kaldırdı. "Aksi takdirde..."

"Dinleyeceğim, dinleyeceğim!" dedi Avram aceleyle. "Ne dersen yapacağım."

"Yarın dağdaki göle hareket edeceğiz. Bunu ister misin?"

"Çok isterim," dedi çocuk sessizce.

"Sana çok az insanın gördüğü inanılmaz şeyler göstereceğim," dedi Sapir. "Yarın. Bugün yemek yiyor ve uyuyorsun. Tamam mı? Seni şafak vakti uyandıracağım."

Sapir dönüp mağaraya doğru yürüdü. Avram da onun ardından koştu. Tekrar tekrar heyecanla bir şeyler sordu ve Sapir acele etmeden cevap verdi.

En azından bir konuda Avram'ın ustası olabileceği için mutluydu.

"Bir Küçük Çocuk Onlara Öncülük Edecek"

Kalktıklarında hâlâ geceydi. Avram her zamankinden daha uysaldı ve Sapir de inanılmaz derecede ciddiydi.

Gökyüzü doğudan, yeni yeni aydınlanmaya başladığında yola çıktılar. Vadiden geçerlerken, Sapir heyecanla konuşmaya başladı. Avram'ın gözlerinin sevinçle kocaman açıldığını görünce, her şeyi göstererek açıkladı. O, ünlü avcı Sapir, çok şey biliyordu.

Doymak bilmez yavrularını besleyen kartalları gördüler. Yarığın en ucuna, yuvanın çok yakınına gittiler ve bu, Avram'ı çok sevindirdi. Sapir, Avram'ı bir iple kendine bağlamıştı.

Bir albino kaplanın kocaman patileriyle sessizce yürüyerek, nasıl ava çıktığını izlediler. Sonra, kayaların arasında yolunu bulmaya çalışan bir filizi şaşkınlıkla izlediler. Burada toprak yoktu, su yoktu ama açıklanamaz bir güç onu doğuma ve yaşama itiyordu.

Sapir, Avram için endişelendiğinden, dinlenmek için birkaç kez durdular ama çocuk yorgun değildi. Hatta Sapir'den, daha hızlı hareket etmelerini bile istedi. Yürüdükçe yürüdüler, dağlara tırmandılar, yeşil çayırlara indiler. Sivri kayaların arasında dar, kıvrımlı bir yol bulduklarında neredeyse akşam olmuştu.

Sapir önden gitti. Avram ona bir iple bağlıydı. Yol, bir kayanın ardından keskin bir virajla dönüyordu. Sapir yol boyunca yürüdü ve birden durdu.

Geri çekilmeye başladı ve elini uzatarak Avram'ı durdurdu.

İlk başta kayanın ardından kocaman, killi bir pençe belirdi ve ardından bir dağ ayısının sırıtan ağzı göründü. Tüyleri dalgalanıyor, kırmızı gözleriyle yolculara bakıyordu. Ayı sanki ayı dilinde "Siz kimsiniz? Neden buradasınız?" diye soruyormuş gibi hırladı.

Sapir, "Sadece yürüyoruz," diye sakince konuşmaya çalıştı. "Seni rahatsız etmeyeceğiz."

Ayı cevabı kabul etmeyerek sırıttı ve arka ayakları üzerinde doğruldu. Dev, vücuduyla güneşi örttü. O an, Sapir başlarının belada olduğunu anladı. Ayının karnı keskin bir cisimle parçalanmıştı, bu belki bir taş ile olmuştu. Söylemesi zordu. Ayının kükremesiyle dağlardan bir çığ düştü ve ardından kuşlar, tökezlemişler gibi, bir anda suskunlaştı. Yarıktan yankılı bir uluma sesi yükseldi. Ayı, Sapir'e doğru bir hamle yaptı.

Sapir, elini yavaşça sırtında asılı olan yaya doğru götürürken, tüm bedeniyle Avram'ın önüne geçti.

"Kıpırdama Avram," diye sessizce fısıldadı ve ok kılıfından bir ok çekti. Ayı arka ayakları üzerinde yaklaşıyordu. Açık ağzını havaya kaldırarak ve kocaman pençelerini sallayarak homurdandı ve hırladı. Geri çekilen Sapir ve Avram kayalardan oluşan bir duvara dayanmış ve sıkışıp kalmışlardı. Ayıyla aralarında üç adımlık bir mesafe vardı

Sapir daha fazla beklemedi. Ayı ona doğru koşarken, yayını kaldırdı ve anında ipini gerdi. Sapir oku fırlattı ama son anda dirseğinde bir darbe hissetti. Ok fırladı ve ayının kafasının üzerinden uçup gitti. Ayı tam üzerlerindeydi. Sapir, Avram'ı korumak için kollarını açtı. Avazı çıktığı kadar bağırdı: "Ahhhhhhhh!"

Gözleri ayının gözleriyle buluştu. Ayı donakalmıştı... Bakıyordu ama bakışı Sapir'e değildi. Başını hafifçe çevirdiğinde, ayının Avram'a baktığını anladı. Birkaç saniye geçti. Ayı hareket etmedi. Sonra yavaşça havayı koklamak için yüzünü yukarı kaldırdı. Sapir ayının sıcak nefesini hissedebiliyordu. Avram'a baktı.

Ayı yüzünü yaklaştırdı ve Avram'ı kokladı. Önce yüzünü, ellerini ve sonra da tüm vücudunu kokladı.

Ayı, kırmızı gözleriyle tekrar Avram'a baktı ve birden onu yaladı! Avram'ın burnunu yaladı.

Bu esnada, Sapir de Avram gibi hareket etmeye korkuyordu. Ayı çocuğu bir kez daha yaladı, sonra kaba bir şekilde arkasını döndü ve ağır aksak yürüyerek geri döndü.

Sapir daha fazla dayanamadı ve bir çuval gibi yere yığıldı. Avram da onun yanına çöktü. "Ah..." diye inledi Sapir, başka da bir şey söyleyemedi.

"Ben... Bilmiyorum," dedi Avram da.

"Ah," diyerek Sapir tekrar bir şeyler söylemeye çalıştı. Gözlerini kapattı ve derin bir nefes aldı. "Ayının bizi parçalaması gerekiyordu," dedi. "Yaralı bir ayı her şeyi mahveder. Kaplanlar, aslanlar, bufalolar; hiçbiri hayatta kalamaz..." Sapir, ne olduğunu ancak şimdi anlamıştı. Avram'a baktı ve şöyle dedi: Şimdilik bizi parçalamadı..."

Başını salladı ve konuşmayı kesti. Avram'a sanki ayı onu kokluyormuşçasına baktı. Sonra gizemli bir şekilde şöyle dedi: "Nemrut'un senden neden korktuğunu şimdi anlıyorum..."

"Neden?"

"Kim olduğunu sen kendin de bilmiyorsun."

Avram, merakla "Kimim ben?" diye sordu.

"Tam olarak benim sorum da bu: Kimsin sen?"

Sapir Avram'a baktı. Avram aniden arkasını döndü ve yolda yürümeye başladı. Derin düşüncelere dalmıştı. Sapir güçlükle ayağa kalktı ve sendeleyerek ardından gitti.

Sessizce yürüdüler. Sapir bu sessizliği bozmaktan korkuyordu. Avram artık ona her zamankinden daha yüce görünüyordu. Güneşe baktı ve Avram'a yetişmek için adımlarını hızlandırdı.

"Düşüncelerini böldüğüm için beni bağışla ama çok çok güzel bir şey görmek istiyorsan acele etmeliyiz. Güneş batıyor," dedi yumuşak bir sesle.

Avram ona boş bir bakışla baktı.

"Benimle ne ilgisi var Sapir? Nemrut neden benden korkuyor?"

Sapir aniden korkuyla etrafına bakındı. Bu sorudan ve Avram'ın ona bakışından kaçmak için nereye gideceğini bilemedi. Dağın tepesine inmiş olan güneşten gelen ince bir ışık hüzmesi onu kurtardı.

Avram'ı elinden tuttu ve yavaşça kendine doğru çekti. "Fazla zamanımız yok!" diye bağırarak koşmaya başladı.

Avram da birden bağırdı: "Evet!"

Dar yolda, güneşten daha hızlı hareket ederek koştular.

Bir kaya çıkıntısının kenarından döndüler. Yol burada keskin bir viraj yapıyor, daha sonra kartal profiline benzeyen bir taşın yanından geçip bir yarığa iniyordu. Zar zor geçitten geçebildiler.

Sapir kendinden emin bir şekilde öncülük ediyordu. Avram, onun elini sıkıca tutuyordu. "Neredeyse geldik!" diye bağırdı Sapir.

Önlerine bir şey fırladı. "Bu bir çakal. O, korkaktır."

Önlerinde, iri, sarı gözler parıldadı. "Bu bir baykuş. Bize dokunmaz."

Avram Sapir'e sarıldı.

Sapir, "Sadece birkaç dakika daha oğlum," diyerek onu cesaretlendirdi. Aynı anda, aniden dönemecin etrafında bir ışık parladı. Saniyeler geçti, sadece saniyeler!

Taşlık bir yükseltiye atlarken ışıktan gözleri kör olmuştu.

Avram elleriyle gözlerini kapattı. Gözlerini açtığında, ilk başta belirsiz bir şekilde, sonra daha net bir şekilde ona bir mucize görünmeye başladı. Bir vadinin tepesinde duruyorlardı. Aşağıda, büyük bir sükûnet içinde, bir göl uzanıyordu. Gökyüzü ve gökyüzündeki kuşların görüntüsü göle yansıyordu. Birçok yol göle çıkıyordu ve hayvanlar bu yollar boyunca sakin ve rahat bir şekilde yürüyorlardı.

Avram şaşkındı ve kımıldayamıyordu.

Cilalanmış bakır bir kap gibi parıldayan Sapir sessizce sordu: "Peki! Ne düşünüyorsun?"

Şaşırmış olan Avram cevap veremedi. Nefesi kesilmişti.

Bir leopar ailesi ve üç zarif alageyikten oluşan bir grup gördü. Yol boyunca, neredeyse birbirlerine yapışık halde, yavaşça yürüyorlardı. Bir kaplan ve bir dağ boğası sürüsü gördü. Onlara saldıran Ayı, şimdi ağır ağır göle doğru yürüyordu. Ayının her iki yanında antiloplar "uçuyordu".

Göle giden yollar; kurtlar, yavru kurtlar, tilkiler, çakallar, geyikler ve küçük geyik yavrularıyla doluydu.

Su akıntıları gibi göle doğru akıyorlardı.

Suyun kıyısında durmuş ve birbirlerine karışmadan,

dünyadaki hiç kimseden ve hiçbir şeyden korkmadan su içiyorlardı.

"Ya şimdi?" diye fısıldadı Sapir. "Memnun musun Avramım?"

"Bu..." Avram zar zor konuşuyordu. "Bu, O..."

Fakat Sapir, cevabı ya duymadı ya da duymamış gibi yaptı.

"Burada kimse kimseye dokunmaz," dedi.

"Burada kan dökülmez. Bu, hayalini bile kuramayacağımız bir dünya!" Sapir bu sözleri, aynı anda hem gurur hem de üzüntü duyarak söylemişti.

"Herkes buraya tok gelir. Kaplan tok gelir, ayı da. Aslan burada kimseye dokunmaz. Burası kutsanmıştır çünkü kutsal bir su içme yeridir. Aile buraya birlikte su içmek için gelir. Aile..."

Sapir suskunluğa büründü. Bu cennet gibi manzaraya baktı; gözlerinde yaş vardı.

"Kendimi kötü hissettiğimde buraya gelir ve bunun ne kadar harika bir yaşam tarzı olduğunu düşünürüm."

Avram bir taşın üzerine oturdu. Gözlerini bu mucizeden ayırmadı.

"Sana bundan hoşlanacağını söylemiştim," diye fısıldadı Sapir. "Nasıl sevilmez ki?"

Yaban ördekleri göle indi. Kuğular ve pelikanlar suda süzülüyordu. Kartallar havada süzülerek bu cennet gibi manzarayı koruyorlardı. Avram sesli bir şekilde içini çekti. Güneş çoktan dağın ardına saklanmıştı. Kaplan geri çekildi. Ayı, gitmek için geri dönmeden önce suya pençesini daldırdı...

Katliam

Güneş batıyordu. Birlik mucizesi sona ermek üzereydi. Bir geyik dikkat kesilirken, bir maral aniden yukarıya baktı. Bir ıslık sesi sessizliği bölerken, bir aslanın başı hızla havaya kalktı.

Sapir irkilmişti ama ne olduğunu anlamıştı. Avram, bir okun bir ayının ayağına saplandığını gördü; ayı uluyarak uzaklaşmaya çalıştı ancak ikinci bir ok onu yere mıhladı. Bir sürü ok hayvanlara isabet etmeye başladı.

Avram korku içinde donakaldı. Vurulan hayvanlar bir yandan bir yana koşuyor, Nemrut'un savaşçılarıyla çarpışarak gözlerinin önünde yere düşüyorlardı. Evet, vadiye öldürmeye gelen oydu -Babil Kralı Nemrut. Bir atın tepesinde oturuyor ve efsanevi yayını kaldırıp oklarını yıldırım hızıyla gönderiyordu. Hizmetkarları, çemberi daraltarak ve kırmızı bayraklar sallayarak hayvanları tek bir yere sürüyorlardı. Vadiyi uğultu ve bağırtı sesleri doldurdu ve hayvanların inlemeleri göklere yükseldi. Ne olduğunu ya da neden olduğunu anlamamışlardı. Avram elinden kurtulmak için yalvarırken Sapir, çocuğu sıkı bir şekilde tuttu. "Onlar ne yapıyorlar?" diye bağırdı. "Onları öldüremezler! Bu imkânsız!"

Gördüklerinin dehşeti çocuğun zihnine kazınmıştı, Sapir onun yüzüne bakmaya dayanamadı. Bir kayaya yaslanarak ağladı; bu arada Avram'ı hiç bırakmayacakmış gibi tutuyordu. "Hiçbir şey yapamazsın sevgili Avram," diye fısıldadı. "Nemrut'a karşı ne yapabilirsin?"

Katledilen kartallar yere düşerken kanatlarını vurarak havalanmaya çalıştılar, ama nafileydi. Delik deşik olmuş gazeller, bir sıçrayışta donakaldı ve bir tarafa yıkıldılar.

Ağızları açık kurtlar yerde yatıyordu, gözleri gün batımını yansıtıyordu. Nemrut'un ordusu bu manzarayı kuşatmıştı. Herkes şunu anlamalıydı: Nemrut asla ıskalamazdı. Gerçekten de burada bir cinayet işleniyordu ve sanki yeryüzü bile kan kaybediyor gibiydi. Kan nehirleri suya akıyor, gölün rengi kızıla dönüyordu.

Hattı ilk yarıp geçen kaplan oldu. Nemrut'un savaşçılarını ezdi ve büyük bir sıçrayışla dağlara doğru kaçmaya başladı. Yan tarafına bir ok saplanmıştı ve her sıçrayışında sallanıyordu. Ceylanlar ve dağ keçileri, kaplanın açmayı başardığı açıklığa doğru koşmaya başladılar. Bedeni oklarla kaplı aslan, Nemrut'un hizmetkarlarını var gücüyle ezdi.

Hâlâ hareket edebilenler aslanı takip etti ama sadece birkaçı hattı geçmeyi başardı.

Yüzlerce ve yüzlerce kuş havalandıkları esnada yere çakılmıştı. Nemrut, kuşların düşüşünü, okların delip geçmesiyle ölüme doğru düşüşlerini izlemeyi severdi. Hâlâ hareket edenlerin işini kendisi bitirdi.

Kısa bir an içinde inlemeler ve çığlıklar sessizliğe gömüldü. Bu sessizlik, dağların hiç aşina olmadığı bir sessizlikti. Bağıran, inleyen ya da iç çeken kimse yoktu. Nemrut, muzaffer bir edayla ölüm vadisini inceledi. Evet, elbette ki o, dünyanın en iyi okçusuydu. Bundan kimsenin kuşkusu olamazdı. Kuşku duyacak ne olabilirdi ki? O bir Kral'dı. O, tanrıydı. Bunu herkesin bilmesini istiyordu! Nemrut yayının kıvrımını öptü. Atını çevirdi ve yavaşça hareketsiz duran savaşçıların yanından geçti. Artık burada kalması için bir sebep yoktu.

Rahip Biş, Nemrut'un ardından saygı dolu bir ifadeyle baktı ve emirler verdi. Askerler atlarından inip ölü hayvanların arasına dağıldılar. En büyüğünü seçip saray için doldurmaları gerekiyordu. Deriler yataklar için kullanılacak ve oklarla delinmiş kafatasları herkesin görmesi ve korkması için Nemrut'un salonlarına yerleştirilecekti. Hayatta kalmış hayvanlar varsa onların da işi bitirilecekti. Avram, Sapir'in ellerinin arasında titriyordu; direnmeyi çoktan bırakmıştı. Aniden kayanın arkasından bir kaplan kafası belirdi. Kaplan dişleri meydanda ve topallayarak yarıktan içeri girdi. Ceylanlar, kayalıkların sağ ve sol tarafını kullanarak kaçıştılar ve çok geçmeden her şey sessizliğe büründü. Sapir, dikkatli bir şekilde çocukla geriye doğru gitmeye başlamıştı ki ayağının altındaki bir taş kayıp birkaç kez yuvarlanıp aşağıya uçtu. Ses o kadar zayıftı ki; yalnızca bir dağ sıçanı veya bir baykuş tarafından duyulabilirdi ya da Biş tarafından. Hiçbir hayvan, duyma, koklama ve görme yeteneği bakımından onunla kıyaslanamazdı. Biş sesi duydu ve başını kaldırdı. Keskin bakışları hemen sesin geldiği yeri buldu. Orada, bir an için bir gölge belirdi ve o da bu gölgeyi fark etti. Bunun bir hayvanın gölgesi olmadığını hemen anladı. Kayaya doğru koştu. Kedi gibi, neredeyse bir vaşak gibi, neredeyse taşlara hiç değmeden dağa doğru uçtu.

İşte oradaydı; plato. Üzerine atladı, etrafına bakındı ama kimseyi bulamadı. Yavaşça taşlara ve toprağa baktı ve bir şey gördü: Gün batımının ışığında bir ot sapını fark etti. Daha yakından incelemek için eline aldığında, onun ortasından kırılmış olduğunu fark etti.

Daha sonra bir yarık gördü. Oraya yaklaştı ve sesli bir şekilde havayı kokladı. Hemen yayını sırtından çekti, ardından kılıfından bir ok çıkardı ve nişan almadan yarığa fırlattı. Okun kayalara çarpıp kıvılcımlar çıkardığını, çıkıntıya çarptığını, sektiğini ve boşluğa doğru kaybolduğunu gördü.

Rahip gözlerini kısıp karanlığa bakarak bekledi. Dar yarıkta, Sapir ve Avram birbiri ardına kaçtılar. Sapir yol kıvrıldıkça çocuğun elinden sıkıca tutuyordu ama izci her dönemeci biliyordu. Aniden durdu, kulak kesildi ve Avram'ı da peşinden çekerek yere yattı. Hızla gelen bir ok başlarının üzerinden geçti.

Sapir iç çekti, Avram'ı ayağa kaldırdı, kafası rahatsız edici düşüncelerle dolu bir halde çocuğu hızla yanına çekti. Yarıktan kaçtıklarında akşamın geç saatleriydi. İleride, bir ağacın gövdesine bir ok saplıydı.

Sapir yaklaştı ve okun sapına kazınmış yazıyı okudu: "Benden asla kaçamayacaksın." Sapir, Avram'a bakarak, "Eyvah, eyvah," diye fısıldadı. Çocuk sessizdi.

Sapir, "Mağaradan dışarı bir adım dahi atma," diye emretti. "Sana yalvarıyorum Avram, lütfen sözümü dinle." Daha sonra derin bir iç çekip başını ellerinin arasına aldı. "Ah... ne yaşlı bir budalayım ben!"

İnsanlar Neden Öldürür?

Sapir, üç gün boyunca mağaranın girişini korudu. Gözlerini hiç kapamadı, adeta bir bekçi köpeği gibiydi. Güvende olduklarından ve takip edilmediklerinden emin olması gerekiyordu. Kimse bu mağarayı bilmiyordu, Sapir bundan emindi ama rahip Biş'in yeteneği onların aleyhineydi. Bir önlem olarak yiyeceklerini sınırladı; ateş yakmıyorlardı ve kokan her şeyi kayaların arkasına saklamışlardı.

Üç gün boyunca mağaraya yaklaşan kimse olmadı. Kimse vadiyi geçmedi ne bir insan ne de bir hayvan.

Bu durum Sapir'e güven vermişti ve üçüncü gün, tüm bu zaman boyunca sessizliğini koruyan Avram konuştu. Yaşlı adamın yanına oturarak, "Sonsuza kadar burada kalmak istiyorum," dedi.

Sessizliğin hâkim olduğu dağlar önlerindeydi. Dağların arasında, uzakta bir vadi uzanıyordu. Kilometrelerce öteden görülüyordu.

Sapir, "Neden geri dönmek istemediğini anlıyorum," dedi. "İnsanların neler yapabileceğini gördün."

"İnsanların ne olduğunu bilmiyordum," diye karşılık verdi Avram. "Hiçbirini görmek istemiyorum. Ben sadece seni görmek istiyorum. Biz birlikte iyiyiz Sapir, öyle değil mi?"

"İyiyiz, evet," dedi Sapir. "Hep kendi kendime şunu söylemişimdir: Burada yaşa Sapir, vadiye inmen için hiçbir sebep yok. Orada kötü insanlar var; onlar iyinin ne olduğunu, sevmenin ne olduğunu çoktan unuttular." İçini çekti. "Ama ben, her defasında geri dönüyorum."

Avram, "Neden?" diye sordu.

"Eee, aile... Baban orada... Hepsini önemsiyorum!" Avram'a baktı ve aniden ellerini iki yana açtı. "Dürüst olmak gerekirse, nedenini bilmiyorum... Her şeyi bırakıp herkese 'hayır' diyebilir ve burada kalabilirdim."

"O zaman 'hayır' diyelim," dedi Avram. " Burayı terk etmiyoruz, hiçbir yere gitmiyoruz diyelim." Sapir'e daha da yaklaştı ve ona sarıldı. "Bana yemek yapmayı öğretirsin. Meyveleri, mantarları, kökleri toplarız..." Duraksadı. "Böyle yaşayabilirsin, değil mi?"

Sapir başını salladı: "Elbette."

Avram heyecanlandı: "İşte böyle! Doğayı gözlemleyeceğim; olup biten her şeyi, her bir çimen tanesini, her bir böceği tarif etmek istiyorum. Nasıl göründüklerini, nasıl yaşadıklarını, her şeyi-tüm bitkileri, yıldızların nasıl yanıp söndüğünü ve vadimizin onlara nasıl karşılık verdiğini, bir bukalemunun nasıl renk değiştirdiğini..." Avram gözlerini kısarak bir taşı işaret etti: "Burada ama nasıl da fark edilmiyor."

Taş aniden hareketlendi ve aşağı yuvarlandı. Avram gülümsedi. "Sabah ve akşam hakkında, güneş ve ay hakkında yazacağım! Her şeyin ve herkesin nasıl bir arada yaşadığını ve hepimizin nasıl birbirine bağlı olduğunu yazacağım."

Avram, akşam gölgelerinin yavaşça üzerlerinde gezindiği dağlara baktı. "Bir kaplan bile karnı tokken bir geyiği yemez," dedi. "Bir aslan sadece gücünü göstermek için ne kendinden küçükleri ne de büyükleri rahatsız eder."

Gökyüzünde bir kartal sessizce uçtu.

Katliamdan kurtulmuş olması büyük bir şanstı.

"İnsanlar bunu neden yapıyor Sapir?" Çocuğun sesi titriyordu. "İnsanlar neden öldürür? Öylece? Ne kadar güçlü olduklarını göstermek için mi?"

Avram Sapir'e döndü, gözlerinin içine baktı ve şöyle dedi: "İnsanlarda en kötü canavarda bile olmayan bir şey var." Sapir içini çekti, ellerini açtı ve Avram'ın ona seslendiğini duyunca cevap verdi: "Evet, sevgili efendim?"

"Burada, dağlarda yaşayan bir adam var," dedi Avram.

Sapir, "Bunu nereden biliyorsun?" dedi. Bakışları anında değişmişti. Kafası karışmıştı.

"Mağaranın yakınında kırılmış bir dal gördüm."

"Bir hayvandır...Geceleri dolaşıyorlar..."

Avram, "Hayır, bir adam. Biliyorum," dedi ve sessizce sordu "Burada bizden başka yaşayan var mı?"

"Bilmiyorum!" diye cevapladı Sapir sert bir şekilde.

Avram, kararlı bir ses tonuyla "Burada başka kim yaşıyor?" dedi.

"Söyledim sana, bilmiyorum!" diye tekrar etti Sapir.

Avram, tüm bedeniyle Sapir'e doğru uzanarak "Kim o, Sapir? Lütfen, lütfen söyle bana," dedi.

Sapir, uzaklaşarak "Hayır. Hayır," dedi.

"Bu çok önemli Sapir." Avram geri adım atmıyordu. "Son derece önemli!"

"Bunu neden önemsiyorsun? O senin için kim ki?" dedi Sapir. "Burada hiç kimse yok. Burada kimse yaşamıyor" diye haykırdı.

Ancak Avram konuyu kapamayı reddetti.

"Burada biri yaşıyor olsa bile ona nasıl ulaşacağımı

bilmiyorum," diye mırıldandı Sapir. "Onun kim olduğunu bilmiyorum. Onun hakkında konuşmak istemiyorum. Tartışma bitmiştir." Ancak, Avram yaşlı adama bakmaya devam etti ve Sapir daha fazla dayanamadı. "Onunla görüşmek yasak," dedi yalvarırcasına. "Her kim onunla görüşürse cezalandırılacak -öldürülecektir!"

Avram, "Kimseye söylemeyiz," diyerek Sapir'e yaklaştı. "Sessizce gidip geliriz."

Sapir'in iç çekişi nihai yenilginin sinyaliydi. Kimsenin onları duymadığından emin olmak için etrafa bakındı ve sessizce şöyle dedi: "Onun evi gece gündüz izleniyor! Bunun ne kadar tehlikeli olduğunu anlamıyor musun?"

Avram, "Ve biz..." diye başladı ama Sapir onun bitirmesine izin vermedi.

"İdam edilmemi mi istiyorsun?" Açıkça sordu.

Çocuk, korkuyla "Hayır! Asla! " dedi.

"Babanın idam edilmesini ister misin?" Sapir'in sesi artık sertti.

"Böyle söyleme!" Çocuğun sesi titriyordu.

"O halde bunu neden istiyorsun? Rahip, cellat Siyuta'nın babanı, soylu Terah'ı öldürdüğünü hayal ederek ortalıkta dolaşıyor. Seni de. Eğer bu olursa, benim yaşamak için hiçbir nedenim kalmaz. Anlıyor musun?"

Sapir durdu. Avram'a bağırdığını fark etti. Burada, değersiz bir yaşlı adam, aslında hiç de çocuk olmayan bu çocuğa bağırıyordu. Hayır... O, büyüktü. O, bir devdi. Sapir içini çekti. "Avram, başına bir felaket gelmemesi için, hiç kimse onunla görüşmemeli" dedi sessizce. "Nemrut onunla görüşen herkesi cezalandırıyor. Şimdi onun nasıl biri olduğunu anladın mı?"

Avram, kararlı bir tavırla "Evet," diye fısıldadı. "O, Nemrut'un düşmanı."

Sapir zor zor duyulan bir sesle, "Bu doğru," diye cevapladı. "Nemrut onu uzun zaman önce öldürecekti ama öldüremiyor..." Sapir Avram'a yalvardı: "Bana artık ondan söz etmeyeceğine dair söz ver. O herkes için tehlikeli."

"Söz veriyorum," diye cevapladı Avram. "Lütfen affet beni. Sadece kendimi düşündüm."

Bu sözlerin üzerine Sapir hızla ayağa fırladı ve duygulu bir şekilde Avram'ı kucakladı. "Canım Avram, sen gerçekten olağanüstüsün. Seni çok seviyorum!"

"Ben de seni seviyorum," diye karşılık verdi Avram.

Sapir gülümsedi, "Sana bir kek yapmamı ister misin? Yanında tatlı bir içecekle yersin. Dağlarda, sana bir kaplanın gücünü ve bir aslanın güvenini verecek şifalı bitkiler buldum."

Çocuk ayağa kalkarken, "Hayır Sapir, teşekkür ederim," diye karşılık verdi. "Uyumak istiyorum."

Arkasını döndü ve mağaraya doğru yöneldi. Çok geç ya da çok erkendi. Gökyüzü aydınlanmaya başlamıştı ve uzaklaşan gecenin daha önce duyulmayan sesleri giderek daha net hale gelmişti. Bir hışırtı vardı ama bu, kimseyi korkutmadı. Belli ki bir dağ tilkisi gece avından dönüyordu; beyaz kulaklı kartal kanatlarını çırparak yavrularını uyandırmıştı; baykuş içini çekmiş ve uzaktaki çakal ulumuştu.

Avram bu seslerden korkmuyordu. Onlardan hiçbir zaman korkmamıştı. Ne de olsa doğduğundan beri onlarla birlikteydi.

Kurtuluş

Avram mağaraya girdi ve dallardan ve hayvan kürklerinden yapılmış yatağına yaklaştı. Oturup yatağın kenarına dokundu ve aniden Sapir'in yürek parçalayan çığlığını duydu: "AVRAM! DUR!"

Sapir, tüm gücünü kullanarak yerden fırladı ve Avram ile kendisini ayıran metrelerce mesafeyi uçarak geçti ama artık çok geçti.

Nohaş, bir yılan türüydü. Aslında var olan en zehirli ve en iğrenç yılandı. Yılan, dişlerini çocuğun eline geçirdiği anda, Sapir onu ayağıyla ezdi. Yılan küçük kafasını kurtardı ve kaçmaya çalıştı ama Sapir hemen kafasını bir taşla dümdüz etti.

Avram sessizce yere oturdu ve elindeki, zar zor fark edilir ısırık izine baktı. Sapir onu hızla yakaladı ve hiç beklemeden, bıçakla yarayı deşerek kanı akıttı. Mağaranın köşesine koştu, çantasının içindekileri yere döktü. Biraz kurutulmuş kök aldı ve hızla parmaklarının arasında ovalamaya başladı. Tozu alıp Avram'ın kanayan yarasının üzerine serpti. Sonra yere, Avram'ın yanına oturdu. "Bana bak," diye emretti.

Avram başını kaldırıp ona baktı. Sapir ona yaklaştı ve neredeyse burun buruna geldiler. Sapir, "Tanrı Mota, onu benden almayacaksın! Hayır! Almayacaksın! Hayır!" diye fısıldadı. Avram'ın gözlerinde farklı bir şey fark etti. Avram dengesini kaybetti ve yavaşça yana doğru devrilmeye başladı.

"Hayır!"

Sapir, "Yalvarırım!" diye bağırdı.

Avram baygınlık geçirdi, gözleri geriye doğru kaydı. Sapir onu kucağına aldı, başını tutarak ona destek verdi. Elleri titriyordu.

Avram, "Sapir, nedir bu?" diye fısıldadı.

"Gözlerini kapatma Avram. Kapatma oğlum." Sapir sözünü tamamlayamadı çünkü Avram kollarının arasına yığılmıştı; bilinci yerinde değildi. Sapir bir an için ona baktı, sanki olanların dehşetini anlamaya çalışıyordu ve sonra mağarada etrafına bakındı. Hiçbir şey aramıyordu. Gözleri taş duvarların arasında gezindi ve birden bir nişten bakan tanrıları gördü. Tanrılar sessizdiler. Ne diyebilirlerdi ki? Bunun olmasına nasıl izin vermişlerdi?

Sapir şaşkın bir şekilde oturdu.

Tam bir dakika geçti. Sapir kurtuluş olmadığını biliyordu ama buna inanmak istemiyordu. Beyni sarsılıyordu. Düşünceler gelip gidiyordu. Olası seçenekleri gözden geçiriyordu. Bir anda soğukkanlılıkla davranmaya başladı. Avram'ı yakaladı, yerinden sıçradı ve mağaradan dışarı fırladı. Zar zor algılanabilen bir yol boyunca bir antilop gibi koştu. Dallar bacaklarını çiziyor, keskin taşlar ayaklarına saplanıp paramparça ediyordu o hiçbir şey hissetmiyordu. Avram kollarında ölüyordu. Nereye koşuyordu? Geceye doğru koşuyordu. Güneş çoktan dağların ardında batmıştı ama gökyüzü hâlâ biraz aydınlıktı ve yolu aydınlatıyordu. Yol kıvrılıyor, parlıyor, dağların yukarılarına doğru çıkıyor ve aniden gözden kayboluyordu. Ortalık karanlıktı ama bu karanlık Sapir'i durdurmadı. Tam tersine daha da hızlı koşmaya başladı. Bakmadan yolu hissedebiliyordu. Koştu ve gözlerini Avram'ın yüzünden ayırmadı. Nefes almıyormuş gibi görünüyordu ama Sapir çocuğun hayatta olduğunu biliyordu.

Bir saat sonrasında, Sapir zorlukla nefes alıyordu. Sanki ağır yük taşıyormuş gibi, bacaklarını zorlukla hareket ettiriyordu. Avram'a o kadar odaklanmıştı ki aniden ayın önünü kapatan büyük kara bulutu görmedi. Rüzgâr esmeye başladı. Büyük yağmur damlaları taşlara çarpıp Avram'ın solgun yüzünden aşağı doğru aktı. Bir anda bardaktan boşanırcasına yağmur yağmaya başladı ve Sapir artık ne koşuyor ne de yürüyordu. Sürünüyordu ve bunu da zar zor yapıyordu.

Bitkin düşmüştü ama Avram'ı bırakmadı. Tam o anda, dağdaki yarıkta küçücük bir ev göründü. Ev, gece vakti, bir evden çok bir gemiye benziyordu. Ahşaptan yapılmıştı ve taşlarla destekleniyordu. Parçalarına ayrılmak üzereymiş gibi görünüyordu ama şiddetli yağmurda, her şeye rağmen ayaktaydı. Sapir etrafına bakmadan, eve doğru sürünerek kapıyı çaldı. Zavallı Sapir, Nemrut'un casuslarının onu bu evden elli metre uzaktaki bir kulübeden izlediğini tabii ki bilmiyordu. Kulübede, biri genç, diğeri yaşlı iki kişi vardı. Genç adam yaşlı olanı uyandırdı ve sessizce evi işaret etti. Yaşlı casus gözlerini ovuşturdu. Yağmur perdesinin ardında, kapıda yatan ve kalan son gücüyle kapıyı yumruklayan bir adam gördü. Adam daha sonra kaplumbağa gibi yattı ve ayaklarıyla kapıya çılgınca vurmaya başladı.

Kollarında, on yaşlarında bir erkek çocuk vardı. Kulübedeki iki adam birbirlerine bakarken, kapı aniden açıldı ve heybetli, yaşlı bir adam elinde bir lambayla kapının eşiğinde belirdi. Sesi boru sesi gibiydi. Ne konuştuğunu kulübedeki iki casus bile duyabiliyordu.

Yaşlı adam şişmiş gözlerini çevirdi ve homurdandı: "Sapir, seni yaşlı piç! Buraya boşuna geldin!"

Sapir, "Kucağımda Avram var," diye yalvardı.

"Ben insanlara yardım etmiyorum. Biliyorsun, onlar konusunda hayâl kırıklığına uğradım."

"Bu, özel bir çocuk. Onu iyileştir!" diye yalvardı Sapir.

Yaşlı adam bir adım geri çekildi ama Sapir ayağını kapı ile çerçeve arasına koydu. "Bu kapıyı kapatmayacaksın," dedi. "Eğer kapatacaksan, bacağımı kesmek zorunda kalırsın." Kaşlarını çattı ve kollarını öne doğru uzattı. Avram, kollarının arasında, cansız görünüyordu.

Yaşlı adam çocuğun yüzüne baktı ve hızla eğildi. Burnu neredeyse Avram'ın yüzüne değiyordu. Şişkin gözleri daha da dışarı fırladı. "Onu bana ver," diye fısıldadı ve çocuğu hızla kucağına alıp içeriye götürdü. Kapıyı ardından kapatmamıştı ve Sapir de sürünerek içeri girdi.

Kulübedeki genç casus, yağmurlu gecede örtünmek üzere bir hayvan postunu aldı. Yaşlı casus, gözlem yapmak üzere kulübede kaldı ve genç adam ayrılırken ona fısıldadı: "Eğer çocuk yaşıyorsa, Biş bizi zengin eder."

Kaderde Yazılı Buluşma

Evin içi sıcaktı. Yaşlı adam Avram'ın yarasını incelerken, onu üstüne yatırdığı uzun masanın üzerinde bir kandil yanıyordu. Hiç acele etmiyordu.

Yerde hala elleri ve dizleri üzerinde duran Sapir ona yalvardı: "İki saattir koşuyorum. Zaman tükeniyor."

Yaşlı adam, Avram'ın ağzına gizemli bir sıvı dökerek, "Sessiz ol!" diye homurdandı. Diğer kolunu uzattı ve kükreyen alevin üzerinde bir bıçağı ısıtmaya başladı. Sapir, Yaşlı Adam'ın sakin olduğunu fark etti. Zamanında yetişmesinin önemli olduğunu düşünüyordu ve zamanında yetişmişti. Bu düşünceyle sevince kapıldı.

Sapir tahta bir bankın üzerinde, ne kadar zaman geçtiğinden tamamen habersiz bir şekilde uyandı. Hava hâlâ karanlıktı ve hâlâ yağmur yağıyordu. Damlaların çatıya vurduğunu duyabiliyordu. İçeride keskin bir bitki kokusu vardı.

Masada oturan Yaşlı Adam'ı gördü. Sonra bakışlarını yatağında yatan Avram'a çevirdi. "Yaşıyor mu?" diye sordu, belli belirsiz.

"O ölemez," diye cevapladı Yaşlı Adam.

"Ama onu bir Nohaş ısırdı!"

"Ne olmuş yani?"

"Kollarımda ölüyordu!" Sapir ayağa kalktı.

"Onu buraya getirmen için başka ne olması gerekiyordu, seni aptal?" diye sordu yaşlı adam. Sırıtıyordu.

"Yani bu demek oluyor ki..." Sapir ağzı açık ona bakıyordu. "Yani sen... Sen..."

"Ne? Ben bir büyücü müyüm!" Yaşlı adam homurdandı ve şişkin gözlerini devirdi. "Aptallar! Hepiniz rahipleriniz ve büyücülerinizle aklınızı yitirmişsiniz! Bu çocuğun buraya gelmesi gerekiyordu ve geldi. Anlaşıldı mı?"

Sapir dehşet içinde etrafına bakındı.

Yaşlı Adam, "Neden etrafına bakıyorsun?" diye sordu. "Hepiniz neden korkuyorsunuz?"

Sapir, "Ah evet. Senin için sorması kolay," diyerek kendisini savunmaya çalıştı. "Sana zarar vermezler..."

"Peki ya sen yaşlı tilki, hayatın için mi korkuyorsun?"

"Hayatım umurumda değil! O benim hayatım! Ben sadece onun için endişeleniyorum!"

Avram hareket etmiyordu. Sapir'in en sevdiği insan, cansız bedeniyle önünde yatıyordu ve hepsi bu kadardı. Sapir umutsuzluğa kapıldı. Yaşlı Adam dışarı baktı -bardaktan boşanırcasına yağmur yağıyordu. Sapir'e baktı. "İki gün içinde uyanacak," dedi.

Bu iki gün inanılmaz derecede uzun sürdü. Bu süre içinde yağmur hiç dinmedi, hatta tam tersine yağdıkça yağdı. Sapir, iki gün boyunca ya uyudu ya da uyuyormuş gibi yaptı, böylece Yaşlı Adam'la konuşmak zorunda kalmadı.

İlk olarak, onunla konuşmak yasaktı. İkincisi, ondan korkuyordu. Ve üçüncüsü, Yaşlı Adam da konuşmak için pek can atmıyordu. Sapir, izin istemeden yatağını Avram'ın ayak ucuna yaklaştırdı. Ya uyuyor ya yemek pişiriyor ya da çocuğun önünde oturup sallanıyor ve monoton bir melodi seslendiriyordu. Tam iki gün sonra Avram gözlerini açtı. Onu ilk gören Sapir oldu. "Ah-ah," diye inledi. "Oğlum, sana kaç kez yatmadan önce ayağınla kanepeni tekmelemeni söyledim...?"

Avram, evin içine, etrafa bakınarak "Neredeyim ben?" diye sordu.

"Olmak istediğin yerdesin," diyerek iç geçirdi Sapir. "Yaşlı Adam'ın evinde."

Yaşlı Adam acele etmeden Avram'a yaklaştı. "Yani bütün bunları kimin kontrol ettiğini mi merak ediyorsun?" diye sordu. "Ha?"

Avram nefesini tuttu. Yaşlı Adam bunu nereden bilebilirdi ki? "Evet..." diye fısıldadı.

"Ve neden doğanın iyi ve insanın kötü olduğunu mu bilmek istiyorsun?"

"Evet," diye mırıldandı Avram.

"Peki, peki, peki... Hadi konuşalım!"

Tam o anda, bir atlı, başkentin kapısında, aniden atını durdurdu. Gece olmuştu. Yağmur dinmemişti. Muhafızların yüzleri meşalelerle aydınlanmış olarak kale duvarında bembeyaz görünüyordu.

Muhafızlardan biri, kısık bir sesle "Kim o?" diye seslendi.

"Biş için acil rapor!" diye cevap verdi atlı.

"Şifre?" diye bağırdı başka bir ses.

"Sarhoş köstebek."

Duvarın üstünde, birisi güldü. Kapılar yavaşça açılmaya başladı. Adamın altındaki at hırıldadı ve yana doğru devrildi. Adam zar zor atlamayı başardı, kapılara doğru koştu ve hızla geçti. Üç kıvrımlı yoldan geçti ve kendini örümcek kafasını andıran karanlık bir binada buldu. Kapıyı çaldı; kapı açıldı.

Muhafız, haberciyi gördü ve hemen kenara çekildi.

Haberci uzun koridordan aşağı, oymalı kapıya doğru koştu. Kapının pervazında asılı duran kordonu çekti ve içeride, derinlerde bir yerde, bir çan sesi çınladı. Soğuk hava tüm çatlaklardan içeri girdi ve haberci titrerken, yaklaşan ayak sesleri duyuldu. Kapı açıldı. Biş, elinde bir kapla kapının eşiğinde duruyordu. Kabın içindeki kırmızı sıvıdan duman yayılıyordu; arkasındaki oda ve etrafı dumanla kaplıydı... "Konuş," dedi.

Haberci titreyen bir sesle, "Sapir, i-i-iki a-ay ö-ö-ö-önce Yaşlı Adam'ın kapısına g-g-geldi," diye bildirdi.

Biş başını salladı. Gözleri parladı. "Ve çocuk da onunla birlikteydi," dedi. Bu bir soru değildi.

"Evet," diye cevapladı haberci, zar zor duyulan bir sesle.

"Daha hızlı sürmeliydin," dedi Biş, haberciye bakarak.

Adam, "Durmadım... At neredeyse..." diye mırıldandı ve yere yığıldı.

Biş onun üzerinden atladı ve hızla koridorda yürüdü.

Çok geçmeden bir manga atlı şehrin kapılarından geçip gecenin içine daldı. Sessizce dörtnala gidiyorlardı ve atlarını hiç sakınmayacakları hemen anlaşılıyordu.

Bu sırada, Yaşlı Adam'ın evinde yaşama geri dönülüyordu. Avram ayağa kalkmaya çalıştı ama Yaşlı Adam onu sert bir şekilde durdurdu. "Şimdilik kıpırdamadan yat!" diye emretti. "Ne zaman kalkabileceğini sana söyleyeceğim. Peki... Ne düşünüyorsun? Dünyayı kim yönetiyor?" diyerek devam etti.

Avram, "Bizim tanrılarımız değil," diye cevapladı.

"Sizin tanrılarınız..." Yaşlı adam öfkeyle tıkandı. "Sizin tanrılarınız kilden yapılmış putlar!"

Sapir iç çekti, elleriyle kulaklarını kapadı ve sobaya doğru geriledi.

"Tanrılarınız," diye homurdandı Yaşlı Adam. Sesi küçümseyici bir alaycılıkla doluydu. "Koca burunlu ve sakallı ihtiyar, güneş tanrısı ve tembel hiçlik, gökyüzü tanrısı! O da gördüğünüz gibi, yeryüzünün tanrısı, o yüzden bu kadar kibirli. Ölülerin tanrısı, yaşayanların tanrısı, rüzgâr tanrısı, deniz tanrısı, çöp yığınlarının tanrısı! Bütün insanlar bu 'tanrılar' yüzünden çıldırdı. Hepsi akıllarını yitirdi!"

Yaşlı Adam konuşurken evin içinde daireler çizerek yürümeye başladı. Avram, onun attığı her adımda, gözlerinde giderek daha büyük bir tutkuyla yanan ateşi görebiliyordu. "Elbette kölelerini yönetmesi gerekiyor," diye bağırdı Yaşlı Adam, "Canavarınız Nemrut'un!"

"Sus, sus, yalvarırım sus," diye inledi Sapir köşesinden.

"İşte buradasın," diye parmağıyla Sapir'i işaret etti Yaşlı Adam. "Bunun işe yaraması için -kontrol edebilmek için- adamları akıllarından etmen gerekir! Ve o da tam olarak bunu yaptı!"

Avram'ın Keşfi

Avram, Yaşlı Adam'ın fark etmeyeceği bir şekilde, yatağın üzerine oturmuş, her kelimeyi dikkatle dinliyordu.

Yaşlı Adam, "Peki bütün bunların arkasında ne var?" diye sordu.

Avram, hiç düşünmeden "Tek bir güç," diye cevapladı.

Köşede bir kırılma sesi duyuldu. Toprak testi Sapir'in elinden düşmüştü. Yaşlı Adam gözlerini Avram'a dikti. "Nereden biliyorsun?"

"Çünkü biliyorum."

"Nereden biliyorsun?"

"Hissediyorum."

"Hissediyor musun?" Yaşlı Adam'ın gözleri parladı.

"Evet."

Yaşlı Adam'ın şişkin gözleri bukalemunlarınki gibi döndü. Avram'a baktı. "Bir de sizi neden eve aldığımı soruyorsunuz," dedi. "Sapir, duyuyor musun?"

"Duyuyorum, duyuyorum," diye bir cevap geldi köşeden. "Duymamayı tercih ederdim."

Yaşlı Adam, aniden Avram'ı kucaklayarak "Onun yüzünden sizi içeri aldım," dedi.

Avram da sanki en yakını ve en sevdiği kişiymiş gibi Yaşlı Adam'a sarıldı.

"O'nu sen de hissediyor musun?" diye sordu nefesini tutarak.

"Elbette, hem de çok!" diye cevapladı Yaşlı Adam.

Avram öyle hafif ve saf bir kahkaha attı ki, bu hali insanların kalplerinin açık olduğu zamanları anımsatıyordu. Sapir de güldü çünkü mutluydu. Onun mutluluğu, Avram'ın artık kesinlikle sağlıklı olacağını anlamış olmasındandı.

Yaşlı Adam, "Ayağa kalkabilirsin," dedi ve Avram ayağa fırladı.

"Ama bu kadar sert değil," diye parmağını salladı Yaşlı Adam. "Peki şimdi... ortaya çıkan sonuç ne?"

"Vücudunun, kafasının, ellerinin, hiçbir şeyinin olmadığı sonucu ortaya çıkıyor..." Avram kelimeleri toparlamaya çalıştı: "Çünkü O... O, Güç'tür ... O, Düşünce'dir. O, Yasa'dır." Avram aniden ellerini açtı ve ekledi: "Ve ben bunu hissediyorum."

Yaşlı Adam Avram'a hayranlıkla baktı. "Sen hissediyorsun. Peki Sapir neden hissetmiyor?" diye sordu.

"Sapir'in bunu neden hissetmediğini bilmiyorum." Avram duraksadı. "Hayvanlar bunu hissediyor... Ama o hissetmiyor..."

"Sapir'i rahat bırakın," diye sert bir ses geldi köşeden. "Hayvanlar doğanın çocuklarıdır. Bu yüzden hissederler."

Yaşlı Adam, Sapir'e saygı dolu bir şekilde baktıktan sonra masanın üzerine eğilerek üfledi. Masadan tozlar ve orada durmakta olan bir güvercin tüyü havaya kalktı.

"Sapir haklı; hayvanlar bu tüy gibidir," dedi. "Bir rüzgâr olduğunda havalanırlar. Kuş, uçup uçmayacağını düşünmekle vakit kaybetmez; diğerleri de böyledir -hayvanlar düşünmezler. Bu güç onları nereye yönlendirirse oraya giderler."

"Peki ya insan?" diye sordu Avram.

Yaşlı Adam, "İnsan düşünür," diyerek umutsuzca elini salladı.

"İnsanın içinde, hayvanlarda olmayan bir şey var. Onun içinde bir kötülük var. Her şeyin sadece kendisi için yaratıldığını düşünüyor."

"Evet," diye cevapladı Avram. "Eğer insanlar bu gücü hissetselerdi, o hayvanları o şekilde öldürmezlerdi."

Avram başını öne eğdi, "Katiller" dedi.

Ortaya çıkan sessizlikte, Yaşlı Adam, soru dolu bakışlarla önce çocuğa sonra da Sapir'e baktı. Sapir, "Gördüğün gibi ben yaşlı bir aptalım. Onu vadiye, göle götürdüm. Nemrut'un o anda baskın yapacağını bilemezdim!" diye mırıldandı.

"Demek öyle!" dedi Yaşlı Adam ve Avram'ın elini okşadı. "Bu yüzden bana, neden insanın hayvanların en kötüsünden bile daha kötü olduğunu sormak istedin."

Avram derin bir iç çekti ve sessizce başını salladı.

"Gölde bütün hayvanlar yan yana durmuşlardı -kötü olan, olmayan- ve birbirlerini öldürmüyorlardı. Sonra Nemrut saldırdı ve hepsini öldürdü. Bana sormak istediğin bu muydu?"

Avram sessizce, "Evet" diye cevapladı.

"Sadece iki geyik vurabilirdi, üç ya da dört. Aç olan biri için dört yeter. Ama bunun yerine hepsini öldürdü..."

Avram, daha da sessiz bir şekilde "Evet," dedi. Sonra başını kaldırıp Yaşlı Adam'ın gözlerinin içine baktı ve sordu: "İnsanlar neden böyle?"

Yaşlı Adam'ın tavrı değişti. Gözlerindeki bakış sertleşti.

Gözlerinde, çakan şimşeğin ışığı yansıdı. Sanki ciğerlerinde yeterince hava yokmuş gibi iç çekerek, "Kötülük her birimizin içinde. Bu yüzden bahsettiğin gücü hissetmiyoruz," dedi. "Ama bir zamanlar, her daim var olan bu gücü hissetmiştik," diye ekledi usulca. "Bilirsin, başka bir hayatta... Bunu hatırlıyorum. Basit yaşıyorduk. Tek bir aile olarak yaşıyorduk."

***

On bir atlı oraya varmadan önce atlarından indiler. Yağmur yağmasına ve kimsenin onları duyamamasına rağmen büyük bir dikkatle yürüdüler. Atların ağızları ve toynakları mendillerle bağlanmıştı.

Adamlar atları bir kayanın arkasına bırakıp kulübeye yaklaştılar. Yaşlı muhafız, Biş'i görünce ayağa fırladı ve sessizce evi işaret etti. Biş ona orada kalmasını işaret etti ve Yaşlı Adam'ın evine doğru süzüldü. Gerçekten de her şey onun için mükemmel bir şekilde yürüyordu; o gece bol miktarda gök gürültüsü vardı ve üç gündür durmadan yağmur yağıyordu. Kiminle uğraştığının farkındaydı: Hayvani bir içgüdüye sahip olan avcı Sapir ve her şeyi gören ve bilen Yaşlı Adam. Ama bu sefer şansın ondan yana olduğunu düşündü. Zar zor fark edilebilen bir çatlaktan dikkatle içeri baktı.

Yaşlı Adam'ı gördü.

Tek Bir Aile Olarak Yaşıyorduk

Evdeki hiç kimse tehlikenin çoktan kapıda olduğunu bilmiyordu.

Yaşlı Adam acele etmeden hikâyeyi anlatıyordu: "O zamanlar, tüm Babil tek bir aileydi. Kapılarımızı kilitlemezdik; kilitlememiz için bir neden yoktu. Kapılar gece gündüz açıktı ve herkes her eve girebilir, yiyecek ve barınak bulabilirdi. Paraya ihtiyacımız yoktu. Ne için ihtiyacımız olabilirdi ki? Ne de olsa her şeyden yeterince vardı, herkese yetecek kadar vardı ve kimse gereğinden fazlasını almazdı. Bizde fakir ya da zengin yoktu. Eşit olmayı seviyorduk. Kendimizi düşünmezdik, hayır, tüm düşüncelerimiz bütünümüz hakkındaydı. Krallar ve tebaaları yoktu. Herkesin saygı duyduğu bir bilgeler meclisi vardı ve bilgeler Tanrı ile kolayca konuşurlardı. Biz de O'nunla konuşurduk. Herkes bu gücü, senin hissettiğin kadar kolay ve eksiksiz olarak hissediyordu, Avram."

Yaşlı Adam gülümsedi (her şeye rağmen nasıl gülümseneceğini bildiği anlaşılıyordu) ve sustu. Avram ve Sapir bu mucizeyi bozmaktan korkuyorlardı, çünkü Yaşlı Adam'ın kelimelerle arası çok iyiydi!

Ah, ne kadar da güzel konuşuyordu!

"Birbirimizin içinde erimiştik, eşitçe ve sevgiyle dolu olarak! Birbirimize her şeyimizi çekincesiz ve korkusuzca verdik. Elimizde ne varsa verdik, öylece verdik, düşünmeden verdik çünkü bunu hissettik; bu gücü hissettik ve onun gibi olmak istedik -açık, iyi, sevgi dolu."
Yaşlı Adam, kıpırdamaya korkan Avram'a baktı. Sapir köşede oturmuş, dikkatle dinliyordu.

Yaşlı Adam, yüksek bir sesle "Yaradan, o zamanlar

Babil'de yaşıyordu," dedi. "O'ydu".

Yağmur aralıksız yağıyordu. Zifiri karanlıktı ve hiçbir şey görmek mümkün değildi. Su çatıdan sızıyor ve duvarlardan aşağı süzülüyordu. Yaşlı Adam dışarı baktı ama her kelimeyi duymuş olan rahip Biş'i görmedi. Aslında, Yaşlı Adam'ın sözleri Biş'in üzerinde hiçbir etki yaratmamıştı. Çünkü rahibin içinde onlara yer yoktu. Hayır, rahibin içinde sadece "Büyük Biş" yaşıyordu ve başka hiç kimse ve hiçbir şey oraya giremezdi.

Tüm bu süre boyunca Biş, taş duvarların arasındaki boşluktan dikkatle Avram'a bakmaya devam etti. Kalbi alışılmadık bir kaygıyla doldu.

Çocukta bu dünyaya ait olmayan bir şeyler vardı; bakışlarında, Yaşlı Adam'ı dinleyişinde, her kelimeyi özümseyişinde. Ondan bir güç yayılıyordu ve Biş bunu hissetti. Ama bu güç, rahibin en aşina olduğu, insanı korkudan titreten Nemrut'un gücü gibi değildi. Hayır; Avram'ın gücü tamamen farklı bir doğaya sahipti. Korkuya neden olmuyordu. Titremeye neden oluyordu. Rahip başka bir duygu daha hissetti, çok nahoş bir duyguydu bu. Avram'ın yenilmez olduğu duygusu. Gözlerini Avram'dan ayıramadı, bu şekilde bir dakika, belki de iki dakika geçti. Gözleri yağmur sularıyla kaplanmıştı; Yaşlı Adam'ın sesini duyabiliyordu ama onu dinlemiyordu. Öte yandan, Avram, Yaşlı Adam'ın sözlerini büyük bir dikkatle dinliyordu! Her söz hedefi buldu; her söz onun yüreğine girdi ve orada yer etti.

Yaşlı Adam yumuşak bir sesle konuşmasına devam etti. "Uzun süre böyle, bir aile olarak yaşadık. Çocuklarımız doğdu, yaşlandık. Mutlu bir dönemdi. Bize, bu sonsuza kadar devam edecekmiş gibi geliyordu. Bunu gerçekten istiyorduk! Ama bize görünen şey ile olması gereken şey tamamen farklıydı. Birden her şey yok oldu ve bir sabah yabancılaşmış olarak uyandık."

Sapir köşesinde inledi ve Yaşlı Adam ona baktı. "Her şey bir anda, göz açıp kapayıncaya kadar yok oldu." Konuşurken Avram'a baktı. "Sevgi yoktu... Aile yoktu... Hiçbir şey yoktu. Sanki Büyük Babil hiç var olmamış gibiydi."

Şaşkınlık ve umutsuzlukla dolu uzun bir sessizlik oldu. Bunu ilk bozan Sapir oldu: "Ama nasıl olur da hepsi bir anda yok olabilir? Açıklar mısın lütfen?"

Yaşlı Adam metanetle, "Aynen, bu şekilde oldu," diye tekrarladı. "Her şey yok oldu."

"Bunu anlamıyorum! Anlamıyorum! Neden ellerinizle, dişlerinizle, ölümüne onu muhafaza edemediniz? Yani..." Sapir köşedeki birkaç çubuğu yakaladı ve parmakları bembeyaz olacak şekilde sıktı. "İşte böyle! İşte böyle! Bakın ne kadar kolay!" Dişlerinin arasından hırıltılı bir ses çıkardı. "Neden onu korumak için savaşmadınız? Neden buraya, bu kokuşmuş bataklığa atılmamıza, bu köpeklerin kölesi olmamıza izin verdiniz! Bütün bu çıkmaz, hepsi sizin suçunuz!"

Yaşlı Adam Sapir'e baktığında, öfkesi yerini şaşkınlığa bıraktı. Korkusuz avcı Sapir titriyor ve ağlıyordu. "Neden?" diye tekrar tekrar sordu. "Neden, neden, neden, neden, neden?"

Avram Sapir'i hiç böyle görmemişti ama ona yaklaşmadı. Bunun yerine, sessiz kaldı. Bekledi ve Sapir sakinleşti. Yaşlı Adam birden, oldukça düşünceli bir şekilde cevap verdi:

"İçimizdeki sevgi ölmüştü. Kıskançlık, gurur ve nefret ortaya çıktı ve işte o zaman Nemrut geldi. Onun vakti gelmişti. Zalimleri yönetmesi için zalimi lider yaptık."

Bu sözleri söyler söylemez, yağmur eskisinden daha da şiddetli bir şekilde çatıya çarpmaya başladı.

Biş'in duyduğu kelimeler bunlardı. Diğer kelimelerin hiçbiri değildi. Sadece son kelimeleri duydu. Arkasını döndü ve zor anlaşılan bir hareketle savaşçıları çağırdı. Onlar, Nemrut'un sahip olduğu en iyi savaşçılardı. Sözcükler olmaksızın her şeyi anlamışlardı; yerlerini aldılar ve işaret beklediler. Biş, Yaşlı Adam'ın konuşmasını tamamlamasını bekliyordu. Avram da bekliyordu. Dünyaya neden geldiğini daha iyi anlıyor gibi görünüyordu.

Avram, "Onu nasıl yenebiliriz?" diye sordu.

Biş kulağını tahta kepenklere dayadı; dev bir kulağa dönüşmüştü.

Yaşlı Adam, "Nemrut'u yenmek kolay değil," diye cevapladı.

Avram ayağa kalkarken Sapir yüzünü ona çevirdi. Sessizlik oldu ve sonsuza dek sürecekmiş gibiydi, sonsuzluğa uzanıyor, dayanılmaz hale geliyordu. İlk pes eden Sapir oldu. "Yüce Kral Nemrut'a şan olsun!" diye bağırdı. Yaşlı Adam ve Avram aynı anda ona baktılar.

Sapir, gururlu bir sesle "Bu dünyanın Tanrısı, Kral Nemrut'a!" diye bağırdı. Söylediklerinden kendisinin de korktuğu belliydi. Avram'a baktı, bu sözleri ağzından kaçırmıştı ve korkuyla durdu.

"Görüyor musun?" diye iç geçirdi Yaşlı Adam. "Sadık Sapir bile Nemrut olmadan yaşayamaz."

Sapir, "Korkuyorum..." diye mırıldandı. "Gerçekten korkuyorum."

Yaşlı Adam, "Artık sevmek istemiyoruz," dedi. "Nemrut'a ihtiyacımız var."

Sapir hıçkıra hıçkıra ağladı. Şimdi acınacak bir görüntü sergiliyordu; sakinleşmiş, donuklaşmış, sanki bir anda on yıl yaşlanmıştı. Avram ona bir yetişkinin bir çocuğa sarıldığı gibi sarıldı. "Korkuyorum," diye fısıldadı Sapir. "Senin için korkuyorum..."

"Korkma Sapir." Avram sakindi ve sakinliği Sapir'e de geçti. "Bazı şeyleri anlamaya başladım bile."

"Öyle mi?" Sapir, umutla çocuğa baktı. "Ben yine de hiçbir şey anlamıyorum. Sadece korkuyorum," dedi. Sesini alçalttı. "Ne de olsa seni Kral'ın aleyhinde bir konuşmanın içine çektim."

Sapir'in gözleri aniden dehşetle açılıp dondu. Gördüğünü sandığı şeyi anlamaya çalışırken gözleri neredeyse yuvalarından fırlayacaktı.

Konuşmaya çalıştı ama kapıyı işaret ederken, ağzıyla sadece duyulamayan hareketler yaptı.

"B-b-b-b-... Biş," diye fısıldadı sonunda, herkes yavaşça arkasını dönerken.

Kovalamaca

Dışarıdan birisi kapıya vururken, Yaşlı Adam lambayı söndürmek için masaya koştu. Kapı ağır bir nesnenin darbesiyle çatırdarken birinin, muhtemelen Biş'in, emirler yağdırdığını ("Kırın şunu!") duydular. Yaşlı Adam neredeyse tek bir hareketle devasa masayı çekti ve kapıya doğru yatırdı. Sapir, onun bu etkileyici gücü nereden bulduğunu merak etti ama daha ne olduğunu anlamadan Yaşlı Adam hem onu hem de Avram'ı yakalayıp yüzleri duvara dönük olacak şekilde duvara itti.

Duvara doğru itilen Sapir, Yaşlı Adam'a neler olduğunu anlayamıyordu. Kapı darbeler yüzünden sarsılıyordu.

Yaşlı Adam, Avram'ın kulağına "Unutma," dedi. "Sen Nemrut'u devirmek için geldin."

Şişkin gözleriyle, öfkeli yüzü anlaşılmaz bir sevinçle parlıyordu: "Ve sen onu yeneceksin!"

Avram cevap verecek zaman bulamadı.

Kocaman bir balta kapıyı kırıp parçalamaya devam etti. Odun parçaları her yöne uçtu.

Yaşlı Adam tarafından duvara bastırılmış şekilde hareketsiz kaldılar. Sapir, "Bizi neden tutuyorsun?" diye bağırdı. Ama aniden duvarın ellerinin altında, ileri doğru hareket ettiğini hissetti. Duvar arka tarafa doğru açılıyordu. Yaşlı Adam Sapir'i ileriye, bir kayanın içinden geçen, karanlık ve dar bir geçit gibi görünen bir yere doğru itti. Yaşlı Adam meşaleyi hızla yakıp Avram'a uzatırken, Sapir ellerinin ve dizlerinin üzerine düştü. "Dönmeden dümdüz ilerleyin," diye komut verdi. "Bir çatala ulaştığınızda sağa dönün. Meşaleyi söndürüp sola doğru fırlatın. O zaman onlardan kurtulacaksınız. Koşun!"

Duvarı içeri doğru çekmeye çalıştı ama Avram ona engel oldu. "Peki ya sen?" dedi fısıltıyla.

"Bana dokunmayacaklar," diye cevapladı Yaşlı Adam. "Dokunabilselerdi, beni uzun zaman önce öldürürlerdi."

Ardından, kapı yıkıldı ve Nemrut'un köleleri olan "Seçilmişler" eve daldılar. Yaşlı Adam onlara döndü. Yüzünde büyük bir gülümseme vardı. Onu daha önce hiç kimse böyle görmemişti.

Bu sırada Sapir ve Avram tünel boyunca hızla ilerliyorlardı. Meşale yolu zar zor aydınlatıyordu; ancak iki adım ötelerini görmelerine yetiyordu, daha fazlasını değil. Daha ilerisi zifiri karanlıktı ve nemli toprak kokusu, çürümüş yapraklar ve endişe onları bekliyordu. Arkalarından gelen homurtulu bağırışları duyabiliyorlardı. Sapir hızla sürünüyor, Avram'ı önünde ittiriyordu.

Nemrut'un beş öfkeli kölesi Yaşlı Adam'a bağırıyordu. Emir almadan ona dokunmaya korkuyorlardı. Rahip arkalarında, sırıtıyordu. Öne çıktı. "Kalbini söküp çıkaramayacağım gerçeğinden faydalanıyorsun," dedi. "Büyük Nemrut senin canını bağışlıyor. Şimdilik."

Yaşlı Adam, kırık kapıyı göstererek "Defol buradan!" diye emretti. "Sen sadece bir köpeksin. Benim bölgeme girdin."

Rahip başını sallayarak onayladı. Kölelere, "Tutun onu!" diye emretti.

Köleler hemen Yaşlı Adam'ı yakaladılar ve kollarını arkasında büktüler.

Biş, "Onun canını yakabilirsiniz ama bir yerini kırmayın," diye emretti.

Yavaşça odanın etrafında bir daire çizdi ve dikkatle duvarlara baktı. Aniden durdu ve elini kaldırdı. Herkes tüylerinin diken diken olduğunu gördü. Sırıttı ve elini duvara koydu. Duvar açıldı ve yeraltı geçidinden içi boş bir uğultu yankılandı.

"Bağlayın onu!" diye emretti.

Köleler emredileni yaptılar. Rahip düğümleri bizzat kontrol etti ve daha da sıkılaştırdı. Yaşlı Adam'a doğru eğildi ve fısıldadı: "O, büyümeden öldürülmeli." Tünele dalmadan önce korkunç bir gülümseme takındı.

Sapir ve Avram hızla ilerliyorlardı ama Sapir'e güçlükle sürünüyorlarmış gibi geliyordu. Çocuğu sürekli acele ettiriyordu, çünkü korkunun etkisi altındaydı. Gelinen noktada, korkusu devasaydı. Biraz zaman geçti ve hemen sonrasında Avram ve Sapir gerçekten de biri sola, diğeri sağa doğru giden iki yeraltı geçidinin yol ayrımına vardılar.

Avram meşaleyi söndürdü ve soldaki tünele attı. Zifiri karanlıktı. Yaşlı Adam'ın emrettiği gibi sağ tarafa gittiler. Birkaç metre sonra tünel daralmaya başladı. Sadece Avram'ın sığabileceği şekilde tasarlanmış gibiydi. Sapir boğuluyordu, zorlukla hareket edebiliyordu. Sonunda denemekten vazgeçti.

"Tek başına sürün," diye fısıldadı, zorlukla nefes alıyordu. "Ben onları uzak tutarım."

Avram, "Sensiz gitmem," diyerek itiraz etti.

"Görüyorsun ya, bu geçit bana göre değil çünkü ben yaşlı ve şişmanım."

"O zaman seninle kalacağım."

"Avram!"

"Seni terk edemeyeceğimi anlamıyor musun?"

Sapir, "İkimiz de ölürsek neye yarar?" diye mırıldandı ve sonra aniden Avram'a bağırdı; "Çık buradan! Git!"

Avram sakince, "Hiçbir yere gitmeyeceğim," diye cevap verdi. "Sen sürüneceksin ve ben de seni arkadan iteceğim... Geçeceğiz Sapir!"

Uzaklardan bir yerlerden ayak sesleri, kölelerin küfürleri, omuz ve kafaların dar geçidin duvarlarına çarpma sesleri gelmeye başlamıştı bile. Avram Sapir'in bacaklarını sıktı ve Sapir, acı içinde çığlık atarak dar bir tünele girmek için kendini zorladı. Bu şekilde, rahatsız bir halde, geçit beklenmedik bir şekilde tekrar genişleyene kadar ilerlediler. Bu durum Sapir'i çok sevindirdi. Bu, Avram'ın haklı olduğunun kanıtıydı.

Bu arada, takipçiler tünellerin sağa ve sola döndüğü platforma ulaştılar. Nereye gideceklerdi? Biş havayı koklarken bir an durdular. Biş, "Sola!" diye emretti ve sola doğru koştular.

Ama kısa bir süre sonra rahip durdu ve köleler de durdu. Hiçbir iz yoktu. Ses de yoktu. Rahip karanlık boşluğa baktı, bakışlarıyla onu delmeye çalıştı. Gözlerinin akı renk değiştirdi, gözbebeği karanlıkta yakut kırmızısı bir ışıkla parladı. Rahip önündeki boşluğu santim santim kontrol etti. Yavaş yavaş bir hata yaptığını anladı.

"Geri dönün," diye gürledi.

Geri döndüler ve çok hızlı bir şekilde yolların ayrıldığı platforma geri geldiler. Biş, girişteki meşaleyi gördü. Oyuna getirildiğini anlayınca gözleri yuvalarında geri döndü. İrkilip geriye düştü ve kasıldı ve bir yılan gibi kıvrılmaya başladı. Köleler dehşet içinde geri çekilerek duvarlara yaslandılar.

O anda, ona yaklaşmamanın daha iyi olacağını biliyorlardı. Biş, alanın ortasında, vücudu kasıla kasıla ilerlemeye devam etti, ta ki bir anda durup aniden, delirmişçesine vücudunu sağdaki tünele doğru gerip oraya doğru gırtlağından çıkan çok uzun bir inilti gönderene kadar.

Yarasalar duvarlardan ayrıldı. Bir avuç dolusu kum yükseldi ve içeriye doğru yuvarlandı.

İnilti Avram ve Sapir'e ulaştığında, onlar önlerindeki yolda bir boşluk görmüşlerdi. Ses onları sırtlarından vurunca, dehşetle donakaldılar. Kalan tüm güçlerini kullanarak hareket ettiler. Boşluk hızla onlara doğru yaklaşıyordu, neredeyse yakınlarındaydı ki Sapir sanki görünmez bir engelle karşılaşmış gibi aniden durdu.

Avram, "Sorun ne?" diye haykırdı. "Koş!" Çocuk Sapir'in elini tuttu ama Sapir olduğu yerde kalakaldı.

Sapir, tonlamadan yoksun bir sesle "Yüce Biş beni çağırıyor," dedi.

Birden, Avram'ın elini sıktı, döndü ve onu geriye doğru sürüklemeye başladı. Avram ayaklarını taşların üzerine koydu, elleriyle duvarın çıkıntılarına tutundu, hareket etmemek için her şeyi yaptı ama güçleri eşit değildi.

"Dur! Ne yapıyorsun? Sapir!" diye bağırdı. Ama rahibin iniltisi onu çağırıyordu ve Sapir bu çağrıya itaat etmekteydi.

Rahip, sanki kızgın bir tavanın içindeymiş gibi yerde kıvranıyordu. Köleler hareket etmiyordu.

Sapir adımlarını hızlandırdı. Avram düştü. Sapir acımadan ve umursamadan çocuğu sürükledi.

Avram, "Sapir, sen bir köle değilsin!" diye bağırdı ama Sapir onu duymadı. "Sen bir köle değilsin! Köle değilsin! Köle değilsin, beni duyuyor musun?" diye tekrarladı ama bu da işe yaramadı.

Sapir monoton bir sesle, "Sapir Yüce Nemrut'u düşünüyor," dedi.

"Onu düşünme! O senin için kim ki?"

"Yüce Nemrut Tanrı'dır!"

"Hayır, o bir tanrı değil!"

"Yüce Nemrut efendimizdir!"

"Teslim olma Sapir!" diye yalvardı Avram.

İnleme daha da şiddetlendi. Gittikçe yaklaşıyordu. Sapir, "Efendim Nemrut beni çağırıyor," diye tekrarladı.

"Sapir, sevgili Sapirim!" Avram iniltiyi bastırırcasına bağırmaya çalıştı. "Yaşlı Adam'ın ne dediğini unutma: Sen onun kölesi değilsin!"

"O benim efendim!"

"HAYIR!"

"Onsuz yaşayamam!"

"Evet, yaşayabilirsin!"

"Büyük Nemrut'dan başka kim benimle ilgilenecek?" Sapir'in sesi sakindi.

Avram bir anda direnmeyi bıraktı. Sapir onu yerde sürüklemeye devam etti. Adımlarını hızlandırdı. Avram, yalvarırcasına Sapir'e baktı: "Beni düşün, Sapir!"

Sapir biraz yavaşladı ama yine de durmadı. Rahip onu çağırıyordu; inilti gittikçe büyüyor, büyüyordu. Onu yok saymak mümkün değildi.

"Ben senin oğlunum, Sapir. Bana oğlum dedin." Sapir durdu.

"Nemrut bizi ayırıyor. Ama sevgi bizi bir arada tutar."

Sapir Avram'a baktı.

Sapir şaşkınlık içinde "Beni çağırıyor," dedi. "İtaatsizlik edemem!"

"Beni bırakamazsın, Sapir."

"Seni bırakamam."

"Çünkü sen ve ben biriz -sen ve ben."

Sapir, gözleri açılmaya başlarken, "Biz biriz. Sen ve ben," diye tekrarladı. Ses tonunda şaşkınlık hissi vardı: "Bekle bir dakika! Seni öldürmek istiyor!"

Kısa bir süre durakladıktan sonra başını sallayarak sordu: "Bana ne oldu?"

"Sadece yorgunsun," dedi Avram.

Sapir, "Seni öldürebilirdi..." diye mırıldandı ve alnında iri ter damlaları belirirken, muzaffer bir edayla nefes verdi.

Rahip inledi de inledi ama bu iniltinin Sapir üzerinde artık hiçbir etkisi yoktu. İnilti ikisinin yanından geçip gitti ve tünelin derinliklerine gömüldü.

"O, uluyor," dedi Sapir.

Avram, "O uluyor," diyerek onu doğruladı.

Sapir Avram'a baktı: "Bırak ulusun. Biz koşmalıyız."

Durmadan, dikkatleri dağılmadan ve sadece ileriye bakarak koşmaya başladılar. Orada, önlerinde beyaz bir ışık noktası giderek daha fazla genişliyordu; büyüyor ve onları ileriye, özgürlüğe çağırıyordu!

Beklenti, İfşa

Mağaralarına geri döndüler.

Göldeki katliamdan sonra da aynı hissi yaşamışlardı. O zaman arkalarından bir ok uçmuştu ama şimdi Biş'in kendisi onları kovalıyordu. Bu çok daha kötüydü; Sapir korkuyla titriyordu ama korkusu kendisi için değildi. Hayır, şimdi korkuyordu çünkü lanet olası Biş, Avram'ın peşine düşmüştü. Sapir, bu yüzden mağaranın girişine duvar örmeye karar verdi. Bunu yaptı, hemen duvarı ördü.

Rahibin etrafı araştırdığından emindi. Ayrıca rahibin öfkeli, intikama susamış ve her zamanki gibi tehlikeli olduğundan da emindi. Sapir, korkusundan mağarayı o kadar iyi gizlemişti ki hayvanlar bile yanlarından geçerken, orada insanların yaşadığını hissedemiyorlardı.

Ateş yakmadılar. Kök ve yemiş yediler ve duvarlardan akan suyu içtiler. Sessizce oturdular. Biş'in kulağının çok hassas olduğunu bildikleri için konuşma riskini göze alamadılar. Sapir, Avram'ı sorularla rahatsız etmedi. Bu, Avram'ın düşünmeye fırsat bulduğu bir zaman oldu.

Avram tüm bu süre boyunca, neredeyse hiç duruşunu değiştirmeden ya duvara bakarak oturdu ya da uzanıp üstteki taş kemerlere baktı. İçinde, daha önce olmayan bir şey uyanmaya başlamıştı. Bu, ona yandan bakıldığında bile belli oluyordu. Avram bazen elini kaldırıyor, bazen de gözlerini kapatarak gülümsüyordu. Bir iç konuşmanın gerçekleştiği açıktı ama kiminle bir konuşma gerçekleşiyordu?

Sapir araya girmeye korkuyordu ama şu an Avram'ın kiminle iletişim kurduğunu öğrenmek için her şeyini verebilirdi. Ona gidip kiminle konuştuğunu kulağına fısıldamasını istemek güzel olurdu, diye düşündü ama hiç sormadı.

Bir hafta daha sessizlik içinde geçerken, Avram'ın ne gibi cevaplar aldığını merak etmeye devam etti.

Birkaç gün sonra, Sapir bir taşı dikkatlice kenara çekerek burnunu mağaradan dışarı uzattı. Güneş parlıyordu ve yağmur sonrasında dünya renklerle bezeliydi -sarı ve siyah taşlar, kırmızı ve mavi çiçekler, yeşil kertenkeleler, kırmızı kelebekler, mavi bir gökyüzü- her şey çok güzeldi! Sapir sürünerek mağaradan çıktı. Güvenli olduğundan emin olmak için mağaranın etrafında birkaç kez dolaştı. Deneyimli bir iz sürücüydü. Kokladı, baktıkça baktı ama fark edemedi.

Yaşlı iz sürücü fark edemedi ve böylece Biş'in ondan daha zeki olduğu ortaya çıktı. Birkaç gündür yakınlardaydı. Onu orada tutan şeyin ne olduğunu anlayamıyordu ama kötü adam, Sapir ve Avram'ın yakınlarda bir yerde olduğunu biliyordu. Tedbirli olmak için, "Seçilmiş adamları"na ortadan kaybolmalarını emretti. Yalnız kaldı.

Sessiz bir taş gibi, gece gündüz saklanarak, hareket etmeden pusuda bekledi. Rüzgâr ona normal bir insan kulağının kontrolü dışındaki sesleri iletiyordu -ot hışırtılarını, karıncaların arkalarında sürükledikleri bir kamışın gıcırtısını, bir kelebeğin kozadan kurtularak doğması sırasında çıkan hışırtılı sesleri...

Rahip gözlerini açmadan yattı ama uyumadı. Her şeyi duydu, her şeyi gördü, her şeyi hissetti. Çabaları boşa gitmedi. Bir gün yeni bir ses duydu. Çok uzağında değildi, bir taşın hareket ettiğini duydu.

Saf Sapir, bilmeden Avram'a ihanet etmişti...

Sapir mağaraya döndüğünde, Biş, ağzından tek bir hece çıkmaksızın ve derin bir nefes bile almaksızın onların sığınaklarına yaklaşmıştı.

Avını takip eden bir aslan, sıçramadan önce donmuş bir halde bekleyen bir kaplan, taşla kamufle olmuş bir bukalemun gibiydi.

Zar zor görülebilen bir çatlak buldu ve bu çatlak vasıtasıyla ve inanılmaz işitme duyusuyla mağaranın içinde neler olup bittiğini duyabildi.

Böylece duydu. Aynı zamanda görmek de istedi. Gördü de. Birden Avram'ı tam karşısında, ona doğru bakarken gördü. Rahip dehşet içinde geri çekildi. Çocuğun gerçekte kendisine bakmadığını anlayana kadar, bir süre bekledi.

Biş kılıfından bir ok çıkardı ve ucuna siyah yapışkan bir sıvı sürdü. Oku boşluğa doğru indirdi ve çocuğun alnına nişan aldı. Parmakları açılmaya başladı. Ok her an kayabilir ve o, büyük Nemrut'a tehlikenin geçtiğini söyleyebilirdi. Gücünü tehdit eden hiçbir şey ve hiç kimse olmayacaktı.

Bir saniye içinde bu gerçekleşecekti. Bir an sonra her şey yoluna girecekti.

Biş parmaklarını açtı ve sonra tekrar sıktı. Oku tırnaklarıyla son anda tuttu çünkü Sapir'in Avram'a doğru adım attığını gördü. Sapir çocuğun yanına çömelmiş, ona bir şeyler fısıldıyordu.

"Avram!"

Çocuk cevap vermedi. Rahibin parmakları açıldı. Sapir bu kez yüksek sesle, "Avram," diye seslendi.

"Evet, Sapir?" diye cevap verdi çocuk.

Ok, rahibin parmaklarının arasından kayıyordu.

O anda Sapir, Avram'ın eline hafifçe dokunarak fısıldadı: "Nemrut bizi rahat bırakmayacak."

Rahip oku yine durdurdu. Çocuğun cevabını duyması gerektiğini anlamıştı. Sezgileri onu asla hayâl kırıklığına uğratmazdı. Şimdi sezgileri ona çocuğu öldürmek için her zaman vakti olacağını söylüyordu ama şu anda olanlar onu kişisel olarak ve derinden etkileyecekti. Böylece rahip, Avram Sapir'e bakar halde otururken onu dinledi.

Avram, "Nemrut'u yenebiliriz!" dedi.

Sapir emin değildi. "Fakat nasıl?"

"Onu zaten bir kez yendin," dedi Avram muzaffer bir edayla.

Kafası karışan Sapir, "Onu ne zaman yendim?" diye sordu.

"Tünelde, hatırladın mı?"

Rahip gözünü deliğe dayadı.

Sapir, "Ama nasıl yapacağımı bilmiyorum..." diye itiraf etti.

Avram, "O zaman ne düşünüyordun?" diye sordu.

"Şey... Seni düşündüm," diye cevap verdi Sapir.

Rahip Avram'a baktı. Yüzü bembeyaz kesilmişti. Avram devam etti: "Anlaşılan o ki, kendimizi düşünmediğimiz zaman rahiplerden ve büyücülerden kurtuluyoruz..."

Biş'ın elinde bir ok vardı.

"Aynı şekilde, Nemrut'dan da kurtulabiliriz," diye devam etti.

Biş'in elindeki ok kırıldı. Sapir başını kaldırıp ayağa kalktı ve çatlağa yaklaşarak içine doğru baktı.

Rahip nefes almıyordu.

Sapir bir bıçak çıkardı ve hızla çatlağın içine soktu. Bu ani bir hareketti ve Biş güçlükle geri çekilmeyi başardı.

Avram, "Sen beni düşündün, ben de seni düşündüm," dedi. -"Bu yüzden Tanrı bize yardım etti."

Rahip irkildi. Sapir kocaman gözlerle Avram'a baktı: "Bu hoşuna gitti mi?"

"Evet, hem de çok!

"Şu anda sana her şeyi açıklayamam Sapir, ama bana öyle geliyor ki Tanrı, kendini düşünmeyen bir güç."

Sapir, "Demek ki böyle yaşayabilirsek... Kendimizi düşünmezsek..." diye fısıldadı. "O zaman bu güç hep bizimle olacak? Hiç kimse buna karşı koyamaz mı?"

"Hiç kimse!"

"Nemrut bile mi?" Sapir şaşkınlık içindeydi.

"Ne Nemrut ne de Başrahip. Hiç kimse. Bu güçle, biz her şeye muktedir oluruz."

Rahip bu sözleri duymuştu. Bu sözleri duymayı bekliyordu.

Sapir sessizce, "Her şeye muktedir oluruz..." diye tekrarladı.

"Evet," dedi Avram, ayağa kalkarken.

Çocuğun bakışları mağarayı delip geçti ve Sapir ona bir tanrıymış gibi baktı.

Babil'in Yeni Tanrısı

Biş, geçici barınağında kıpırdamadan oturuyordu. Ne kendisinin ne de yüce Nemrut'un yapabildiği bir mucizenin gerçekleşmiş olduğunu açıkça hissediyordu.

Küçük Avram, hiç şüphesiz ki bir tür güçle iş birliği halindeydi. Bu gücü duyabiliyor, görebiliyor ve onunla konuşabiliyordu. Bu güç Babil'in henüz bilmediği bir tanrıydı. Yeni bir tanrıydı. Diğer tüm tanrıların üstünde olan bir tanrıydı.

Rahip, birkaç dakika içinde, dörtnala başkente doğru yola çıkmıştı. Yüce Nemrut'un kulağına fısıldayacağı bir şey vardı. Ona bir plan sunmak istiyordu.

Biş saatlerce at sürdü. Yolda tek bir mola bile vermedi. Yemek yemedi, uyumadı ve atından değneği esirgemedi. Bir görevdeydi ve bu uzun ve yorucu yolculuğu mümkün olduğunca kısa sürede tamamlayacaktı. Ve öyle de yaptı; Nemrut'un sarayına vardı ve salona girdi. Tahtın arkasında, karanlık bir girintide, cellat Siyuta sırıtıyordu.

Biş sert ama saygılı bir şekilde konuştu: "Ey yüce Kral, Terah'ın oğlu Avram'ı gördüm. Krallığını yıkmaya gelen çocuğu."

Nemrut ona baktı: "O yaşıyor mu?"

"Evet, yüce Kral, Büyük Taş Çölü'ndeki bir mağarada yaşıyor."

Nemrut, yavaşça konuşarak "Öyleyse," dedi. "Başbakan bize yalan söylemiş..."

"Evet, yüce Kral, Başbakanınız Terah bir yalancı," dedi Biş.

"Anlaşılan, oğlu onun için Kral'dan daha kıymetliymiş."

Nemrut sırıtarak başını salladı, "Cık-cık-cık."

"Yazık... Peki, ona ne yaptın, benim sadık Bişim?"

Biş, "Onu takip ettim..." diyerek söze başladı.

Nemrut Biş'e baktı, "Ve onu öldürdün mü?" dedi.

"Onu öldürmek istedim," dedi Biş. "Fakat fikrimi değiştirdim."

Sessiz bir komut geldi ve cellat Siyuta anında rahibe doğru ilerledi. Kırmızı gözleri Biş'in boynuna dikilmişti.

Nemrut tiksintiyle arkasını dönerek, "Elveda Biş," dedi. "Emirlerimin yerine getirilmemesinden hoşlanmadığımı biliyorsun."

Siyuta'nın bıçağı Biş'in boynunun yakınında parladı.

"İki kelime, yüce Kral," diye yalvardı rahip. "İki kelime daha edeyim ve sonra bana istediğinizi yapabilirsiniz."

Nemrut gözleri kısık bir şekilde, başını çevirip göz ucuyla ona baktı. Siyuta hoşnutsuzluk içinde sızıldanırken, kaşları kalktı. Bıçak Biş'in boynundan bir milimetre uzaktaydı, kan akmasına bir milimetre kalmıştı.

"Yaşlı Adam'la birlikteydi ve eşitlermiş gibi konuşuyorlardı," dedi rahip. "Sonra ayrıldılar." Nemrut'a doğru bir adım attı ve "Çocuğun Tanrı'yla konuştuğunu gördüm," diye fısıldadı.

"Ne tanrısı?" diye sordu Nemrut.

Biş, zar zor duyulabilir bir sesle "Öyle bir güç hissettim ki titredim," diye fısıldadı.

Nemrut'un göz bebekleri aniden yok oldu. Biş sendeledi. Gözünün önüne sonsuz bir uçurum geldi. "Düşündüm ki..." Biş'e, söylediği her kelime son kelimesi gibi geliyordu. "...Avram vasıtasıyla her şeye muktedir olabilirsiniz."

"Peki ya o, bu bağlantıyı bize açıklamazsa?" diye sordu Nemrut sessizce.

Rahibin yüreğini bir ürperti kapladı.

"Avram'ın attığı her adımı bilmem gerekiyor," dedi Nemrut. Sonra birden bir şey hatırlamış gibi oldu. "Ah, bir de Terah'a onu affettiğimi söyle."

Kitap İki
Geri Dönüş

İyi Haberler

Çok geçmeden Biş, Terah'ın evinin kapısını çaldı. Çatıdan bir kuş uçtu; kapı açılmadan ve Terah eşikte belirmeden önce kapalı kapının ardında bir fısıldaşma oldu. Terah, selam vermeksizin "Seni evime getiren nedir?" diye sordu.

Rahip, "Yüce, merhametli Kral seni affediyor," dedi. Sesindeki sakinlikten, güvenden ve sırıtışından, Terah onun her şeyi bildiğini anladı. "Oğlunu taşlık çölde gördüm," dedi Biş. "Orada, aptal uşağın Sapir'le birlikteydi."

Terah uzun süre sessizliğini korudu ama heyecanına engel olamadı. Sesi zayıfladı. Kısık bir sesle, "O nasıl?" diye sordu. "Onu on üç yıldır görmedim."

"Zeki biri," diye yanıtladı rahip, "Çok bilge senin Avram. Büyük bir adam olacak."

"Nereden biliyorsun?"

"Tanrı ile konuşmasına kulak misafiri oldum."

"Ne?"

"Evet, Tanrı ile konuşuyordu. Tanrı da ona cevap veriyordu." Rahip ellerini açtı ve gitmek için döndü ancak biraz bekledi. "Onu ele vermediğin iyi oldu. Yüce Nemrut ihanetin için idamını emretti."

Terah doğruldu; Biş tekrar konuştu: "Ama ben ondan sana merhamet etmesini istedim. Bana inanıyor musun?"

Terah cevap vermedi. Biş devam etti: "Oğlun Avram'ın Kral'a sadakatle hizmet edeceğini söyledim. O senin bütün günahlarının kefaretini ödeyecek. Yüce Kral merhamet göstererek, onu eve getirmeni emretti."

Terah, "Sana nasıl teşekkür edebilirim?" diye sordu sessizce.

"Bana oğlunun her adımını anlat."

Terah irkildi. Bir anda aklından pek çok düşünce geçti! Biş durakladı ve buz gibi soğuk bir bakışla, "Şakaydı," diye homurdandı.

O gittiğinde, Terah döndü ve karanlık salona doğru bağırdı: "Amtalei! Oğlumuz geri dönüyor!"

***

Terah ve Amtalei kayalık bir yolda bir arabayı sürüyorlardı. Yürekleri titriyordu. Birkaç gün sonra Avram'ı nasıl kucaklayacaklarını düşünüyorlar ve onun şimdi nasıl olduğunu, onları nasıl karşılayacağını ve neden on üç yıl boyunca taşların ve vahşi hayvanların arasında, bir mağarada yalnız yaşamak zorunda kaldığını anlayıp anlamayacağını merak ediyorlardı... Bu sürgün sırasında iki kardeşi, Nahor ve Aran doğmuştu ama onlar farklıydı. Onlar, babalarını sevince boğmamışlardı, çünkü herkesin çocukları gibi basit, kolay anlaşılır, normal çocuklardı ve doğduğu andan itibaren sevgi saçan ilk oğul Avram gibi değillerdi. Hayır, Avram bu ışığı çok uzaklardan yayıyordu.

Beyaz güvercinler ondan haber getirirdi ve Sapir'in şifreli mesajları nadiren gelse ve cahilce olsa da Terah ve Amtalei özlemle bu mesajları beklerlerdi. Rahatsız edilmemeleri için içeriden kilitlenmiş odalarında, Avram'ın sağlıklı olduğunu, büyük bir iştahla yemek yediğini (bu ayrıntı her zaman Sapir tarafından eklenirdi), günün yarısını kumda bazı daireler çizerek geçirdiğini tekrar tekrar okurlardı... ve daha neler neler...

Tekrar kavuşacakları günün geleceğini bilerek ama yine de

kalplerinde bir acıyla, ağlamışlar, gülmüşler, beklemişlerdi ve böylece o gün gelmişti. Büyük Taşlık Çöl'e girdiklerinde derhal sessizleştiler.

Amtalei, sarı-kırmızı taşların arasından ileriye doğru baktı ve bakışları dağlara, sevgili oğlu Avram'ın anne şefkati nedir bilmeden büyüdüğü mağaraya doğru kaydı. Aklına düşünceler geldi: O nasıl biri? O şimdi kim? Şüphesiz, olgunlaşmıştır. Tabii ki yakışıklıdır! Elbette çok akıllıdır... Kime daha çok benziyor, ona mı Terah'a mı? Onları tanıyacak mı?

Birden kalpleri titredi. Uzakta, yolda duran iki kişi gördüler. Terah bekleyemedi, arabadan indi ve koşmaya başladı. Amtalei de peşinden gitti.

Terah uzaktan, "Avram!" diye bağırdı. Çocuk da onlara doğru koşuyordu.

Amtalei de "Oğlum!" diyerek bağırdı. Bir taşa takılıp sendeledi ama hemen ayağa fırladı ve ağlayarak koşmaya devam etti. Buluştular, kucaklaştılar ve hiçbiri gözyaşlarına hâkim olamadı. On üç yıllık ayrılık, korku ve daimî endişe onları koparmamıştı; hayır, sadece daha da yakınlaştırmıştı. Orada durmuş, kucaklaşıyorlardı ve güvenilir, yaşlı avcı Sapir de kollarını sallayarak ağlıyordu.

Düello

Terah tüm şehri kutlama yemeğine davet etmişti ve herkes Terah'ın oğlu Avram'ı görmek istediği için gelmişti. Herkes onun öldüğünü sanıyordu ama şimdi birdenbire çocuğun hayatta ve iyi olduğu ve hiç de sıradan biri olmadığı söylentisi yayılmıştı. Hatta, bazıları onun Taş Çölü'ndeki Yaşlı Adam'la konuştuğunu ve Yaşlı Adam'ın çocuğun bilgisine hayran kaldığını söylüyorlardı. Ancak buna pek inanılmamıştı. Ne de olsa yetmiş küsur yıl boyunca kimse Yaşlı Adam'la görüşmeye cesaret edememişti. Şehir halkı Avram'ı görmek istiyordu ve o da insanları hayâl kırıklığına uğratmadı. Görünüşü çarpıcıydı: babası kadar uzun, annesi kadar güzel ve ailelerinin tüm üyeleri kadar asildi. En önemlisi de ondan, herkesi sakinleştiren bir içsel sükûnet yayılıyordu. Küçük kardeşleri Nahor ve Aran'ın yanında oturuyordu ve hiç kibirli değildi. En büyükleri olduğuna dair hiçbir emare yoktu. Nahor dokuz, Aran ise sadece yedi yaşında olmasına rağmen onlara eşit duruyor ve o şekilde konuşuyordu.

Kutlama önce evde başladı ve sonra kendiliğinden sokaklara taştı.

Başkent gecelerinde, sokaklarda çılgınca dans eden insanlar görülmeyeli, tüm şehre bu denli mutluluk yayılmayalı uzun zaman olmuştu. Şehir çoğunlukla hüzün, korku ve yorgunluk hakimdi. Terah on üç yıldır ilk kez biraz şarap içti ve herkesle dans etti. Nemrut"un Başbakanı'nın bir çöpçüyü ya da bir kule bekçisini kucakladığına inanır mıydınız? Fakat öyle oldu. Böylesi bir zaman, şehrin kayıtlarına işlenmişti, hatta bazıları, babalarının ve dedelerinin herkesin eşit olduğu, tek bir aile gibi hissettikleri geçmiş zamanlara dair söylediklerini hatırladı.

Ama, durun, şşş!.. Böyle şeyleri yüksek sesle konuşmamalıyız...

Daha sonra evlerine döndüler ve kutlamaya gelmeyen ya da erken ayrılan şehir sakinlerini uyandırmamak için içeride eğlenmeye devam ettiler. Sabaha kadar sessizce eğlenmeye devam edebilirlerdi ama eğlencenin doruğunda, tam gece yarısında kapı açıldı ve her şey durdu: şarkılar, kahkahalar, tüm konuşmalar...

Cellat Siyuta yavaşça evin avlusuna girdi. Herkese bakarak, güçlü bir duruş aldı ve sırıttı. Ardından Başrahip Biş geliyordu. Siyuta bir kenara çekildi, rahibin arkasında siyah bir atın üzerinde Yüce Kral Nemrut içeri girdi. İnsanlar avluda geriye doğru çekildi; hepsi dizlerinin üzerine çöktü. Nemrut atını avlunun ortasında durdurdu, insanlara baktı ve Terah'ı gördüğü anda, Terah hemen önünde eğildi.

"Tebrikler Terah," dedi Nemrut.

"Sizi kutlamamızda görmek büyük onur, ey yüce Kral."

"Oğlun nerede? Avram nerede?" diye sordu Nemrut.

Kalabalığın arasından bir çocuk çıktı, Terah'ın yanında durdu ve Kral'ın önünde eğildi.

Nemrut yavaşça konuşarak, "Senin başka bir Tanrı tanıdığını söylüyorlar..." dedi. Terah sessizce Avram'ı dürttü.

"Korkma. Her şeyi söyle," dedi Nemrut. Terah'ın hareketini fark etmişti.

Avram, "Uzun zamandır doğayı izliyorum," diyerek konuşmaya başladı.

Nemrut etkilenmemiş gibi görünüyordu. "Peki, ne gördün?" diye sordu.

"Çok güzel olduğunu," diye cevapladı Avram.

Nemrut hareketsizdi. "Vay vay..."

"Onda büyük bir güç ve ahenk var."

"Vay, vay, vay..."

Terah araya girmeye çalışarak, "O sadece akılsız, küçük bir çocuk," dedi ama Nemrut elini kaldırdı. "Sessiz ol!" dedi ve yarım bir gülümsemeyle Avram'a dönerek "Sen devam et. Konuş!" dedi.

Avram, "Onun gücünü hissettim," dedi.

Nemrut ona baktı ve birden sırıttı. "*Hissettim* lafını duyunca, karşımda küçük bir yalancının durduğunu *anlıyorum.*"

Avram sustu, ne söyleyebilirdi ki? Sessizliğini koruyan Terah'ın nefesi kesildi. Nemrut'u, onun oyunlarını ve taktiklerini biliyordu.

Nemrut yavaşça konuştu: "Eğer bir güç varsa ve sen onu hissettiysen, bırak ben de hissedeyim."

"Bunu yapamam," dedi Avram. Nemrut aniden, çok sevdiği yayını omuzundan çıkarıp Avram'a uzattı. "Hadi. Tut şunu!" dedi.

Avram yayı aldı ama hemen yere düşürdü. Yay ağırdı, çocuğun tutamayacağı kadar ağırdı. Nemrut kölelerine "Onu bana geri verin!" diye emretti. Üç hizmetkâr yayı yerden kaldırmaya çalışırken çok zorlandılar ve tekrar yere düşmesine engel olamadılar. Hemen ardından üç hizmetkâr daha geldi. Altısı birden yayı yerden güçlükle kaldırdılar, homurdandılar ve doğrultmaya çalıştılar ama başaramadılar. Nemrut herkese tepeden baktı.

"Görüyor musunuz?" diye sordu.

Kalabalık heyecanla fısıldaştı.

"Hissediyor musunuz?"

Kalabalığın sesi biraz daha yükseldi.

Nemrut, kölelerin elinden yayı kolayca alarak, "İşte hissettiğiniz ve gördüğünüz güç bu," dedi. Kalabalık irkildi ve hemen ardından bağırışları duyuldu: ""Büyük Kral'a şan olsun!" "Eşsiz olan kudretine şan olsun!" "Şan olsun! Şan olsun! Şan olsun!""

"Şu bulutlara bakın," diye emretti Nemrut ve herkes başını kaldırıp gecenin karanlığındaki bulutlara baktı. Nemrut elini bulutlara doğru uzattı ve bir saniyeden kısa bir süre içinde bulutlar hareketlendi. Önce yavaşça, sonra daha hızlı ve daha hızlı, birbirlerinden ayrılarak, ayı ortaya çıkardılar.

"Görüyor musunuz?" diye sordu Nemrut.

Herkes derhal, "GÖRÜYORUZ! GÖRÜYORUZ!" diye haykırdı. "Yüce Nemrut'a şan olsun! Şan olsun!"

İnsanlar bağırdı ve Terah da onlarla birlikte bağırdı.

Nemrut hızla başını yiyecekle dolu tabaklar ve çeşitli kap kacakla dolu masaya doğru çevirdi. Gözlerini masaya dikti. Birden masanın ayakları gıcırdayarak bükülmeye başladı ve masa, üzerindeki yemekleri yere saçarak çöktü. Kimse kımıldamadı. Herkes şaşkındı. Nemrut atını döndürüp, panik içinde arkasından koşan hizmetkârlarıyla birlikte yavaşça uzaklaşırken Siyuta sessizce gülüyordu. Ardından ayrılan Biş oldu, Cellat da onu takip etti. Dışarı çıktıklarında, Nemrut bir parmak hareketiyle rahibi yanına çağırdı ve ona hiç bakmadan şöyle dedi: "Onun arkasında biri var. Kim olduğunu bulmalısın. Sırada senin kellen var."

Yaradan ve Kilden Putlar

Nemrut'un ziyaretinden sonra herkes, diğerleriyle göz teması kurmaktan kaçınarak, aceleyle kaçışmıştı. Birkaç dakika içinde Terah, Amtalei, Avram, Nahor, Aran ve Sapir yalnız kalmışlardı. Kapı son konuğun arkasından kapanır kapanmaz, Terah hızla Avram'a doğru yürüdü ve konuştu. "Eğer deli olarak görülmek ve ana meydanda kafandan olmak istemiyorsan, sus!"

Gözle görülür bir şekilde sarsılmış, korkmuş ve beti benzi atmıştı. Avram'a, "Unutma ki tek bir yüce Kral var, o da Nemrut. Bu dünyada sadece tek bir tanrı var -Nemrut. Sadece tek bir yasa var- Nemrut'un yasası! Ve buradaki yaşamımız sadece onun için," diyerek bağırdı.

Sapir irkilerek ayağa kalktı; odanın köşesinde durmuş duvara tutunuyordu ki Terah sert bir şekilde ona döndü.

"Ah, sen, yaşlı korkuluk," diye bağırdı. "Kafan neredeydi?"

"Ah, ben..." dedi Sapir. Hem fiziken sarsılmıştı hem de hissettikleri konuşmasına yansımıştı.

"Yılanın onu ısırması senin suçun, aptal!"

"Ben ... düşündüm ki ..." diye mırıldandı Sapir.

"Bu senin hatan, piç kurusu! Bu lanet olası Yaşlı Adam Avram'ımızın kafasını karıştırdı!"

Sapir, "Efendim..." diyerek inledi. "Ben sadece istedim ki..."

Terah, "Seninle sonra ilgileneceğim, seni yaşlı ahmak!" diyerek, yumruğunu Sapir'e doğru salladı ve sonra Avram'ın, "Suçlu olan benim," dediğini duydu.

"Ne!" diye bağırdı Terah hızla Avram'a yaklaşırken, dehşetle gözlerinin içine baktı ve "Tanrılar var. Hem de bir sürü. Onlar bizi koruyorlar. Ve hiç kimse onlardan şüphe etme hakkına sahip değil. Beni duyuyor musun, Avram? Hiç kimse. Beni duyduğunu söyle," dedi.

Avram içini çekti ve Terah onun gözlerindeki yaşları gördü. Avram sessizce ellerini açtı; bir şey söylemek istedi ama söyleyemedi. Gözyaşları onu boğuyordu. Terah, elleriyle ağzını kapamış halde ağlayan karısına baktı. Nahor ve Aran sessizce bir kenara çekilmişlerdi- ikisi de hiçbir şey anlamamıştı.

Terah bu sefer tamamen farklı bir tonla, "Oğlum," dedi. "Annen ve ben..." Eliyle Avram'ın omzuna dokundu "... Senin için korkuyoruz," dedi

Terah dizlerinin üzerine çöktü ve başını göğsüne yaslayan Avram'a sarıldı. "Lütfen. Bizi de düşün," diyerek, konuşmasını sessizce bitirdi.

Avram donakalmıştı. Yavaşça uzaklaşmaya başladı ama sonra babasının gözlerinin içine baktı ve bir an hareketsiz kaldı, Terah onu onaylarcasına başını salladı.

Avram, "Sessiz olacağım," dedi.

Amtalei gözyaşlarını silerken, Terah yüksek sesle iç çekti...

"Sessiz olacağım," diye tekrarladı Avram.

***

Sabah gün ağarır ağarmaz Terah odaya girdi. Avram çoktan kalkmıştı. Babası ona giyinmesini ve kendisini takip etmesini emretti. Aşağı indiklerinde sofra çoktan kurulmuştu ve sessizce yemeklerini yediler. Amtalei bir kenarda durmuş onları izliyordu. Avram bir şey söylemek üzereydi, ama babası, sessizlik ister şekilde parmağını kaldırdı. Sofradan ilk kalkan Terah oldu ve sonra uzun bir geçit boyunca avluya doğru yürüdüler, avluyu geçtiler ve içinde penceresiz, yarı aydınlık bir oda bulunan küçük bir eve vardılar. Bir yağ lambası, üzerinde farklı tanrı heykellerinin bulunduğu devasa yuvarlak bir masayı loş bir şekilde aydınlatıyordu. Heykeller farklı boyutlardaydı, farklı giyindirilmişlerdi ve farklı yüz ifadeleri vardı. Terah, beceriksiz bir şekilde sevinmiş gibi rol yapmaya çalışan Avram'a baktı. Diz çöktü. Avram duraksadı ve sonra babasının yaptıklarını tekrarladı.

Terah, "Ah, yüce tanrılar!" diyerek ilk kez konuştu. "Dilimden seni öven sözler dökülsün."

Gözlerini kısarak Avram'a baktı ve başını salladı. Avram anladı ve babasının ardından tekrarladı: "...seni öven sözler..."

Terah, "Kalbim sana hizmet edebilmek için atıyor!" diye devam etti ve Avram tekrarladı: "...kalbim atıyor..."

Avram konuşurken figürlere baktı. Birinin burnu hafif çarpıktı, diğerinin bir gözü şaşıydı, düpedüz şaşıydı. Sadece dört parmağı olan bir put vardı. Avram bu figürlere bakarken, babasının bu ayrıntıları nasıl gözden kaçırmış olabileceğini düşündü. Bu sırada Terah sabah dualarını okumaya devam ediyordu. "Yüce, her şeye gücü yeten Tanrılar, bana sizi olduğunuz gibi tasvir etme hakkını verdiniz ve ellerim sağlam, gözlerim keskin ve kalbim sizi tüm ihtişamınızla temsil etmek için açık olsun ve böylece her ölümlü size saygı duysun ve sizden korksun. İşte, başlıyorum!"

"Başlıyorum," diye tekrarlayan oğluna tekrar baktı. Terah memnun olmuştu. Avram'ın sesindeki ironiyi fark etmemişti. Bunun yerine, sözlerini, onun isteğine boyun eğdiği şeklinde yorumlamıştı. Avram iyi oynamıştı.

Terah dizlerinin üzerinden kalktı ve hemen öğretmeye başladı. Avram'a kili nasıl ıslatacağını, çömlekçi çarkında nasıl çalışacağını ve putun yüzünü nasıl titizlikle şekillendireceğini gösterdi.

Terah, "Her tanrının kendine has bir karakteri vardır," diye açıkladı.

"Bu, Marduk -o birincil tanrıdır. Ve birincil olduğu için, görünüşünde ciddiyet olmalı. Ne kadar bilge bir bakışa sahip olduğunu görüyorsun ve burada iki kırışıklık var, onları bu ince çubukla yapıyorsun. Ve gözleri hafifçe kısıktır. Çünkü, senin içini görüyor... " Avram usulca başını salladı ve bu Terah'ın hoşuna gitti. "Onun gücü, dik bir duruş ve yukarı kalkık bir baş ile elde edilir, görebiliyor musun?"

Avram itaatkâr bir şekilde, "Evet, evet," diye cevapladı.

Öğleye doğru, Avram Terah'ın yanına oturmuş, onun için çamur yoğuruyordu.

Çocuk babasının hünerli bir şekilde putları yontmasını izliyordu ama zihni mağaralarının önünde uzanan vadide dolaşıyordu. Kendisine göz kırpan yıldızlara bakıyor, ormana giriyor ve ormanın ona fısıldayan sesini açıkça duyuyordu: *"Sen korunuyorsun, Avram."*

Uzun otlar bacaklarını gıdıkladı; pınardan buz gibi soğuk su içerken, görkemli bir geyik onu karşılamak için ortaya çıktı... Aniden her şey beyaz, sonsuz bir boşluğa dönüştüğünde, bu Avram'ı korkutmadı.

"Ve şimdi onun gözlerini yapıyoruz," diye seslenen babasının sesi geldi ve her şey kayboldu. Terah putun üzerine eğilmişti.

"Yanan gözler," diye açıkladı homurdanarak. "Ne de olsa bu Nergal, yeraltı dünyasının efendisi!

Terah, doğrulup putu Avram'a gösterdi. "Eee?! Ne düşünüyorsun?!"

"Evet," diye cevapladı Avram. "Bu, yeraltı dünyasının efendisi. Evet."

Ve yine ateşin önünde yatıyordu. Yukarıdaki yıldızlar düşüyordu, ay sallanıyor gibiydi ve Avram Gücü, her yerde iyilik yapan İyi Gücü hissettiği için nefes alamıyordu.

"Ah! Aferin!" Birden babasının sesini duydu. Meğer o anda Avram, kendi yaptığı bir heykelciği, ona heyecanla bakan babasına gösteriyormuş. Bütün bu zaman boyunca, Avram bir put yapmayı başarmıştı. Bu inanılmazdı! Yaradan hakkında düşünüyordu ve elleri kilden bir heykelcik yapmıştı. "Birlikte çalışacağız! Bunu biliyordum! Biliyordum, evet! Yetenekli olduğunu biliyordum! İyi iş çıkardın! Bir günde, ilk defada ve inanılmaz derecede doğru!"

Terah gözle görülür bir şekilde duygulandı ve Avram'a sarıldı.

"Ama baba, bunların hepsi bir yalan!"

Terah bu sözleri duymadı. Avram bunları yüksek sesle söylememişti. Sessizce babasına baktı. Şu sözler zihninde net bir şekilde çınlıyordu: "Tanrı, sınırları olmayan, Sevgi Yasası'dır."

Babasının duymasını çok istiyordu. Ama şu anda bunu yapamayacağını biliyordu. O sırada Terah heyecanla, "Hadi gidelim! Açılış zamanı geldi. Bugün esas şeyi öğreneceksin," dedi ve onu odanın en arka tarafındaki kapıya götürdü.

Başka bir bölmeye girdiler. Burası bir dükkândı. Raflarda dizilmiş putlar vardı. Boyutlarına ve işlevlerine göre sergilenmişlerdi. On santimetreden yarım metreye kadar olan cennet putları en üst rafta, dünya putları ise en alt raftaydı ve bunların arasında bir sürü başka türde put ve heykelcikler vardı.

Terah köşedeki sandalyeyi işaret etti ve "Sessiz ol ve öğren," dedi.

Terah dükkânın kapısını açarken, Avram sandalyeye oturdu.

Beş dakikadan kısa bir süre içinde dükkâna tuhaf bir müşteri girdi. Gözleri ya altlarındaki koyu halkalar yüzünden ya da tuhaf göz bebekleri yüzünden siyah görünüyordu: derindi, siyahtı ve ışığı yansıtmıyordu. Kimseye bakmadan, hemen ölüm putlarının bulunduğu rafa yöneldi. En küçük olanın önünde durdu. Avram, bir putun, garip adamın bakışlarıyla, şekilsiz bir kil parçasına dönüşene kadar erimeye başladığını gördü. Tuhaf adam biraz daha büyük olan bir sonraki puta baktı ve aynı şey oldu, ancak bu sefer biraz daha uzun sürdü. Adam bu sefer neredeyse bir dirsek hizasındaki en büyük boy puta gitti ve uzun süre ona baktı. Puta doğru bir adım daha attı ama put erimedi, aynı şekilde kaldı. Adamın yüzünde bir gülümseme belirdi ve hızlıca yok oldu. Her nedense Terah'a değil de Avram'a baktı. Bu bakış, bu soğuk ve ölü bakış çocuğu tekrar etkiledi.

Adam, "Onu alıyorum," diyerek putu aldı, rafa bir gümüş koydu ve gitti.

"Bu adam hasta mı?" diye sordu Avram.

Terah sakince, "O adam bir büyücü," diye cevapladı. "Dikkatli seçerler ama iyi de para verirler."

"Fakat adam hasta," dedi Avram.

Terah, "Hayır," diye cevapladı. "O kendi iç dünyasına dalmış durumda. Nereye giderse gitsin, ölüm tanrısı hep onunla birlikte."

"İnsanlar ona inanıyor mu?" diye sordu Avram.

"Rahip Biş'ten sonra en saygı duyulan kişi o. Ölüm Tanrısı'nı çağırır ve cevap alır. Birisi bir ölünün sesini duymak isterse ona gelir. Bir görüşme ayarlar; çok paraya mâl olur."

Avram sessizdi, başı öne eğik oturuyordu. Birden hiç kimseye hiçbir şey açıklayamayacağı düşüncesine kapıldı ve bu korkunç bir duyguydu. Dükkâna genç bir kadın girdi ama yıpranmış ve yorgun görünüyordu ve bu görüntüsüne uygun bir şekilde hareket ediyordu. Yüzüne, derin bir hüzün temelli yerleşmiş gibiydi.

Kadın, kapı aralığından, "Terah, sakinleşemiyorum," dedi. Sesi cılızdı, canlılıktan yoksundu.

Terah, "Sana su tanrısı Ea'yı almanı tavsiye ederim," diye karşılık verdi. "Onu bugün yaptım ve onun gücünü hissettim, kelimenin tam anlamıyla hissettim. Bu sefer onunla bağlantı kurmayı başardım. Bana cevap verdi. Sana da cevap verecektir."

Kadın, "Bana cevap verecek mi?" dedi ve irkildi.

Terah putu raftan indirdi. "İşte o, onunla konuştum."

Kadın, "Beni duymasını öyle çok istiyorum ki," dedi. Heykele uzandı, onu Terah'ın elinden dikkatle aldı ve göğsüne bastırdı. "Bu acıyla yaşamaktan çok yoruldum."

"Bu acı ne zaman başladı?" diye sordu Terah.

"Kocam büyük bir inşaat alanında öldüğünde."

"Ona ne oldu?

"Kaza yaptı. Daha yeni evlenmiştik. Onun çocuklarını doğurmayı o kadar çok istiyordum ki! Sonra bana, kendi kendine düşmediğini söylediler."

Terah, "Kimseye inanmayın!" diyerek araya girdi. "Tanrılara inanın. İşte, ona inanın" dedi ve elindeki putu işaret etti. "Onu günde iki kez sulayın. Su taze olmalı, sadece Dicle Nehri'nden sulayın ve hemen bir dua edin."

Kadın, "Fiyatı ne kadar?" diye sordu.

"Bir şekel."

Kadın, "Ben... Benim o kadar param yok..." dedi sessizce. Telaşla, eline bağlı küçük bir çantayı karıştırmaya başladı.

"İşte!" diyerek bir gümüş çıkardı. "Yarım bile yok..."

"Tanrılar için paranızı esirgememelisiniz," dedi Terah.

"Özellikle de..."

Kadın, "Ama başka param yok!" diye fısıldadı.

"Küçük olanı almaz mısınız?"

"Hayır. Hayır. Sadece bunu istiyorum, senin hissettiğini... Terah, lütfen. Bu acıyla dolaşamam, bununla yaşayamam, bununla uyanamam..."

Terah Avram'a baktı. O da doğruldu ve kadına baktı.

"Sanki içimde biri oturuyor ve ruhumu yiyor," diye fısıldadı kadın. "Kim yapıyor bunu? Benden ne istiyor? Terah, bana yardım et!" Putu göğsüne bastırdı ve kollarının arasında titretti.

Terah tekrar Avram'a baktı. Avram duruşunu değiştirmemişti. Gergindi.

"Tamam," dedi Terah. "Tamam. Al onu."

Kadın, "Ah! Yüce Terah!" diye haykırdı ve heyecanla güldü. Kapıya doğru ilerlerken gözyaşlarını silmeye başladı. "Ah, Yüce Terah! Keşke bana yardım etse... Keşke yardım etse!"

Kadın arkasını döndü ve koşarak dükkândan çıktı. Terah ellerini iki yana açtı, içini çekti ve Avram'a baktı, yüzünde şaşırmış bir ifade olduğunu fark etti.

"Konuş. İçinde tutma," dedi ve Avram da dediğini yaptı.

"Neden putu ona parasız vermedin?"

"Tanrılar için bedel ödemek zorundasın," diye sertçe yanıtladı Terah. "Tanrının sana yardım etmesi için, en azından kendinden bir şeyleri koparıp vermen gerekiyor."

Avram, "Ama put ona yardım etmeyecek," diyerek itiraz etti.

"Neden böyle düşünüyorsun?"

Avram, "Çünkü sen kendin de buna inanmıyorsun," dedi ve babasının gözlerinin içine baktı...

"Ben inanıyorum!" diyerek sert bir şekilde cevap verdi Terah.

Avram, "İnanıyor musun?" diye tekrar sordu.

"İnanıyorum!"

"Tamam," dedi Avram. "O zaman, nasıl yardım edecek?"

"Ona dua edecek ve o da yardım edecek."

Avram babasına baktı.

Babasının cevapları karşısında şaşkındı ve "Buna gerçekten inanıyor musun?" diye tekrar sordu.

"Ne? İnsanlara tanrılarımızdan bahsettiğimde onları kandırdığımı mı düşünüyorsun?"

Avram cevap vermedi ama başka tarafa da bakmadı.

Terah, "Onların son umutlarını da ellerinden almamı mı

istiyorsun?" diye sordu. "Onlara, *tanrıların olmadığını* mı söyleyeyim? Görülemeyen, dokunulamayan ya da gözlerinin içine bakılamayan bir güç olduğunu mu söyleyeyim? İnsanların son umut kırıntılarını da ellerinden almamı mı istiyorsun? Hayır. Bunu yapmayacağım. Bunu yapmayacağım çünkü böyle bir davranışta merhamet yok," dedi.

Avram başını eğdi. Korkunç bir düşünce tekrar içine işledi: *Hiç kimse ona inanmayacaktı.* Ama Terah'a inanacaklardı. Onun sözlerinde acı vardı; merhamet vardı. Avram'da var mıydı? Terah'ınki gibi bir merhamet gösterebiliyor muydu? Aniden gıcırdayan bir kapı düşüncelerini böldü. İçeriye yeni bir ziyaretçi girdi. Şişman bir adamdı. Zengin ve hatırı sayılır biri olduğu hemen anlaşılıyordu ve kesinlikle, dünyadaki her şeye sahipti. Raflara fazla ilgi göstermeden bakınırken, ağır kanlı ama cana yakındı.

"Terah," dedi, sanki onu yeni görmüş gibi. "Burada eğlence tanrısı nerede?"

"Burada!" Terah raftan güleç, kırmızı yüzlü, kilden yapılmış şişman bir figürü aldı.

Adam, "O, neşe veriyor mu?" diye sordu.

"Elbette veriyor," diye cevapladı Terah.

"Bunu nasıl yapıyor?"

"Sadece ona bakıyorsun ve gülmeye başlıyorsun."

"Gülmeye mi başlıyorum?"

"Gülmeye başlıyorsun ve duramıyorsun."

"Tüm hafta boyunca üzgündüm..." dedi adam.

"Neden?"

"Her şeyden bıktım ve yoruldum, Terah. Buna inanabiliyor musun? Dün bir kölem kırbaçlandı... Bu genellikle ilgimi çekerdi ama bu sefer... hiçbir his yok. Hiçbir şey! Ya da örneğin, önceki gün, başarılı bir duruşma gerçekleştirdim ve büyük Nemrut'a karşı bir komplo olduğunu kanıtladım. Onay da aldım ama yine de hiçbir şey hissetmedim. Terah, *hiçbir şey hissetmiyorum!*"

Sonra, birden, Terah'ın da beklemediği bir şekilde, Avram araya girdi.

"Ah, Saygıdeğer... ah... adınızı bilmiyorum," dedi.

"Yargıç Vavila," diye cevapladı Terah.

Terah, Vavila'ya dönerek açıkladı: "Bu benim oğlum Avram."

Avram, "Saygıdeğer Yargıç Vavila!" diye haykırdı. "Bence ve eminim babam da benimle aynı fikirdedir, eğer uzun süreli bir ilgisizlik durumunuz varsa, bu sadece bir eğlence tanrısı almanızın yeterli olmadığı anlamına geliyor."

Yargıç Vavila şaşırmış bir halde, "Yeterli olmaz mı?" diye sordu.

"En az on tane almalısınız ki hepsi birlikte sizi eğlendirsin."

Yargıç Vavila dikkatle Avram'a baktı, Terah'a da baktı ve duraksadı.

"On mu?" Gözlerini sertçe çocuğa dikti.

Avram kararlılıkla, "On," diye cevapladı. "Üstelik en küçüklerinden değil, en büyüklerinden alın ki sizi eğlendirsinler!"

Yargıç, "Hmmm... sözlerin mantıklı," dedi ve ayağa kalktı. "Evet! On tane alalım Terah ve büyük olsunlar!"

Terah, tanrıları sayarken "Ben... O kadar çok var mı bilmiyorum," dedi. "Sadece yedi tane var. Belki de Sayın Yargıç, üç tane de küçük olanlardan alabilirsiniz..."

"Ne demek küçük olanlardan?" Yargıç öfkelendi. "Büyük! Sadece büyük olanlardan! Kesin işe yaraması için!"

Terah, "Sayın Yargıç, birinin on tane isteyeceğini tahmin etmiyordum..." diye söze başladı.

"Mazeret duymak istemiyorum!" diye haykırdı yargıç. "Bana yardım etmek istemiyor musun, Terah? Sana yalvarıyorum."

Avram, "Saygıdeğer Yargıç," diyerek araya girdi. "Şimdi yedi tanesini alın, diğer üç tanesini de babamla ben gün bitmeden tamamlarız. Onları almaları için hizmetkârlarınızı gönderebilirsiniz."

Yargıç Vavila homurdandı sonra bunu hemen kabul etti, bakmadan şekelleri saydı sonra biraz duraksadı ve Terah'a bakarak Avram için de bir bahşiş ekledi.

"Bu senin için, seni akıllı, zeki çocuk. Seni kıskanıyorum Terah; oğlun senin mirasını devam ettirecek. Benim aptal oğlumun aklında sadece fahişeler ve yemek var," diyerek iç geçirdi. "Onunla ne yapacağımı bilmiyorum."

Avram, "Böyle bir durum için de korku tanrısı var," dedi ve kısık gözlü tanrıyı raftan indirdi. "İşte burada!"

"Onun yardımı olacak mı?" diye sordu Yargıç.

Avram ondan önce davrandığı için, Terah'ın cevap verme fırsatı olmadı: "Kesinlikle!"

Zaten kimse de Terah'a sormamıştı. Yargıç ödemeyi yaptı, hizmetkârlara başıyla işaret etti ve onlar da korku putunu ve diğer yedi putu alıp hızla dükkândan ayrıldılar. Terah

Avram'a hayranlıkla baktı. "On dakika içinde ne kadar sattığımıza bak! Bu işte iyi olacaksın!"

***

Avram o gece uyuyamadı. Ev sessizdi. Annesi, Avram'ın yatağının önüne, Yüce Şamaş'ın eşi, Tanrıça Aya'nın küçük bir putunu koymuştu. Herkes sokaklardan çekilirken, dışarıdan gece bekçisinin tıkırtıları geliyordu. Herkes uyuyordu. Sadece Avram uyumamıştı ya da öyle görünüyordu. Çünkü o gece uyumayan biri daha vardı: casus Medan. Medan, Avram'ın evini gözetliyordu ve gözünü kırpmamıştı. Çünkü bir şey kaçırırsa rahibin onu affetmeyeceğini biliyordu. Çitin arkasındaki uzun bir ağaçtan, Avram'ı izliyordu. Avram yatakta oturuyordu, uyanıktı ve casus onun neden uyanık olduğunu anlamadı ama buna şaşırmamıştı da. Avram'ın sıradan bir çocuk olmadığını uzun zamandan beri biliyordu.

O gün Avram'a yetmiş gibiydi. Raflardan taşan put figürleriyle dolu dükkân; titreyen elleriyle putları tutan, bu putların kendilerini koruyacağına körü körüne inanan insanlar. Aklında sadece bu değil, aynı zamanda Terah da vardı. En önemli şeyi babasıyla paylaşamaması Avram'ı rahatsız ediyordu. Terah için dua etti, çünkü sadece kendisi için bir dua olamayacağını çoktan anlamıştı.

Böylece, babası ve birdenbire onun için değerli hale gelen tüm o insanlar için dua etti. Onların gözlerinin açılmasını istedi. Yaradan'ı hisseden tek kişi olmak istemiyordu. Sonuçta Yaradan, herkesin onun varlığından haberdar olması için ona kendisini ifşa etmişti. Avram, bunun hemen o anda olmasını diledi ve kendi kendine yüksek sesle, *"Onlara Seni nasıl anlatabilirim?"* diyerek düşünmeye başladı.

Casus Medan yorulmuştu. Kelimeleri duyamıyordu ama çocuğun dudaklarının kıpırdadığını görebiliyordu. Ağaçtan indi ve avluya doğru ilerledi.

Avram, *"Senin o yüce sevgin hakkında mı?"* dedi ama sonra başka bir şey söylemedi. Sessizliği dinlemeye devam etti ve birden ağlamaya başladı. Ne de olsa hâlâ gençti. Bu beklenmedik bir şekilde oldu. Gözyaşları özgürce akıyordu. "Onlara nasıl anlatacağımı öğret bana," diye fısıldadı.

Medan başını uzattı ve sessizce odaya baktı. Avram uzanmış, gözlerini kırpmadan tavana bakıyordu. Tavanda, parıldayan lambanın titreşimleri vardı. Medan da yukarıya baktı ama orada hiçbir şey göremedi. Sonra yatağa baktı ve birden irkildi. Avram orada değildi! Medan eşiğe doğru eğildi ama çocuk orada da değildi. Hiçbir şey yoktu. Tek bir ruh yoktu. Medan, üşüdüğü için kıpırdanmaya başladı, ne yapacağını bilmiyordu ve birden, kapı sessizce açıldı. Medan duvara yaslandı, Avram evden çıktı ve hızla sokağa doğru yürüdü.

Çünkü Adalet Yok

Avram ıssız sokaklarda ardına bakmadan yürüyordu. Ay, sokakları zar zor aydınlatıyordu ve Avram, şehrin kapısına yaklaştığında bir sürprizle karşılaştı: Muhafızlar uyuyordu. Ayrıca, başka bir tuhaflık daha olduğunu fark etti, kapılar aralıktı. Avram durmadı ve hızla karanlığın içinde kayboldu.

Zavallı, kafası karışmış casus kapının dışında durmuş, gecenin karanlığına bakıyordu. Hareket etmeye cesaret edemedi ama rahip korkusu daha ağır bastı ve o da ağır adımlarla gecenin karanlığına daldı. Önünde, ayak sesleri duydu. Bu sesler sıradan bir insan için çoğunlukla duyulamaz olsalar da Medan için rahat duyulabilir seslerdi. Ayak sesleri azalmıyordu; onlar Medan'ı yönlendiriyorlardı ve o da onları takip ediyordu.

Avram tarlayı geçti ve ormana yaklaştı. Ay ışığında görülebiliyordu.

Medan, korkudan titrerken ne düşüneceğini bilemiyordu. *Avram ormana girecek miydi?*

Avram tereddüt etmeden ormana girdi, casus ise ağaçların önünde durakladı. Medan bir şeyler mırıldanıp boynundaki muskayı yoklarken, aniden, ormanın derinliklerinden uzun bir uluma sesi duyuldu. Keskin bir şekilde nefes verdi ve sanki yolu çok iyi biliyormuşcasına, kendinden emin adımlarla yürüyen Avram'ın peşinden ormana girdi.

İleride bir gölge belirdi, casus onu gördü ve donakaldı. Kocaman bir kurt Avram'ın yolunu kesmişti. Çocuk durdu; kurt dişlerini gösterdi ve yaklaşmaya başladı ama Avram kıpırdamadı. Kurt çocuğa iyice yaklaştığında, casus çocuğun canından sorumlu olduğunu ve sırtında bir yay olduğunu hatırladı. Yayını çıkarırken, ellerinin titremesi geçti ve hızla bir ok çıkardı. Nişan aldı. Kurdun gözlerini gördü. İpi bırakmaya hazırdı ki çocuk sanki bir işaret verir gibi, elini kaldırdı ve kurt arka ayakları üzerinde havaya kalktı.

Avram, eliyle postuna dokunduğunda, kurt evcil bir köpek gibi gerindi. Medan donakaldı. Bir dişi kurt, peşinden koşan yedi yavrusuyla çalılıktan çıkarken gözlerine inanamadı. Kurtlar Avram'ın etrafını sardı ve Avram oturup onlarla oynamaya başladı. O sırada bir baykuş ağaçtan havalanıp casusu korkuttu. Medan başını eğdiğinde kuş, kanadı neredeyse başına değecek şekilde yanından geçip gitti ve Avram'ın hemen yukarısındaki bir dala konarak, gecenin karanlığında bir çığlık attı. Kurtlar çığlıklara uluyarak karşılık verdiler. Tam o sırada derin bir gümbürtü duyuldu ve bir kaplan sahneye çıktı.

Kimse korkmadı, kimse kaçmadı. Yedi kurt yavrusu ayaklarının dibinde telaşla koşuştururken, kaplan yumuşak bir kedi yürüyüşüyle Avram'a yaklaştı. Kaplan, başını Avram'ın kollarının altına soktu ve Avram onu okşarken bir kedi gibi mırıldandı ve gövdesinin yanıyla ona sürtündü.

Casus, ağzı yarı açık, donmuş bir halde öylece duruyordu.

Dakikalar geçmişti ki aniden havada bir okun vınlaması duyuldu. Bu, Medan'ın oku değildi, hayır; başka birinin okuydu, çalılıklardan geliyordu. Okun demir ucu ay ışığında parıldarken, Avram son anda kaplanı itmeyi başardı. Yanlarından hızla geçen ok, casusun hemen önündeki bir ağaç gövdesine saplandı. Aniden ikinci bir ok havayı yararak Avram'ı hedef aldı. Çocuk eğildi, elini salladı ve tüm hayvanlar çalılıklara doğru koşarak uzaklaştı. Hırlayan ve sarı dişleri gecenin karanlığında parıldayan kaplan hariç hepsi uzaklaştı. Kaplan, çocuğu yalnız bırakmak istemedi ama Avram elini sırtına koyup onu hafifçe itti.

Kaplanın ormana dalıp kaybolması için tek gereken şey buydu. Avram sakince karanlığa doğru döndü ve sorusunu yöneltti: "Kimsin sen, oradaki?"

Cevap gelmeyince Avram devam etti: "Hiç param yok."

Tam o sırada, elinde bir yay olan yarı çıplak, iri yarı bir adam açıklığa çıktı. Oku Avram'ın göğsünü hedef almıştı. Casus, ağaca yaslandı. Saldırganın yüzü, göz kısmında kesikleri olan siyah bir bezle örtülüydü.

"Gece vakti burada ne yapıyorsun?" diye sordu adam.

Avram'ın cevabı basitti: "Yürüyorum."

"Nereye?" diye sordu adam.

Avram, "Şehirde yaşamaya alışık değilim. Düşünmeye ihtiyacım olduğunda ormana gelirim," diye cevapladı.

Yabancı adam, "Ya korkusuzsun ya da aptalsın," dedi. "Fakat neden hayvanlar sana saldırmıyorlar?"

Avram, "On üç yıl boyunca onların arasında yaşadım," diye cevapladı. "Ve onların daha yüce bir iyiliğin parçası olduğunu anladım."

"Yüce iyilik derken ne demek istiyorsun?" dedi adam.

Avram, "Onlar Doğa denen büyük şeyin bir parçası," diye cevap verdi.

"Onlar vahşi yaratıklar ve senin doğa dediğin de öfkeli tanrı Enlil, lanet olsun ona."

Casus kıpırdamaya korkar bir halde duruyordu ama adamın sözlerini duyunca gözleri büyüdü ve bağırmamak için telaşla havayı yuttu.

"Yiyecek bir şeyin var mı?" diye sordu adam.

Avram cebini karıştırdı ve bir parça kek çıkardı. "Al," dedi. "Sadece bir kek. Kuşları beslemek için almıştım. Al bakalım."

Yabancı, keki Avram'ın elinden kaptı ve gözü dönmüş bir şekilde yemeye başladı. Birkaç dakika içinde avucundaki kırıntıları yalamaya başladı. Avram ona şaşkınlıkla baktı ve "Neden buradasın?" diye sordu.

"Çünkü adalet yok," dedi adam. Hâlâ yiyordu. "Ne yeryüzünde ne de göklerde. Hiçbir yerde adalet yok."

Avram, "Tanrıların adaletine inanmıyor musun?" diye sordu.

"*Onlar yok,*" diye cevapladı adam.

Avram kulaklarına inanamadı.

"Ne?" Hadad korkmuş gibi yaparak devam etti.

"Bana yıldırım çarpması gerekmez mi? Böyle küfürlü şeyler söylediğim için yer yarılmalı ve beni yutmalı, değil mi?" Sırıttı, başını salladı ve Avram'a baktı. Sözleri sade ve basitti: "Sadece kötülük var, başka bir şey yok. Göklerin kötülüğü var ve bir de tabii ki lanetlenmiş Nemrut'un kötülüğü var."

Hadad, "Neden susuyorsun? Uzun zaman önce korkmayı bıraktım. Siyuta'nın beni parçalara ayırmasını istedim ama bu, o kadar basit değil... Pes etmeyeceğim ve eğer bu olacaksa, sadece savaşta olacak," diye devam etti ve casus tekrar irkildi. Çünkü hiçbir ölümlü bunları söylemeye cesaret edemezdi.

Avram, "Seni bu kadar katılaştıran ne?" diye sordu sessizce.

"Çocukların hiç senden alındı mı?" diye karşılık verdi Hadad.

"Bu dünyada bunu görecek kadar uzun yaşamadım."

"Senin için en değerli kişinin ölümünün nasıl bir duygu olduğunu bilir misin? Hayatındaki en değerli kişinin -bunu bilir misin?" diye sordu Hadad.

Avram, "Hayır ama bir keresinde masum hayvanların öldürüldüğünü görmüştüm," diye cevap verdi.

Avram sözlerine devam ederken, haydutun nutku tutulmuştu: "Acının ne olduğunu bilirim. Tüm dünyada kimsenin sana inanmamasının nasıl bir şey olduğunu da..." Haydut Hadad, Avram'a ağlamaklı bir bakışla baktı. Hadad'ın aklına, kalbini sıkıştıran anılar geldi ve Hadad o hatıralardan konuştu.

"Sen acı çekmek hakkında ne bilirsin ki?" diye inledi. "Kara humma ayında, çocuklarım öldüğünde karım delirdi. Evin içinde, sokaklarda dolaşıp onlara seslendi ve seslenmeye devam etti... bazen başkalarının çocuklarını tutup öpmeye başladı, onların kendi çocukları olduğunu düşünerek... Ama bana şehrimizde bu şekilde davranamayacağımız söylendi. O yas tutarken, bunu ona nasıl açıklayabilirdim? İşte ben -kendini yüce Kral Nemrut'a adamış, cesur Babil savaşçısı- çocuklarımı kaybettim ve sevgili karımla birlikte olmaktan mahrum bırakıldım. Onu bağışlaması için Kralımın ayaklarına kapandım; o, kır saçlı, kederli, artık bu dünyada yaşamak istemeyen, hasta bir kadındı ve onu bana, benim bakımıma bırakmasını istiyordum. Ona yalvardım, ona dokunmaması için yalvardım; sessizce, birlikte, huzur içinde, kimseyi rahatsız etmeden hayatımızı sürdüreceğimizi söyledim. Ona evde kendim bakacaktım. Ama bana şehrimizde sadece sağlıklı insanların yaşayacağı söylendi. Tek gördüğüm, Nemrut'un kaşlarını kaldırmasıydı ve bunun ne anlama geldiğini çok iyi biliyordum. Gözlerimin önünde kuyuya itildi... Kurumuş, eski bir kuyuya... Gece kuyuya indim ve o oradaydı, taşların arasında... Onu, gözleri -o büyük, güzel gözleri- açık halde, uyur gibi yatarken buldum. Benim sevgili karım... Acıları sona ermişti."

Hadad duraksadı ve orman şaşırtıcı bir şekilde sessizleşti.

"Ve sen tanrılardan bahsediyorsun," dedi. "Bir doğa olduğunu ve onun iyi olduğunu söylüyorsun. Ben hiç kimseden iyilik görmedim. Ve anladım ki sadece kötülük var. Sadece merak ediyorum: Neden bu kadar çok kötülük var?"

Avram itiraz etmek istedi ama sessiz kaldı.

Hadad, "Eee?" diyerek yorgun bir şekilde iç çekti. "Hâlâ beni dünyada iyi şeyler olduğuna ikna etmek istiyor musun?"

Avram sessizce, "Evet," diye cevap verdi. "Seni bu konuda ikna etmek isterdim ama bunu nasıl yapacağımı bilmiyorum."

"Benim gibi birini ikna etmek imkânsız," diye cevap verdi Hadad.

Avram yine de denedi. "İyilik her yanımızda..."

"Yalan," diyerek sertçe araya girdi Hadad. "Etrafımızda var olan tek şey kötülük! Kötülük, kötülük ve daha çok kötülük! Evet, bazen iyilik kisvesine bürünür. Az önce senin yaptığın gibi, yiyecek getirebilir. Bazen unutmana izin verir, tıpkı bir rüyada olduğu gibi. Fakat tüm bunlar sadece bir aldatmacadır ve o kötülük daha sonra gelir ve sana darbe indirir ve daha fazla acıya sebep olur."

Avram, "Sanırım..." diyerek söze başladı ama Hadad'ın bakışları ve sorusu karşısında durdu: "Karımla ölüler diyarında karşılaşacak mıyım karşılaşmayacak mıyım?"

"Bilmiyorum," diye yanıtladı Avram. "Ölüler diyarının ne olduğunu bilmiyorum."

Hadad, "İyi, o zaman senin zekice konuşmalarını dinlemek zorunda değilim," diye sözlerini tamamladı. "Ben bir haydutum; beş yıldır bu ormanda yaşıyorum. Bana ekmek verdiğin ve diğerleri gibi olmadığın için seni hayatta bırakıyorum." Bir adım geri çekildi ve karanlığın içinde kayboldu. "Ama bir daha karşılaşmasak iyi olur." Sessizlik çökerken, Avram'ın Hadad'dan duyduğu son sözler bunlardı.

Casus Medan bitkin bir halde gözlerini kapadı ve çimlerin üzerine yığıldı. Hayatı boyunca hiç bu geceki kadar çok şey yaşamamıştı. Avram arkasına dönüp geriye yol aldı. Dönüşü hızlı oldu. Muhafızlar hâlâ uyuyordu; kapılar hâlâ aralıktı ve casus bunu rahibe bildirmesi gerektiğini düşündü. Bir kez daha şaşırmıştı: "Burada yanlış olan ne? Neden büyülenmiş gibi uyuyorlar?"

Amtalei'nin Avram'ı kapıda beklediği evin yakınına geldiler. Amtalei uzaktan oğlunu görünce, gözyaşları içinde ona doğru koştu. "Nerelerdeydin?!" diye sordu. "Nasıl olur da bana haber vermeden gidersin?"

Avram, "Uyuduğunu sanıyordum anne," diyerek cevap vermeye çalıştı. Ona sarıldı ve gözlerinin içine baktı. Kadın birden, bitkin bir şekilde evin basamaklarına yığıldı.

"Seni yine kaybettim diye çok korktum!" diye fısıldadı.

"Ben buradayım anne. Bana hiçbir şey olmadı. Gördün mü?" Onun yanına oturdu. Onu okşadı ve sakinleştirmek için elinden geleni yaptı.

"Ve her şey yoluna girecek! Artık hep seninle olacağım!"

Amtalei, ona büyük bir özlemle bakıp "Bunu o kadar çok istiyorum ki..." dedi.

"Biliyorsun ki," diyerek Avram'ın eline dokundu, "Beni affetmelisin oğlum, ama sana söylemeliyim..." Durakladı ve iç çekti. "Kimse seni anlamayacak ne insanlar ne de baban. Hiç kimse. Seni ben de anlamıyorum ama bu umurumda değil, çünkü sen benim oğlumsun ve seni seviyorum."

Avram'ın bakışları aniden bulanıklaştı ve sokağın karanlığında bir yerlere daldı gitti. Amtalei, sözleriyle farkında olmadan onun acı çekmesine ve kafasının karışmasına neden olmuştu.

"Neden bir şey söylemiyorsun?" diye sordu.

Avram, "Hayatımı nasıl yaşamam gerektiğini düşünüyorum," diye cevap verdi.

"Diğer herkes gibi," dedi ama çocuk başını salladı.

"Bunu yapamam."

"Senin deli olduğunu düşünebilirler oğlum." Amtalei, konuşurken titredi. "Seni kaybedersem yaşayamam."

Sustu. Kadın korkudan tir tir titriyordu.

Avram, "Merak etme anne, kimse düşüncelerimi bilmeyecek," diyerek onu rahatlattı ve o anda kalbinden büyük bir yük kalktı. Kucaklaştılar, ayağa kalktılar ve eve girdiler.

Ancak bundan sonra, artık bacaklarını hissetmeyen casus oradan ayrıldı ve karanlık bir sokakta kayboldu. Her şeyi hemen rahibe bildirmek zorundaydı. Onu en çok korkutan da buydu. Yolculuk sadece birkaç dakika sürdü. O birkaç dakikanın sonunda Medan, kendini Biş'in önünde buldu. Saat neredeyse sabahın üçüydü ama rahibin uyumadığı anlaşılıyordu. Sanki casusu bekliyormuş gibiydi.

Biş, "Onu kayıp mı ettin?" diye sordu.

Medan korkuyla, "Hayır, yüce rahip!" dedi. "Her yerde onunla birlikteydim. Gözümün önünden ayrılmasına izin vermedim!"

"Gece evde değildi," dedi rahip.

"Evet, ama-ama- nerede olduğunu biliyorum."

Biş, "Nerede?" diyerek hırladı, bakışları casusu delip geçti.

Böylece, Medan hiçbir şey saklamadan ya da atlamadan tüm hikâyeyi anlattı. Rahip, sözünü kesmeden onu dinledi.

Casus sözlerini bitirirken, "Hadad yakalanmalı ve ana meydanda asılmalı," dedi. "Ve Avram..."

"Hayvanları sevdi ve onlar da ona zarar vermedi," dedi, rahibi memnun etmeye çalışarak. "O çok, çok tuhaf biri. Ve bence o..." Medan sesini alçalttı. "O çok bilge..."

Rahip tek kaşını kaldırarak "Öyle mi?" dedi.

"Bunu haydut Hadad söyledi."

"Yani, Hadad'ın onu dinlediğini mi söylüyorsun?"

"Evet!"

"Hadad on üç yaşında bir çocuğu dinledi!"

"Evet! Evet!"

Rahip ayağa kalktı ve pencereye yaklaştı. "Bir ödülü hak ediyorsun," dedi.

"Ah!" diye haykırdı casus ve rahip ona döndüğünde, casus onun bakışları karşısında ürperdi.

"Ama bu geceden birine bahsedersen..."

"Hayır... tabii ki..." Medan ellerini salladı.

Biş, "Git!" diye emretti ve Casus Medan hızla dışarı fırladı.

Biş odanın sağ köşesine döndü, orada yanan lambaların arasında, birbirine sokulmuş putlar vardı. Putların yüzlerinde gölgeler oynaşıyordu...

Biş, 'ya haklıysa' diye düşündü. Düşündü ama bu soruyu yüksek sesle söylemedi ve söylemeyecekti de.

Ancak bunun düşüncesi bile tek başına kalbine işlemişti. Biş, bir sürecin başlaması ve bir şüphenin içinde filizlenmesi için bunun yeterli olduğunu bilmiyordu. Bunu Casus Medan da bilmiyordu.

Bir Kez Daha Kilden Putlar

Her gün raflarda yeni tanrılar beliriyordu: Cennet, Dünya, Ölüm ve Yaşam tanrıları kolayca şekillendiriliyordu ve Avram bunların kopyalarını doğru ve hızlı bir şekilde yapıyordu. Onları kendi başına icat etmemişti, Terah'ın izinden giderek yontmuştu. İkinci gün on beş tanrı vardı; üçüncü gün on yedi. Bir hafta içinde tüm rafları yaptığı kopyalarla doldurdu ve Terah onları sattı.

Avram heykelcikleri şekillendiriyor ve ara sıra dükkânda babasına yardım ediyordu. Gülümsüyordu, uysaldı ve bu Terah'ı mutlu etmeye yetiyordu.

Bu durum Sapir için şüpheli, Amtalei içinse endişe vericiydi.

Çok geçmeden, Terah kule inşaatına geri döndü. Evden sakin bir yürekle ayrıldı: artık işini bırakabileceği bir Avram vardı.

Avram ve Sapir zaman içinde bir dükkân açtılar. Dükkân şehrin en kalabalık caddesindeydi. O gün daha yeni başlamıştı ve çok az insan vardı. Sapir kapıda durmuş, yoldan geçenleri selamlıyor, Avram da tanrı figürlerini boyutlarına ve güçlerine göre yerleştiriyordu. Alıcılar gelmeye başladı. Merhaba dediler, bazıları Terah'ın nerede olduğunu sordu, ama çoğu Avram'ın onun yerini tamamen doldurabileceğini zaten biliyordu.

Dükkâna genç bir adam geldi. Biraz para biriktirmişti ve Nemrut'un ordusunda, seçkin bir bölümdeki savaşçılardan biri olmaya hazırlanıyordu. Savaş tanrısı Kirav'ı istedi. En büyüğünü istedi.

Avram ona en büyük heykelciği getirdi. Genç adam

onu koluyla tarttı ve daha ağır olanını istedi. "Bu neyi değiştirecek ki?" diye sordu Avram.

"Ben ağır bir savaş tanrısına inanıyorum," diye cevapladı genç adam. "Eğer o kaldıramayacağım kadar ağır olursa daha da iyi olur."

"O zaman kaldıramayacağın ağırlıkta bir taş bul, onun bir savaş tanrısı olduğunu hayal et ve ona dua et," dedi Avram.

Genç adam düşünmeye başladı ve "Ama bir taş tanrı değildir ki," dedi.

Avram da "Öyle mi? Aradaki farkı nasıl anlayabilirsin?" diye sordu. Hemen, birinin elini çimdiklediğini hissetti. Sapir arkasında duruyordu.

"Anlamıyorum," dedi genç adam.

Avram, "Pekâlâ. Senin için bir tanrı yapacağım, kaldırılması imkânsız bir tanrı," diyerek ona gülümsedi. "Bir hafta içinde geri gel."

Genç adam, "Öyle bir tanrı yap ki, onu kimse kaldıramasın!" dedi. "Onu at arabasıyla eve götüreceğim. Para konusunda da endişelenme; özellikle bunun için para biriktirdim."

Genç adam ayrıldıktan hemen sonra, Avram'ın tanıdığı bir kadın eşikten geçip dükkâna girdi. Korkuyormuş gibi bir halde olan kadın, bir hafta önce su tanrısını satın almıştı.

Şimdi sanki utanıyormuş gibi, temkinli bir şekilde içeri girmişti. Buruşuk su tanrısını nazikçe, kendisine yakın tutarak taşıyordu. Avram'ı gördü ve özür dileyerek usulca şöyle dedi: "Sabahtan akşama kadar dua ediyorum ve kendimi gittikçe daha kötü hissediyorum. Belki başka bir tanrı bana yardım eder? Ama artık param yok. Bunu değiştirebilir miyim? Çok küçük bir tane almaya hazırım, sadece yardımcı olabilirse..."

Kadın, heykeli Avram'a, o da Sapir'e uzattı. Avram umutsuzca, "İstediğini seç," dedi. "Herhangi bir tanrı. En büyüğünü ya da en küçüğünü. En çok hoşuna gideni al."

Kadın raflara baktı, onların arasında yürürken, birden Avram'a döndü ve "Bu acıdan ne kadar yorulduğumu bir bilsen Avram..." dedi.

Avram sessizdi. Kadın yalvarırcasına ona bakıyordu ama ona ne diyebilirdi ki -onu nasıl sakinleştireceğini bilmiyordu. O sırada, aniden Sapir'in sesi çınladı: "İzin verirseniz..."

Avram'ın hissettiklerini anlamış gibiydi. Sapir raftan en küçük bilgelik tanrısını aldı -heykel yaşlı bir adama ya da küçük bir mantara benziyordu, bir sopası vardı ve yumuşak bakışlıydı.

"Babam öldüğünde çok hastaydım," dedi Sapir. "Çok üzgündüm. Çok üzgündüm. Bu yaşlı tanrıyı önüme koydum ve birden aklıma bir düşünce geldi: Zamanı geri sarmak ya da geçmişi düzeltmek mümkün değil. Değiştiremeyeceğim bir şey için neden bu kadar acı çekiyordum ki?"

Kadın üzgün bir şekilde, "Ben de aynı şeyi düşünüyorum ama bunun bana bir faydası olmuyor," diye karşılık verdi.

Sapir devam etti: "Düşündüm, düşündüm... Ve sonra yıllar sonra ilk kez eşim ve çocuklarımla balığa çıktım. Bütün günü birlikte geçirdik; karım kocaman bir sazan yakaladı. Çocuklarım sevinçten havalara uçtu. O gün çok güzeldi. Hayır, babamın öldüğünü unutmadım. Sadece bir oyun oynamaya başladım: aklıma acı düşünceler gelir gelmez hemen o günü hatırladım -eşimin yakaladığı sazanı ve çocuklarımın sevincini- ve en önemli şeyin farkına vardım: insan düşüncelerini zapt etmelidir."

"Bu doğru," dedi kadın.

Sapir "Kocanız ölmüştü," dedi.

"Evet."

"Bir yıldan fazla oldu. Siz çok güzel bir kadınsınız. Kimsenin sizi fark etmediğinden, sizinle olmak istemediğinden emin misiniz?" diye sordu.

"Ama bu mümkün mü?"

Sapir," Kesinlikle!" diyerek onun sözünü bitirmesine izin vermedi. "Bu mümkün ve gerekli de! Böyle bir güzelliğe sahip olduğunuz için taliplerinizin bitmeyeceğinden eminim."

Kadın, "İyi ve nazik birisi var," diye söze başladı ama kısa kesti. "Kâhin bunu düşünmemi yasakladı, ölüm tanrısının..."

Avram araya girerek, "Hiçbir kehanete kulak asmayın!" dedi. "Sapir'in size tavsiye ettiği gibi yapın."

"Ama kâhin bana dedi ki..."

Avram, "Ben, tanrıları yapıyorum ve onlar hakkında her şeyi biliyorum," dedi. Sesi o kadar güven doluydu ki kadın onu hemen dinledi. "Bilge Sapir'in tavsiyesinin üzüntüden kurtulmanıza yardımcı olacağını düşünüyorum. Evlenin ve çocuk sahibi olun."

Sapir de "Ne de olsa hala çok gençsiniz ve tüm sevginizi onlara verebilirsiniz!" diye ekledi.

Kadın onlara korkuyla ve şaşkınlıkla bakarken, birden bu hali yerini sevince bıraktı. "Söylemeye korkuyorum," diye kekeledi, "Ama size çok minnettarım!" Durakladı. "Peki ya kâhinin tavsiyesi?"

Avram, "Bize inanın. Ona değil. Bu şekilde, sıkıntınızın hafiflediğini hissetmiyor musunuz?" dedi.

Kadın birden dönerek kapıya doğru koştu.

Avram, "Bekle!" diyerek onu durdurdu ve parayı ona geri verdi. Kadın paraları aldı ve kendini tutamayarak Avram'ı öptü ve dükkândan dışarı fırladı.

"Tanrıyı almadınız!" diye haykırdı Sapir. "Bunu, bilgelik tanrısını!" Ama kadın onu duymadı. Sokağa doğru koştu. Avram şaşkın bir şekilde Sapir'e baktı ve gülmeye başladı. "Hâlâ insanlara bir şeyleri nasıl açıklayacağımı ve doğru kelimeleri nasıl bulacağımı düşünüyorum ve sen gelip her şeyi çok basit bir şekilde açıklıyorsun," dedi.

Sapir utanarak, "Ben neyim ki? Ben yeryüzündenim ve sen cennetten geliyorsun," dedi. "Ben neyim? Ben sadece basit bir insanım. Ve sen -sen tanrıların bir armağanısın..."

Avram ona sarılarak, "Aferin Sapir. Senden öğreneceğim daha çok şey var!" dedi.

Her Şeyin Üstünde Bir Kule

Terah gece geç saatlerde eve geldi. Kir içindeydi, Amtalei onu oturtup su getirdiğinde yorgunluktan ayakları tutmuyor gibiydi. Amtalei onun zar zor açabildiği gözlerine baktı.

"Bir fırtına geliyor," dedi Terah. "Tanrılar bizden öndeler."

Bunu söyler söylemez pencerenin ardındaki sokak parladı. Gök gürültüsü kalbini hızlandırıyor ve göğsüne vuruyor gibiydi.

Amtalei endişeyle, "Peki ama kule ne olacak! Dayanabilir mi? Fırtınayı atlatabilecek mi?" diye sordu.

"Daha yapacak çok işimiz var," diye cevapladı Terah. Avram odasından çıkmış, babasının karşısında sessizce duruyordu. Yanında küçük kardeşi Aran vardı. Aran hızla büyüyor ve her konuda Avram gibi olmak istiyordu. Belli ki Avram'ı içten içe kıskanıyordu.

Avram, "Bütün putları sattım," diyerek babasını sevindirmeye çalıştı.

"Aferin," diye fısıldadı Terah ve zar zor gülümsedi. Gözleri kapandı. Amtalei ve Avram, sandalyeden düşmek üzereyken onu yakalamayı başardılar. Korkudan titreyen Aran onlara yaklaşmadı.

Sonra aniden tekrar, öncekine göre daha yakından gelen gök gürlemesi duyuldu-GÜÜM-GÜÜM-GÜÜM. Çatıda da sanki birisi koşuyor gibiydi.

Hayır, çatıda kimse koşmuyordu; kapı çalınıyordu: GÜÜM-GÜÜM-GÜÜM! Amtalei kapıyı açınca, casus Medan'ı gördü. Medan, gözlerini gizleyen bir başlık takmış, kapıda duruyordu. Sırılsıklam olmuştu.

"Yüce Nemrut inşaat alanına gidiyor," dedi. "Terah'ın da orada olması gerekiyor."

"Bu imkânsız," dedi Amtalei.

Medan, "Nemrut yolda. Terah acele etsin," dedi ve fırtınanın içinde kayboldu. Amtalei, çoktan ayağa kalkmış ve kemerini sıkmakta olan kocasına döndü.

Avram, "Ben de seninle geleceğim," dedi.

Amtalei sert bir şekilde, "Asla!" diyerek onun önünü kesti. Terah dışarı çıktı, yağmur yağıyordu ve Sapir kapıda onu bekliyordu. Dışarıda, rüzgârdan kör olmuş ve yağmurdan ıslanmış bir çift atın koşulduğu bir araba vardı.

Dışarıdan Terah'ın sesi geldi: "Onu yanımda götüreceğim. Bunu tecrübe etmeli."

Amtalei Avram'a, onu sıcak tutacak bir giysi vermeyi başardı. Avram babasının ardından arabaya atladı. Aran annesine sarıldı; kıskançlığı kadar korkusu da vardı. Avram ne kadar cesurdu, Aran da aynı şeyi yapar mıydı -arabaya atlayıp fırtınada dışarı çıkar, yağmurda at sürer miydi? Hayır... muhtemelen yapmazdı...

Atlar gecenin içinde hızla ilerliyordu. Yoğun yağmurda onlara yön gösterecek ne bir yol vardı ne de bir ışık. Sapir olmasaydı bu fırtınada kaybolacaklardı ama tam zamanında, Nemrut ve maiyeti varmadan önce kuleye ulaşmışlardı. Terah'ın Sarayı'nda toplantının hazırlığını yaptılar -hasarlı tuğlalardan yapılmış binaya böyle diyorlardı.

Küçük büyük tüm liderler binaya doluşmuştu. Herkes titriyordu; Nemrut'u beklerken her zaman titrerlerdi. Ama şimdi, her nedense herkesi özellikle bir korku sarmıştı. Büyük Kral'la görüşmenin nasıl sonuçlanacağını asla bilemezlerdi. Bugün, sonunun kötü olacağını hissediyorlardı. Tam o sırada kapı açıldı ve kapı aralığında, şimşeklerin ışığında Nemrut belirdi. İçeri girmedi ama herkese öyle bir baktı ki herkesin kanı dondu.

"Şefler toplandı mı?" diye sordu. Cevap beklemeden emretti: "Şimdi dışarı çıkın."

Bütün şefler dışarı çıktılar ve bardaktan boşanırcasına yağan yağmurun altında sıraya dizildiler. Nemrut, sırtı onlara dönük duruyordu; rüzgârın karşısında eğilmiyordu. Bu fırtına onun için bir meydan okumaydı. Savaş onun bir parçasıydı.

Ah, yağmurun altında böyle bacaklarını germiş bir şekilde durmayı, simsiyah gökyüzüne bakıp onun meydan okumasını kabul edercesine gülmeyi ne kadar da çok seviyordu. Bundan daha güzel ve bununla mukayese edilebilir başka hangi duygu olabilirdi ki? Hiçbiri. Hepsinden de güzeli, kule, tam önünde, bir hayalet gibi geceyi karartıyordu. "Neden çalışmıyorlar?" diye sordu ve sözlerinin saldığı dehşet herkesin üzerine çöktü. "Terah?" Gözlerini kısarak Terah'a doğru baktı. "Neden çalışmıyorlar?"

Terah, "Böyle bir fırtınada çalışmak imkânsız Kralım," diye cevap verdi ve Nemrut'a yaklaştı. "İki kişi iskeleden düşerek öldü."

"Sen yumuşamışsın Terah," dedi Nemrut.

Biş, Terah'ın yakınında duruyordu ve hançer gibi bakışları onu delip geçiyordu. Bakışları, "O yumuşamış" der gibiydi. "Onun hangi tanrılara hizmet ettiğini kontrol etmenin tam zamanı," der gibiydi.

"Sadece ölüler kulenin inşasında çalışamaz," dedi Nemrut. "Herkese daha fazla yiyecek ver ve onları çalıştır! Onları zorla. Çalıştır. Beni anlıyor musun, Terah?"

Terah sessizce, "Evet," dedi.

Babasının yanında durmakta olan Avram onun elini sıktı ve "Ama nasıl çalışacaklar?" diye fısıldadı.

Terah, eliyle onun ağzını kapattı. Tanrılara şükür ki kimse onu duymamıştı.

Nemrut tekrar, "Çalışın!" diye emretti ve Terah'a baktı. "Onları düzene sok."

Terah, karanlıkta, "Herkes iş başına!" diye bağırdı. Rüzgârın ve yağmurun gürültüsü sesini biraz bastırıyordu ama yine de sözleri duyuldu. Kimse duymamış olmaya cesaret edemedi, herkes birbirine emri iletmeye başladı.

"Herkes ayağa! Başlayın!" diye bir uğultu oldu.

Levhalar birbirine çarpıyor, her yönden insanlar akın ederken sesler yükseliyordu. İnşaat hızla canlandı; insanlar giyinmekle meşguldü. Birisi şarkıyı söylemeye başladı ve herkes ona eşlik etti. Koşmaya başladılar, köprüler ve yollar boyunca kuleye, fırınlara, el arabalarına, çekiçlere doğru koştular... İş, insanları heyecanlandırdı ve bu heyecan kanlarına adrenalin karıştırdı.

Kara bulutlar kulenin üzerinden uçuştu ve her dakika daha da çoğaldılar. Gökyüzü bu itaatsiz insanlara gök gürültüsüyle bağırdı, öfkeli şimşekler onu takip etti. Nemrut gözlerini kısmış bir halde her şeyi izledi. Yıldırımın düştüğü kuru bir ağaç tutuştuğunda, Nemrut neşeyle ve kibirle bağırdı: "BAKALIM KİM KAZANACAK!"

İnsanlar kulenin etrafında çalışıyorlardı. Yağmur çıplak vücutlarını dövüyordu ama umurlarında değildi! Fırınlardan gökyüzüne dumanlar yükseliyordu. Şelah onların etrafında dönüp duruyor, gözünü damperden ayırmıyordu. Fırınların geniş ağızlarından alevler çıkmaya başladı ve kimseden ne bir inilti ne de şüphe dolu bir sözcük duyuldu. Herkes sadece, "Çalışın!" emrini bekliyordu.

Nemrut, Terah'ı yanına çağırdı.

"Evet, yüce Kral?"

"En tepeye bir heykel yapacağız. Zafer işareti olarak."

"Evet, yüce Kral."

"Onu benim suretimde şekillendireceksin."

Terah duraksadı ama onu hemen anladı ve toparlandı.

"Dinliyorum, yüce Kral."

"Onun ellerine bir yay koyacaksın." Nemrut'un gözleri parlıyordu. "Benim yayımı."

"Dinliyorum yüce Kral."

Nemrut devam etti: "Öyle yap ki, ok gökyüzüne gönderiliyor olsun, böylece gökyüzü benim gözetimim altında olduğunu bilsin."

Avram, babasının yere baktığını gördü. Demek ki babam anlıyor diye düşündü. Bunun saçmalık olduğunu anlıyor. Ve aniden bir çığlık koptu, bir adam en üst kattan uçtu ve aşağıdaki taşların üzerine düştü. Nemrut döndü ve uzaklaştı. Terah'a kayıtsızca, "Ailesini bir yıl boyunca geçindirin," dedi. "İş hiçbir şey için duraklamaz."

Sonra, taşların üzerine düşen birinin daha çığlığı duyuldu. Nemrut bu sefer arkasına dönmedi bile. İnsanların üzülmek için zamanı yoktu. Yağmur şiddetlenirken, ağızları açık bir halde, "Haydi gidelim!" diye bağırarak köprülerden ve rampalardan yukarı doğru koştular.

Birkaç dakika sonra Terah ambara girdiğinde, sessizce bir kenarda duran Avram ve Sapir dışında kimse yoktu.

Terah'ın yüzünde sevinç vardı. "Burada ne yapıyorsun oğlum? Bunun onurunu hissetmeni istiyorum! Bu, büyük bir ulus için büyük bir proje! Şelah ile birlikte ocağın başında durmak ister misin?"

Avram cevap vermedi ve Terah devam etti: "Ya da el arabası sürmek ister misin? Annen burada değil; ne istersen yapabilirsin. Erkek olduğunu göstermek için ne gerekiyorsa yap."

Avram, "İstemiyorum," dedi.

"İstemiyor musun?" Terah'ın kafası karışmış gibiydi.

"İstemiyorum," diye tekrarladı Avram.

"Neden?" Terah doğruldu ve ifadesi hemen sertleşti. Elini kapıya doğru salladı. "Dışarıda senin yaşındaki çocuklar yetişkinlerle eşit koşullarda çalışıyor. Fırtınada, yağmurda, korkusuzca... Benim oğlum bunu istemiyor mu? Benim oğlum bir korkak mı?"

"Ben korkmuyorum," dedi Avram.

"O zaman seni durduran ne?"

Avram ayağa kalktı. "Korkmuyorum," diye tekrarladı. "Ama biliyorum..."

"Neyi biliyorsun?"

"Bunun iyi bir fikir olmadığını."

"Ne?" Terah Sapir'e döndü ve "Dışarı çık," dedi.

Sapir aceleyle kapıdan çıkarken, Terah oğluna yaklaştı.

"Ne dedin sen?"

Avram, "Biz gücümüzle gururlanıyoruz," dedi.

"Bunun nesi yanlış?" diye sordu Terah.

"Biz gökyüzüne hükmetmek istiyoruz!"

"Bir selde ölmemizi mi istiyorsun?"

"Kule ayakta duramayacak," dedi Avram.

"Nereden biliyorsun?"

"Sadece biliyorum."

Terah ona baktı. Uzun bir süre sessiz kaldı. "Saçmalık," dedi usulca. "Saçmalık... Şimdi eve gidiyorsun. Yolda kimseyle konuşma ve genelde de sessiz kalmanı emrediyorum. Sapir!"

Sapir, sanki kapıyı dinliyormuş gibi hemen içeri girdi.

"Onu eve götür," diye emretti Terah. "Hemen gidin."

Terah döndü ve ambardan dışarı çıktı. Sapir bakışlarını kaçırdı. Suçluluk duygusuyla Avram'a baktı ve olduğu yere çöktü. Seslice iç çekerek, "Ben... tesadüfen... kulak misafiri oldum," dedi. Ardından yumuşak bir şekilde sorguladı: "Ama neden? Neden her zaman direniyorsun? Zavallı, zavallı çocuk, hayatını nasıl yaşayacaksın? Herkese karşı geliyorsun..."

Birkaç dakika içinde Sapir ve çocuk gecenin içine doğru yol aldılar. Sapir, suların kapladığı arabada bankın üzerinde oturuyordu ve Avram sessiz bir şekilde Sapir'in sırtına bakıyor, hiçbir şey görmüyordu. Avram içine kapanmış, düşüncelere gömülmüştü.

Bu şekilde günler ve aylar geçti -fırtına dinmedi.

Yağmur tarlaları sular altında bıraktı, evleri yıktı ve kulenin altını oydu. Yine de kuleyi yıkmayı başaramadı. İnşaatçılar hemen tüm delikleri kapatıp taşla döşediler; hepsi sonuna kadar savaşmaya, zafer kazanmaya hazırdı.

Terah'ın dükkânındaki tanrılar o kadar hızla satıldı ki, onları şekillendirecek zamanları bile olmadı. Tüm ülke bir yandan yardım için dua ederken, öte yandan sadece tek bir tanrıya inanıyordu: Nemrut. İnşaat hiçbir sebeple durmadı. İnsanlarda inanç vardı: "Kazanacağız!" inancı vardı -başka ne olabilirdi ki! Ancak umudun ve inancın hüküm sürmesi için bir sebep daha vardı: Biş'in casusları her yerde cirit atıyordu.

Her şey, Nemrut inşaat alanından ayrılırken doğan "Terah'a yardım etmeliyiz," düşüncesiyle başladı. Casuslar derhal sahneye çıktı. İlk başta Terah'ın öfkelenmesine neden oldular ama sonrasında, Terah sessiz kalmanın daha iyi olacağına kanaat getirdi. İnşaattan o sorumluydu, halktan ise casuslar sorumluydu. Gerçekten de kendisine böyle söylenmişti: "Casuslar çalışan herkesten ve tabii ki onların amirlerinden de sorumlular. Örneğin, onlar senden de sorumlular. Anlaşıldı mı, Terah? "

Terah bunun gerçekte Nemrut'tan gelen bir emir olduğunu anlamıştı.

Kimseye inanmayın. Her şeyi kontrol edin, her şeyi yazın, rapor edin, cezalandırın. İnşaatta çalışmaktan kaçınan herkesi ülke adına cezalandırın.

Belalılar

Her şey o sabah oldu: Fırtına dinmiş ve yağmur çiselemeye başlamıştı. Terah, sabahları genellikle, tanrıları yapmak için Avram'la kalır ve ancak ondan sonra inşaat alanına giderdi. Güneş tanrısı daha önce hiç olmadığı kadar çok satılıyordu. İnsanlar ikişer, üçer tanrı alıyor, cimrilik etmeyip iyi para ödüyorlardı. Onları odalarda, çatılarda, avlularda her köşeye koyuyorlardı. Herkes çıldırmış gibiydi. Bir çömlekçi çarkı dönüyordu; onun üzerinde, Avram'ın ellerinde bir güneş tanrısı doğdu- o, tombul, parlak ve pozitif bir tanrıydı. Terah oğluna yetişemiyordu. Kendi yaptığı tanrıya bakıp Avram'ın yaptığı tanrıyla mukayese etti ve onu kıskandı. Aynı zamanda mutluydu da. Sonra aniden, olanlar oldu.

Başını ilk kaldıran Avram oldu. Mağarada geçirdiği onca zamandan sonra duyma yeteneği inanılmaz gelişmişti. Dışarıdan gelen gürültü gittikçe yaklaşıyordu. Ses şehrin kapılarından geliyordu. Bir kalabalık vardı ve meydana doğru ilerliyordu. İnsanlar bağırıyordu ama ne istediklerini anlamak mümkün değildi. Sonra Terah da sesi duydu ve başını kaldırıp baktı. Avram oturduğu yerden sıçradı ve kapıyı açtı. Sokağın bitiminde, tehditkâr bir kitle, ortalarındaki bir şeyin etrafında salınıyordu. Sonunda, sesleri netleşti: "Onlara ölüm!"

Bir el havaya kalktı ve yere indi. "Ölümmmmm!" diye inledi kalabalık.

Avram donakaldı çünkü üç talihsiz adamın, yüz elli ya da iki yüz kişilik bir kalabalık tarafından sürüklendiğini gördü. Her adamın göğsünde tahta asılıydı. Adamlardan birinin göğsündeki tahtada, "Ben bir hainim!" yazılıydı.

Diğerininkinde, "Her zaman zarar vereceğim!" ve üçüncü adamınkinde ise "Çalışmak istemiyorum!" yazılıydı. Kalabalık hareket ettikçe, onlara daha da insan katıldı ve şimdi üç ila dört yüz kişi tek bir sesle slogan atıyordu: "Onlara ölüm!"

Avram, birinin iç çektiğini duydu ve arkasını döndü. Babası arkasında duruyordu; yüzü acıdan kasılmıştı. Üç mahkûm, yaklaşıyorlardı.

Avram, "Baba!" diye fısıldadı.

Terah umutsuzca, "Meydana götürülüyorlar," dedi.

"Bu imkânsız," diye inledi Avram. "Bir şeyler yap! Bir şey yapabilirsin!"

Avram Terah'ın gözlerinin içine bakmaya çalıştı ama Terah arkasını döndü, sandalyesine doğru yürüdü, sırtını Avram'a dönerek oturdu ve çalışıyormuş gibi yaptı. Kalabalık hızla yaklaşıyordu.

Birisi, "Kuleyi yıkmak istediler!" diye bağırıyordu. Kalabalık, "Onlara ölüm!" diye bağırarak karşılık verdi.

Terah, başını kaldırmadan, "Onlar hain," diye mırıldandı.

"Hayır, böyle düşünmüyorsun!" diye haykırdı Avram.

"Halkın isteği böyle," diye karşılık verdi Terah. Masanın üzerine doğru eğildi ve Avram onun gözlerini göremedi. Kalabalık, açık kapının önünden geçmekteydi.

Biş'in casuslarından biri içeriye baktı. Burnuyla etrafı kokluyor, gözleriyle köşelere bakıyordu. Kulakları, Kral'ın lanetleyişini duymak için ve elleri, kurbanı yakalayıp tutmak için daima hazırdı. Terah'ın sırtını ve Avram'ın yüzünü gördü. Her şeyi anladı, sırıttı ve elinin kenarıyla talihsiz adamlardan birine vurdu. Avram bu adamın yüzünü gördü, kırk yaşlarındaydı. Avram'a daha da yaşlı gibi göründü. İkincisi yirmi sekiz yaşında yapılı bir adamdı ama şimdi bir paçavra gibi görünüyordu. Nemrut'un görkemli planının kurbanları, kendilerine yapılanları anlamıyorlardı. Yüzleri yara bere, gözleri korku içindeydi; merhamet için yalvarıyorlardı ama hiç kimse onları duymuyordu. Şelah, talihsiz adamların üçüncüsü ve en genciydi. Avram onu hemen tanımıştı.

Elleri ardında bükülmüş vaziyetteydi, boynunu uzattı, Terah'ın evinin açık kapısına baktı ve aniden histerik bir şekilde bağırmaya başladı.

"Tera-ah-ah! Benim suçum yok-aaaaah!"

Terah, onun sesini duyunca irkildi. Gerildi ama ayağa kalkmadı.

Sokaktan, Şelah'ın, "Ne uğruna... aaah!!" diyen iniltisi geldi.

Casus ona bir yumruk attı ve sırıtarak, "Kapa çeneni!" dedi. Kalabalık onları sürükleyerek dükkânın önünden geçirdi.

Avram, "Baba," diye fısıldadı. "O senin evladın gibiydi!" Terah cevap vermedi. Avram, bacaklarının tutmadığını hissederek masanın kenarına tutundu.

Terah'ın, "Onların suçu yok, ama bunun yapılması gerekli," dediğini duydu.

Avram, titreyen bir sesle, "Kim için gerekli?" diye sordu.

"Ülke için. Eğer bir kule inşa etmezsek, yok olacağız."

"Onlar idam mı edilecekler?"

"Onları meydanda bir mahkeme bekliyor. Yüce Nemrut

da orada," diye cevapladı Terah. Avram bir an babasının öne doğru eğilmiş sırtına baktı. "Ben bir şey yapamam," dedi Terah. "Onlar idam edilecekler."

Avram döndü ve dükkândan dışarı fırladı. Kalabalık köşeyi dönmüştü. Onlara yetişmek için acele etti.

Duruşma

Meydanda her şey hazırdı: ortada, kalın bir iple çevrili bir kafes inşa edilmişti. Kraliyet tahtı her şeyin yukarısında yükseliyordu. Kalabalık uğulduyordu ve üç zavallı adam kafese itildiklerinde kalabalık daha da artmıştı. 'Yardımsever' satıcılar tarafından 'kolayca erişilebilir bir yere' getirilen çürük sebzeler sanıkların olduğu yere doğru atılıyordu.

İki mahkûm elleriyle kendilerini kapadılar. İnsanlar, onların bükülmüş ağızlarından çıkan iniltileri duyabiliyordu. Şelah sessizdi. Her şeyi çözmüş ve hepsinin önceden tasarlanmış olduğunu anlamıştı. Ne de olsa, kulenin mimarı Şelah zeki bir adamdı. Nemrut tahta çıktı. Cellat Siyuta tahtın altındaki gölgelik yere tünedi. Biş kenarda durmuş, etrafı süzüyordu. Herkes sessizdi. Nemrut talihsiz sanıklara baktı:

"Duruşma adil olacak," diye ilan etti. "Olması gerektiği gibi."

Şelah haricinde iki sanığın gözleri umutla ona doğru yöneldi.

"Neyle suçlanıyorlar?" diye sordu Nemrut.

Yargıç Vavila, "Yüce Kral, halka, kuleye ve size karşı bir komplo planlıyorlardı," dedi.

"Hımmm, peki," diyerek alaycı bir tavırla talihsiz adamlara baktı Nemrut. "O zaman duruşmayı başlat Vavila. Sadece uzatmayın, kendimi yorgun hissediyorum."

"Suçları kanıtlandığı için mahkeme çabuk bitecek yüce Kralım; geriye kalan tek şey kararı açıklamak. Ama tüm prosedürü takip etmeliyiz... Ülkeye onarılamaz bir zarar verme girişiminde bulunarak vatana ihanetle suçlanıyorsunuz..."

Nemrut, "Bazılarının duruşmaya itirazı olabilir," diyerek yargıcın sözünü kesti. "Neyle suçlandıklarını anlıyorum. Biş, bana zaten her şeyi anlattı ama mahkememiz adil. Kimler aynı fikirde değil?"

Nemrut kaşlarını kaldırdı.

"Hemfikiriz!" diye bir bağırış duyuldu. Kalabalığın sesi, "İdam!" diye yankılandı.

Sanıklar korku ve dermansızlıktan iki büklüm olmuşlardı. Sadece Şelah'ın yüzünde boş bir gülümseyiş vardı.

Yakınında duran biri, "Ona, ona bakın!" diye bağırdı. "Gülüyor! Şelah bize gülüyor!"

"Ne!" diye gürledi bir ses. "Bırakın kendi fırınında önce o yansın!"

Şelah gözlerini kaldırmadan, tekrar sırıttı.

"Yakın onu!" Kalabalık öfkeliydi. "Şimdi!"

"Bu baş belası Şelah, her şeyi önceden düşünmüş!" diye tiz bir ses duyuldu. "Ona işkence etmeliyiz! Ona kimin fikir verdiğini söylesin!"

İnsanlar, "İşkence! İşkence!" diye bağırdı.

Nemrut, aniden araya girerek, "Terah nerede?" diye sordu. "Benim Başbakanım nerede? Terah? O burada mı?"

Herkes sustu ve etrafına bakınmaya başladı.

"Nasıl, burada değil mi? Bu çok garip..."

Biş gözlerini kalabalığa dikti. Bakışları insanların arasında geziniyor, birinden diğerine kayıyor, tüm kuytu köşelere ulaşıyordu. Avram'ı gördü ama Terah onun yanında değildi.

Nemrut tekrar, "Teraaahhh," diye seslendi.

İnsanlardan oluşan duvarın arasından, "Buradayım, yüce Kral," diye beklenmedik bir cevap geldi.

Terah, meydanın bitişiğindeki bir evin çatısında duruyordu. Orada yalnızdı. Onu bulmalarını istemediği hemen anlaşılıyordu.

"Ne dersin Terah?" diye sordu Nemrut. "Herkes büyük bir tutku ve heyecanla senin evcil hayvanın, Şelah hakkında konuşuyor. Biş, orada bir şeyler döndüğü konusunda beni uyarmıştı ama inşaattan sen sorumlusun. Ben sana inandım Terah, Biş'e inanmadım."

Şimdi herkes Terah'a bakıyordu. Şelah da ona bakıyordu. Ve şimdi Şelah'ın yüzüne bir canlılık geldi. Elbette Terah ona yardım edecekti, elbette! Ne de olsa Terah onun için bir baba gibiydi. Şelah'ın yüzünde umut vardı ama Terah cevap vermedi.

Nemrut, "Neden susuyorsun Terah?" diye sordu.

"Şelah çok yeteneklidir," dedi Terah.

"Bunu kimse inkâr etmiyor," diye cevap verdi Nemrut. "Kuleyi yıkmaya da yetenekli bir şekilde karar verdiği söyleniyor. Bu da bizi yok etmeye karar verdiği anlamına geliyor. Bu konuda ne düşünüyorsun?"

Terah sessiz kaldı.

"Tüm sanıklar senin adamların," diye sırıttı Nemrut. "Onların patronu sendin."

"Bu büyük bir inşaat," dedi Terah. "Takip edilmesi gereken çok fazla insan var."

Nemrut, "Halk onların ölümünü istiyor," dedi. "Bütün bu insanlar bunu istiyor." Bir süre duraksadı.

"Ya sen, Terahım? Sen? Sen istiyor musun?"

Terah hâlâ sessizdi.

"İstiyor musun, istemiyor musun?"

Terah hâlâ cevap vermiyordu.

"İnsanların hata yaptıklarını mı düşünüyorsun? Belki de onları savunmak için bir şey söylemek istersin? Söyle!"

Terah hâlâ sessizdi.

Nemrut, "Peki, o zaman..." diyerek tahtında doğruldu ve ardından cellat Siyuta gölgelerden çıktı. Nemrut, "Emrediyorum ki..." dedi.

Aniden genç birine ait bir ses onun sözünü kesti: "Yüce Kral!"

Nemrut bir kaşını kaldırdı. Meydanın ortasında, mahkûmların yanında bir el havaya kalktı.

"Evet? Kim konuşuyor?" diye sordu Nemrut.

Kral, "Terah'ın oğlu Avram," diyen Biş'in sesini duydu. "Ah, Avraam," dedi Nemrut. "Terah, oğlun bize bir şey söylemek istiyor. Nedir oğlum?"

Terah, "O hiçbir şey söylemek istemiyor!" diye haykırdı ve hızla çatıdaki merdivenlerden aşağı koşarak, kalabalığın arasında oğluna doğru ilerlemeye başladı. İnsanlar onun önünden çekilip yol açtılar. Avram'a doğru koştu ve "Kapa çeneni ve eve dön!" diye fısıldadı.

Terah, hemen başını kaldırıp yüksek sesle, "O heyecanlandı, yüce Kral. O daha genç, fevri davranıyor," dedi.

"Ben heyecanlanmadım," diye itiraz etti Avram. "Bu insanların suçu yok."

Kalabalık, "Oooo!" diye bağırdı, çünkü herkes bu meydan okumayı görmüştü.

Avram, "Tanıklar nerede?" diye sordu. "Tanık olmadan nasıl duruşma yapabilirsiniz?"

Nemrut, "Tanıkları mı dinlemek istiyorsun?" diye sordu. Başıyla yargıcı ve yardımcılarını işaret ederek, "Bu insanlara inanmıyor musun?" dedi.

Terah endişeli bir halde, "Yüce Kral," diyerek konuşmaya başladı.

Nemrut, "SUS. SUS," diyerek onun sözünü kesti. "Oğlunun kendini ifade etmesini istiyorum. Onun hakkında çok şey duydum ve bu yüzden bırak, onları korusun."

Avram, "Şahitler nerede?" diye tekrar sordu. "Öne çıkabilirler mi?"

Yargıç Vavila Nemrut'a baktı. Nemrut, "Elbette, bırak çıksınlar" dedi. "Aksi takdirde mahkemenin adaleti mi olur?"

Yargıç Vavila, "Evet? Neredesiniz, tanıklar?" diye yüksek sesle bağırdı ama kimse öne çıkmadı.

Kalabalık sessizdi. Biraz daha beklediler, beklediler ama hala kimse yoktu. Birden rahip Biş'in sesi duyuldu: "Matla, öne çık!"

Küçük gözlü, zayıf bir adam öne doğru eğildi. Bir bacağının diğer bacağından daha kısa olduğu anlaşılıyordu.

Biş, "İşte, tanık burada," dedi. "O, bu belalı kişiler hakkında dürüstçe bilgiler verdi."

Yaşlı ve genç iki sanık, aksak Matla'ya şaşkınlıkla baktılar. Matla'nın tek yapabildiği, gözlerini kaçırmak oldu.

Avram, Matla'ya, "Onlarla birlikte çalıştın mı?" diye sordu. Herkes onun kendine güveni ve sakin ses tonu karşısında şaşkındı. Onun yaşına göre çok sakin ve çok kendinden emin olduğunu düşündüler.

"Evet," diye cevapladı tanık. "Onlarla birlikte taşları birbirine yapıştıran bir macun hazırladım."

Avram, "Peki ne gördün?" diye sordu. Ondan öyle bir güç yayıldı ki kalabalık donakaldı.

Mahkûmlardan daha yaşlıca olanı "Matla sen nasıl...?" dedi.

Biş, "Kapa çeneni" diye bağırdı. "Konuş Matla. Bana söylediklerini anlat."

Matla, "Onlar özellikle dayanıksız bir macun hazırladıklarını söylediler," diyerek yutkundu. "Kulenin çökmesi için..." Kalabalık uğuldamaya başladı. Matla, "Böylece herkes ezilecekmiş," diyerek sözlerini bitirdi ve başını öne eğdi.

Kalabalık, "Onlara ölüm" diye haykırdı ve bazıları elleriyle mahkûmlara ulaşmaya çalıştı. Ancak, Biş'in casusları onları korudu, insanların onlara yaklaşmasına izin vermedi.

Avram, "Bunları söylediniz mi?" diye sordu.

Yaşlı mahkûm, "Yüce Nemrut!" diye haykırdı. "Dilimiz kurusun ki!" dedi.

Daha genç olan mahkûm söze devam etti. "Her gün aralıksız on altı saat çalışıyoruz ve büyük kuleye inancımız var. Matla, bunu nasıl yaparsın?"

Avram, "Onu tanıyor musunuz?" diye sordu.

Yaşlı mahkûm, "Elbette tanıyoruz. Bir yıl önce yanımıza geldi," dedi. "O bir engelli. Kimse onunla çalışmak istemiyordu."

Avram, "Siz de onu yanınıza mı aldınız?" diye devam etti.

Genç sanık, "Ona işi öğrettik. Eşlerimizin pişirdiği yemekleri onunla paylaştık. Matla!" diye bağırdı. "Bunu nasıl yapabildin? Nasıl?"

Matla küçüldükçe küçüldü, yere bakıyordu.

Biş, "KONUŞ!" diye bağırdı. "Neden konuşmuyorsun, kötürüm?" Matla irkildi.

"Eee?" dedi Biş. Bakışları onu delip geçti.

Matla, "Bunların hepsini söylediler!" diye tekrar etti. Başını hiç o tarafa çevirmeden, "Onlar!" diyerek parmağıyla sanıkları gösterdi. "Onlar, yıkıcı! Onun, Şelah'ın onlarla fısıldaştığını duydum. Sağlı sollu iki nişin işlerini göreceğini söylüyordu. Duydum!" Matla sonra aniden ağlamaya başladı. "Bacağım ağrıyor. Bırakın beni. Uzanmam gerekiyor."

Avram, "Söyle bana Matla, seninle birlikte aynı şeyleri duyan başkaları da var mıydı?" diye sordu.

Matla, "Uzanmam gerekiyor, bacağımı esnetmem lazım," diyerek inledi.

Avram sanıklara, "Sizinle birlikte kaç kişi çalışıyordu?" diye sordu.

"On kişi" diye cevapladı yaşlı sanık.

Avram, yüksek sesle, "Onlarla birlikte çalışanlar öne çıksınlar," dedi. Kalabalıkta bir kargaşa oldu.

Avram devam etti: "Arkadaşlarınızın idamını gerçekten istiyor musunuz? Onların bir suçu yok."

Yargıç Vavila, "Bu kanıtlanmış değil," diye haykırdı. "Tanıklara baskı yapmayın."

Nemrut, "Kapa çeneni Vavila," diye emretti. "Onu izlemek istiyorum. Devam et Avram. Nerede bu on kişi? Evet, öne çıkın."

Sonra, saflar hareketlenmeye başladı ve beş kişi sıkışarak bir araya geldi. Hala iş kıyafetleriyle ve kire, kile bulaşmış haldeydiler.

Avram, "Arkadaşlarınızdan bu düşünceleri duydunuz mu?" diye sordu.

Beşi de sessizdi.

"Onlar idam edilecekler ve suçsuzlar" dedi Avram.

Yakışıklı ve yapılı bir adam olan Şarir, "Ben duymadım," dedi. "Neden yalan söyleyeyim ki?" diyerek Biş'e baktı ve tekrarladı: "Onlardan böyle sözler duymadım."

En az ilki kadar genç olan bir diğer işçi de "Onlar iyi çalışırlar," dedi. Başını kaldırmadan konuştu. Üçüncü adam sadece başını salladı.

Avram, "Onlarla uzun zamandır mı çalışıyorsunuz?" diye sordu.

Yapılı genç adam, "Üç yıldır birlikteyiz. Yağmurda, sıcakta," dedi.

"Ya Matla?"

Genç adam, Biş'in bakışlarına karşı koyarak "Bu köpek Matla'yı," dedi. "Onu yanlarında barındırdılar ve o da onlara borcunu bu şekilde ödüyor."

Matla daha da küçüldü. Biş'in bakışları Şarir'i yakıp geçti.

Avram, "Cevap verirken neden Biş'e bakıyorsunuz?" diye sordu.

Ortalıkta bir ölüm sessizliği oldu. Biş dahil hiç kimse bu soruyu beklemiyordu.

Tutulmuş kalmışlardı. Birbirlerine bakamıyorlardı. Bir bakış bile atamıyorlardı.

Yukarıdan, Nemrut'un sesi işitildi: "O gerçekten kolay biri değil."

Biş, Avram'a baktı. Çocuk, onun bakışlarına layıkıyla karşı koydu.

Nemrut, "Devam et Avram," diye emretti. "Bunu ilginç buluyorum."

"Rahip Biş'e bir soru sorabilir miyim?" dedi Avram.

Nemrut, aceleyle, "Evet. Ne istersen sorabilirsin," dedi.

Avram, "Rahip Biş, siz neden onların ölmelerine ihtiyaç duyuyorsunuz?" diye sordu.

Rahip sessizdi. Yavaşça başını kaldırıp Nemrut'a baktı. Kral heyecanlanmıştı. "Evet? Neden bana bakıyorsun? Cevap versene!" diye bağırdı. Biş yavaşça ve asalet dolu bir şekilde cevap verdi: "Onların ölümüne ihtiyacım yok. Fakat benim görevim yıkıcı insanları cezalandırmak. Onlar yıkıcı. Bu da yüce ülkemin dürüst insanları tarafından ortaya kondu."

Avram onun cümlesini tamamlamasına izin vermedi ve "Şahitler, cevap verin, öyle mi? Bu talihsiz üç adam gerçekten yıkıcı mı? Gerçekten? Hepsi ölmeyi hak ediyor mu?" dedi.

Tanıklar cevap vermedi. Avram'a bakmamaya çalıştılar.

"Onlar idam edilecekler," diye tekrarladı Avram. "Şimdi telafisi mümkün olmayan bir şey olacak ve masum insanlar idam edilecekler, anlıyor musunuz?"

Biş sert bir şekilde, "Onlar suçlular!" diye bağırdı.

Avram, Biş'e hiç bakmadan, "Size yalvarıyorum, sessiz kalmayın, sessizliğinizle onları öldürüyorsunuz!" diye yakardı.

Biş tekrar konuşarak, "Sen dürüst bir vatandaşın yapması gerekeni yaptın," dedi.

Avram, hala Biş'i dikkate almayarak "Onların çocukları, eşleri var, şimdi size bakıyorlar ve siz onların tek umudusunuz," diye devam etti.

Şarir usulca, "Ama bizim de ailelerimiz var," diye mırıldandı. "Ne yapabiliriz ki?"

Kalabalık Biş'in önünde ikiye ayrıldı ve Biş Avram'a doğru birkaç adım attı. Avram Biş'e dönerek "Senden korkuyorlar," dedi.

Oturduğu yerden her şeyi duymuş olan Nemrut, Avram'a hemen "Ya sen?" diye sordu.

"Ben korkmuyorum."

"Neden?"

"Çünkü her şeyi kimin kontrol ettiğini biliyorum."

İnsanlar tamamen sessizleşmişti. Nefes alıp verişleri duyuluyordu. Nemrut birden ayağa kalktı ve yavaşça tahtın bulunduğu yerden aşağıya doğru inmeye başladı. Cellat Siyuta da aceleyle onu takip etti.

Nemrut, Avram'ın önünde durarak ona baktı ve "Beni

etkiledin. Onları serbest bırakıyorum," dedi. Biş gözlerini yere doğru indirdi. Kaybettiğini anlamıştı. Bir çocuk karşısında kaybetmişti. Bunu fark etmek içini yakmıştı. Nemrut, Terah'a bakarak "Oğlun sıradan bir çocuk değil. Onu koru," dedi.

Nemrut döndü ve ölüm sessizliğinde yürümeye başladı. Beş adım atmıştı ki yaşlı mahkûmun, "Yüce Nemrut'a şan olsun!" diye yürekleri parçalayan haykırışı duyuldu. Ardından genç bir adam "Tanrı Nemrut'a şükürler olsun!" diye çığlık attı.

Şelah devam etti: "Şan olsun! Şan olsun!" Sonra herkes ayıldı. Tüm alan çınladı: "Şan olsun! Şan olsun! Şan olsun!" Hayâl dahi edilemez bir şey oluyordu. Şelah ve diğer iki mahkûm Avram'ı kucakladı. Şelah tekrar tekrar, "Hesaba göre, en iyi ihtimalle yakılmış olmamız gerekiyordu," dedi.

Genç mahkûm, "Sevgili Avram, bütün çocuklarımla ve eşimle önünde saygıyla eğiliyorum. Genç eşim neredeyse korkudan ölecekti!" diye bağırdı.

Kadın, bir kenarda durmuş ağlıyordu. Çocukları etrafında toplanmıştı. Islanmış bir mendili Avram'a doğru salladı ve ona yaklaşmaya çekindi.

Sonra biri Matla'yı yakasından tutup sürükledi. Matla direndi ve uludu. Suçlanan adamların önünde dizlerinin üzerine çökerek yakarmaya başladı: "Ben bunu yapmak istemedim! Beni zorladılar! O korkunç Biş, gözleriminiçine baktı ve artık anneni göremeyeceksin dedi. Benim başka kimim var ki? Kim bana merhamet edecek? Kim bana bir bardak su getirecek? Ben korkmuştum. Biş'in gözlerinin içine bakmak ne kadar korkutucu, bir bilseniz…"

Avram, "Ayağa kalk" diyerek onu kaldırdı. "Hiçbir şeyden dolayı suçlu değilsin. Sen sadece yalnız bir insansın, hepsi bu. Bir insan yalnız kalamaz. Dostun olmamı ister misin?" dedi.

Matla donakaldı ve Avram'a kuşkuyla baktı.

Avram, "Evet," diye tekrarladı. "Biz dost olacağız. Bunu ister misin?"

"Hiç kimse benimle dost olmak istemiyor. Kötü koktuğumu ve kusurlu olduğumu söylüyorlar..."

Avram, onu kucaklayarak bunun önemli olmadığını gösterdi. Olanları herkes gördü ve hepsi ellerini havaya kaldırarak "Ah, Yüce Avram, temiz ve dürüst insan", "Ah, ne evlat!" dediler.

Zafer mi Yenilgi mi?

Avram ve babası cadde boyunca yürüdüler. Bütün gözler onlara çevriliydi. Terah, başını kaldırmadan hızlı adımlarla yürüyordu. Eve vardıklarında kapıyı arkasından kapattı ve aniden Avram'a dönerek "Büyük Nemrut'un fikrini değiştirmesini sağladın. Şimdi neler olacağının farkında mısın?" dedi.

"Bu talihsiz insanların masum olduklarını kanıtladım," diye cevapladı Avram. "Nemrut da benimle aynı fikirdeydi," dedi.

"Aynı fikirde olamaz," dedi Terah.

Avram, "Fakat aynı fikirdeydi," dedi. Kafası karışmıştı.

Terah, "O seninle aynı fikirde olamaz çünkü o tanrı ve tanrı her zaman haklıdır! Bunu anlıyor musun, anlamıyor musun? Doğrusu, o haklı da" dedi.

"Fakat onların bir suçu yok!"

Terah, yakarırcasına, "Onları feda ediyoruz, bu şekilde Babil var olmaya devam edebilir," dedi.

"O zaman bu bir cinayet olur," dedi Avram.

"İnsanlar sadece korkuyla yönetilebilir! Diğerleri yaşasın diye bu üç kişi idam edilecekti!" Avram bir şey anlamamıştı. "Baba, sen ne diyorsun?" dedi.

"Nemrut tüm ülkeyi düşünüyor. Sen ise yalnız kendini ve kendi adaletini düşünüyorsun. Fakat o, bir baba gibi hepimizi düşünüyor. İki kişinin, on kişinin, yüz kişinin hayatı onun için önemli değil. O insanları selden kurtaracak büyük kuleyi düşünüyor," dedi Terah.

Avram, kararlı bir şekilde "Kule onları kurtarmayacak!" dedi.

Terah, görüşünü olabildiğince net bir şekilde savunuyordu.

"Evet, kurtaracak!" Yağmurlar durmuyor. Yeni bir sel yaklaşıyor. Evet, yüzlerce insan ölecek ama herkesi kurtaracak bir kulemiz olacak."

"Hayır! Kurtarmayacak! Baba, kule bizi selden kurtarmayacak!" Avram kararlı bir şekilde konuşuyordu.

"Neden kurtarmayacakmış," diye sordu Terah.

Avram, "Kule yıkılacak," diye cevapladı.

"Ne?"

"O, yasaya aykırı şekilde inşa ediliyor."

"Ne yasası?"

"Bizden sevgi talep eden yasa. Burada sevgi yok. Bu kuleyi inşa ettiren şey bizim kibrimiz. O, nefret ve korku üzerine inşa ediliyor baba."

Kapı açıldı ve Sapir sessizce içeri girdi. Yüzü her zamanki gibi solgundu. Terah'a ve Avram'a bakmamaya çalıştı.

Terah, "Ne oldu?" diye sordu.

"Ben..." dedi Sapir, duraksadı. "İnşaat alanından geliyorum."

Terah ona doğru bir adım attı ve soru sorarcasına baktı.

"Şelah orada değildi," dedi Sapir.

Avram, "Ne oldu?" diye haykırdı.

Terah, "Söyle ona!" diye emretti ve arkasını döndü.

Sapir yavaşça ve sakince konuştu: "Yüce efendim Avram, sizin sayenizde serbest bırakılan iki adamın... Cesetleri bir taşocağında bulundu. Görünüşe göre... Kaymışlar ve düşmüşler..."

Avram'ın sesi çıkmıyordu, şaşırmıştı.

"Avram babasına bakarak, "Bunun olacağını biliyor muydun?" dedi.

Terah, açık bir şekilde, "Bunu tahmin ediyordum," dedi.

"Fakat neden...bunu önlemedin?"

"Çünkü hiçbir şey yapılamazdı. Sana söyledim: Bir tanrı, bir çocuk karşısında kaybedemez."

Avram yavaşça konuştu: "Öyle anlaşılıyor ki ben..."

Terah, "Beni dinlememiş olman çok kötü," dedi.

"Anlaşılıyor ki onları ben cezalandırmış oldum."

"Sen onların ömrünü uzattın," dedi Sapir. "Belki bir belki de iki saat ama sen onların ömrünü uzattın. Şelah ölenler arasında değildi."

"Onu bulamamışlardır ama bulurlar," dedi Terah.

Avram, "O nerede?" diye sordu.

"Bilmiyorum," dedi Sapir.

Avram, "O nerede?" diyerek Sapir'in yanına koştu. Sapir gözlerini kaçırdı.

"Ben nereden bileyim? Nemrut istiyorsa onu bulacaklardır. Biş er ya da geç onu bulacaktır," dedi.

Terah Sapir'e doğru yaklaşarak, "Onun nerede olduğunu bilmiyorum," dedi ve her kelimesinin üzerine basa basa, "Onu dağlara kim götürür bilmek istemiyorum ama onun hayatta kalmasını istiyorum," diye ilave etti.

Terah, bunu söyleyip Sapir'in de onu anladığından emin olmuş bir halde, kapının ardında kayboldu.

Sapir uzaklaşmak için hızla döndü ama bunu yapacak vakit bulamadı.

Avram, "Yanındayım," dedi. "Onu uyaracaksın değil mi?"

Sapir, "Biraz hava alacağım. Ben bir doğa adamıyım, böyle dört duvar arasında kendimi havasız kalmış gibi hissediyorum," dedi.

"Sapir, onu dağlara götürecek misin?"

Sapir etrafa bakındı ve "Öyle görünüyor," dedi.

"Ona de ki… Onları kurtarmak istedim…Ama yapamadım."

"Onları kurtardın," dedi Sapir. Nemrut'a karşı geldin. Bunun ne demek olduğunu biliyor musun?" Sesini alçaltıp Avram'a yaklaştı, onunla burun buruna geldi ve "Yaşlı adamın ne dediğini hatırlıyor musun? O, Nemrut'un içimizde olduğunu söylemişti. O bizim içimizdeyken yenilmezdir. O zaman hiçbir şey anlamamıştım. Fakat bugün anladım. Sen benim içimdeki Nemrut'u sersemlettin…Ve sadece benim içimdekini değil…Birçok insanın gözlerinin nasıl parıldadığını gördüm," dedi.

Sapir doğruldu, başını salladı ve bir sır paylaşırcasına ekledi. "Şelah'ı uyaran senin yüce babandı."

"Babam mı?"

"Evet. Onları neyin beklediğini hemen tahmin etti."

"Peki bunu Şelah'a babam mı söyledi?"

"Hayır. Bana söyledi ve ben Şelah'a ilettim…" Sapir etrafa bakındı ve göz kırptı: "Ama sana hiçbir şey söylemedim."

Sonra sert bir şekilde döndü, gidip kapıyı açtı, biraz duraksadı ve sonra gürültülü sokağa fırladı.

O Tanrılarımızı Tahrip Etti!

Akşam geç saatlerde, Avram şehre gitti. Kutlama olduğu için şehirde kimse uyumamıştı. Bu Nemrut'un emriydi -Yüce Kral'ın yaptırdığı adil yargılamayı kutlamak içindi. Ancak hiç kimsenin, iki adamın artık hayatta olmadığından haberi yoktu. Nemrut, tüm şehir halkının zihninde öyle güçlü bir yer edinmişti ki onların tanrısı, yaşamlarının anlamı ve varoluşlarının kökeni haline gelmişti. Hiçbir şey ona olan inançlarını sarsamazdı. Avram şehrin sokaklarında yürüyor ve insanlara bakıyordu. Özlem ve umutsuzluk onu yeniden ele geçirdikçe kendini daha da çökmüş hissediyordu. Sonra aniden, sanki onun bu düşüncelerine cevaben, çığlıklar yükseldi: "İşte orada!" Sevinçli bir kalabalık, Avram'ı yakaladı, kollarının üstünde kaldırıp havaya fırlatmaya başladı. Birçok parıldayan göz ona bakıyor, birçok ağızdan şu haykırışlar duyuluyordu:

"Kral ona onay verdi!"

"Avram yargıç olsun!"

"Yargıcımız ol Avram!"

Avram, onlara sevinçle cevap vermeye çalıştı ama boğazı düğümlenmişti.

"Ahali!" dedi. "Bırakın beni! Bırakın beni!"

Onu yere indirdiler ve ayakları yere değer değmez dönüp onlardan kaçmaya başladı. Kendini dar bir sokakta, tek başına bulana kadar kaçtı. Duvardaki bir gölgenin harekete geçip onu takip ettiğini fark etmedi. Hiçbir şey duymadı ve görmedi. Kalbi kafasının içinde zonkluyordu. Bu şekilde eve vardı. Görünmez ve dikkatli birinin onu sürekli takip ettiğinden habersizdi. Terah evde değildi ve bu yüzden hemen atölyeye gitti. Odanın ortasında durdu. Odanın her yerinden, tanrılar -büyük ve küçük tanrılar- yüzlerini dönmüş ona bakıyorlardı. Babasının ticari hilesi -tanrıların gözlerinin etkileyiciliği- kusursuz bir şekilde işe yaramıştı. İnsanlar, onların gözlerinin büyüleyiciliğine kapılıyor ve dükkândan boş ayrılmıyorlardı. Avram, uzun bir süre odanın ortasında dikildi. Sonra birden babasının sesini duydu.

"Kim var orada?"

Duvara doğru bir adım attı ama babası ona seslenmiyordu.

Babasının "Seni gördüm," diyen sesi duyuldu. "Kimsin sen?"

Babası dışarıya doğru giderken Avram da peşinden gitti ve o sırada kapının sesi duyuldu. Terah kapıya ulaşıp karanlığa doğru baktı. "Burada biri vardı. Onun atölyeye baktığını gördüm. Sana bakıyordu," dedi.

"Ben kimseyi fark etmedim," dedi Avram.

"Sana bunun sonunun kötü olacağını söylemiştim," dedi babası. "Seni ve hiçbirimizi rahat bırakmayacaklar."

Terah derin bir iç çekti. "Yarın burada olmayacağım," dedi. "Sapir de olmayacak. Hizmetçilere senin yanında olmalarını emredeceğim. Oğlum, yalvarırım dikkati ol, dışarı çıkma. Tanrılara, seni kem gözlerden korumaları için dua edeceğim."

Sabah olduğunda, Avram atölyenin kapılarını açtı. Sokaktan geçen çok az insan vardı. İmkânı olan herkes sabahın beşinden itibaren kulenin yapımında çalışıyordu. Birkaç gündür, yeni tanrıların imal edildiğine dair bir söylenti dolaşıyordu. Avram'ın onları önceki günkü zaferden sonra yontmuş olması da satın alınmalarını önemli kılıyordu.

Çok geçmeden insanlar gelmeye başladı. Avram, isteksiz bir şekilde satış yapıyordu.

İnsanlar ona, "Bize bu tanrı hakkında bilgi ver," dediklerinde onlara basitçe "Sizin için ne ifade ediyor?" diyordu.

Onlar da "Ne tuhaf bir soru. Bir satıcının söyleyeceği şey değil bu," diye karşılık veriyorlardı.

O zaman Avram, "Sadece, kendinize bu soruyu sormanızı istiyorum," diyordu.

İnsanlar şakın bir şekilde ve omuz silkerek oradan ayrılıyorlardı. Avram o gün bir tuhaftı.

Dükkâna yeni bir müşteri geldi ve Avram ondan da aynı cevabı istedi: "Neden bir rüzgâr tanrısına ihtiyacınız var? O sizin için ne ifade ediyor?

"Ne aptalca bir soru bu Avram," dedi tüm müşteriler. "Tanrılar bizim savunmamızdır."

"Fakat onları ben yaptım," dedi Avram.

"Onları satmak istiyor musun? Neden böyle tuhaf sorular soruyorsun?" dediler.

Sonunda, Avram soru sormayı bıraktı. Bugün sessiz ve her zamankinden daha düşünceliydi. Putları sattıkça sattı, onları art arda sattı ve tam da gün sona eriyordu ki yeni bir müşteri geldi. Bu, Babil yargıcıydı. Avram'ı yukarıdan aşağıya süzdü.

Başıyla en büyük putu işaret ederek "Bu o mu?" diye sordu. En heybetli görünen putu işaret ederek "Yoksa bu mu? dedi." "Sana mahkemede yardım eden hangisiydi? Mahkemede ikna ediciydin," diye ekledi. Vavila, başını sallayarak konuşmaya devam etti: "Peki. Bu tanrıların hangisiydi? Onun için ne kadar gerekiyorsa öderim."

Avram sakince, raftan en büyük putu aldı.

Vavila, "O olduğunu biliyordum. Beni kandırmak kolay değildir. Arkanda duranın o olduğunu biliyordum," dedi. Bunları söyleyerek putu kucakladı ve hizmetçisine, "Onu eve kadar kendim taşıyacağım," dedi.

Tam eşiğe adımını atarken Avram'ın sesini duydu: "Yargıç, kaç yaşındasınız?"

Yargıç, "Elli bir," diye cevapladı ve Avram'a dönerek "Neden sordun?" dedi.

Avram, "Sadece bir günlük olan bir tanrıya tapmak sizi utandırmıyor mu? Onu daha bir gün önce yaptım," dedi.

Yargıç Vavila, "Anlamadım," diyerek Avram'a baktı. Yüzünde aynı anda hem şaşkınlık hem de endişe vardı.

Avram beklenmedik bir şekilde, "Sakin olun. Şaka yapıyordum," dedi.

Yargıç ona kuşkuyla bakarak "Öyle mi?" dedi.

Avram "Bu tanrı size yardım edecek... Evet, evet... Tıpkı bana yardım ettiği gibi," dedi. "Sadece sizi sınıyordum."

Vavila homurdanarak dükkândan ayrıldı ve o sırada dükkâna yaşlı bir kadın geldi. Tam kapının girişinde durdu ve Avram'la sert bir şekilde konuştu: "Gece evime hırsızlar girip tüm tanrıları çaldılar."

"Gerçekten mi?" dedi Avram. "Bunu nasıl becermişler?"

Kadın, "Hepsi gitmiş. Her biri rafta, kendi yerlerinde duruyorlardı. Sabah uyandığımda pencere açıktı ve gitmişlerdi," diyerek yemin etti.

"Peki kendilerini hırsızlardan koruyamamışlar mı?"

Kadın bir an bu yorum hakkında düşündü ve Avram'a baktı.

"Öyle görünüyor ki koruyamamışlar," dedi şaşkın bir halde.

Avram, "Peki tanrılarınız kendilerini soygunculardan koruyamıyorlarsa sizi nasıl koruyacaklar?" diye sordu.

Bu soru kadının kafasını daha da karıştırdı. "Haklısın ama o zaman kime dua edeceğim?" diye sordu.

Bu soru karşısında Avram sessiz kaldı fakat kadın ısrar etti: "Kime?"

Avram başını kapıya doğru çevirdi ve "Gerçekten bilmiyorum," diye cevap verdi. Duraksadı ve sesi titreyerek "Bunu size izah edemem," dedi.

Kadın aşırı şekilde kırılmıştı. "O zaman neden konuşuyorsun? Madem hiçbir şey açıklamıyorsun, o zaman neden... Tanrılarımızı kötülüyorsun?" dedi.

Avram, "Üzgünüm, dün gece iyi uyuyamadım," diyerek konuşmayı sonlandırmaya çalıştı ama kadın onunla konuşmayı bırakmıyordu.

"Şu an ne düşüneceğimi bilemiyorum. Öyle bir soru sordun ki ne düşüneceğimi bilmiyorum," dedi.

"Kendilerinin çalınmasına nasıl izin verdiler?" diye kendi kendine mırıldanarak dükkândan ayrıldı.

Avram, kadının ardından kapıyı kapadı ve yorgun bir şekilde sandalyeye oturdu. Atölyede birinin olduğunu fark etti. Yabancı bir adam duvara dönük bir şekilde duruyordu. Yüzü bir atkıyla sarılıydı.

"Kimsin sen? Neden kendini saklıyorsun?" diye sordu Avram.

Adam doğruldu, atkısını çıkardı ve Avram onu tanıdı: Tanıklardan biriydi, iri yarı olanı, Şarir'di.

Şarir Avram'a nefretle baktı. Avram sadece sordu çünkü yapabileceği başka bir şey yoktu: "Ne oldu Şarir?"

"Beni arıyorlar," diye cevap verdi Şarir. "Tüm şahitler içinde sadece ben hayattayım. Zavallı Matla bugün bir uçuruma atıldı. Başımın belada olduğunu hissettim ve orayı terk ettim..."

Avram ne cevap vereceğini bilemedi. Şarir'in öfkeli bakışları üzerindeydi.

"Şelah hâlâ hayatta," dedi.

"Fazla uzun sürmez," diye karşılık verdi Şarir. "Her halükârda bulunacaktır," diye devam etti ve aniden "Bunu neden yaptın? Senin gerçeğine kimin ihtiyacı var ki?" diye sordu.

Avram cevap verecek zaman bulamadı. Şarir'in sesinde kırgınlık vardı. "Sen gelene kadar her şey basitti. Bir efendi var. Biz varız. İşimiz var. Bir ailemiz, çocuklar ve basit hayatlarımız var. Ama sen... Sen kendi gerçeğin uğruna her şeyi mahvettin. Bir yasa uğruna. Bu bana çok saçma geliyor. Şimdi orada durmuş, tanrıları yontuyor ve bizi ölüme itiyorsun. Tekrar soruyorum. Neden? Benim üç çocuğum var. Onlara kim bakacak?" dedi.

Avram, "Burada kal!" diye fısıldadı. "Sana burada kimse dokunmaz."

Şarir, umutsuz bir ses tonuyla, "Beni her yerde bulurlar," dedi. "Baban beni onlara teslim etmek zorunda. Aksi takdirde Nemrut'a karşı gelmiş olur ve bu da demek olur ki..."

Şarir kapıya doğru yöneldi ve kendi kendine "Buraya ne diye geldim ki?" dedi. Gözlerini kısmış bir halde Avram'a baktı ve yavaşça konuşarak, "Kimseyi yanında sürükleme Avram. Kendi gerçeğinle kendi başına yaşa. Biz tanrılarımızla ve Nemrut'la daha iyiyiz. Sana ihtiyacımız yok!" dedi. Sonra kapıyı açıp dışarı baktı ve bir süre sonra gözden kayboldu.

Avram hareket edemiyordu. Bu felç hali çok uzun sürdü. Vücudu kaskatı kesilmişti ama hissettiği acı değildi, korkuydu. Korku onu zincire vurmuştu. Avram, inancının onu terk ettiğini, kırık bir kaptan akan su gibi akıp gittiğini hissetti. Odanın beyaz duvarları suskundu.

Cadde sessizdi. Orada, sessizlik hakimdi. Akşam olmuş ve herkes evlerine sığınmıştı.

Yine bir fırtına yaklaşıyordu.

Avram, dosdoğru ileriye baktı; hiçbir şey görmedi, hiçbir şey hissetmedi. O an bir sonsuzluk hali gibi gelmişti.

Kalktı, raflara doğru gitti ve sessiz tanrı heykellerine baktı. Ona bakıyorlardı, öfkeli ve nazik, samimi ve sert ama en çok da boş bakışlarla... Bunu biliyordu, onların boş kil parçalarından başka bir şey olmadıklarını biliyordu. Bir insandan en önemli şeyi, arayışı, alıp götürüyorlardı. Aniden döndü, kapıya dayalı ağır sopayı yerden aldı ve onu raf boyunca sürüdü.

Tanrılar yere düştü.

Sopayı savurup en büyük tanrı heykeline vurdu. Onlar sadece kilden yapılmış heykelciklerdi. Hepsi buydu. Tüm heybetlerini yitirerek yere serildiler. Küçük, büyük fark etmedi. Her biri paramparça oldu. Avram hiçbirini atlamadı -gördüğü her şeyi kırdı; tanrıları, rafları, testilerieline geçen her şeyi kırdı. Masa, aldığı darbelerin etkisiyle paramparça oldu. Sonra aniden birinin ona seslendiğini duydu, daha doğrusu hissetti. Çünkü bu gürültüde duymak imkânsızdı.

"Avram!"

Avram durdu.

Birinin "Benim," dediğini duydu ve yavaşça döndü. Rahip Biş önünde duruyordu. Ellerini yana doğru açmıştı.

"Vay be," dedi. Birisi, tanrılarını mı tahrip etti? Çok yazık."

Gözlerinde bir gülüş vardı. Avram'ın elideki sopayı sanki yeni görmüş gibi davrandı.

"Yoksa, o sen miydin?" dedi. "Zavallı tanrılarımız sana ne yaptı ki?"

Avram cevap vermedi.

"Baban bundan hoşlanmayacak," dedi. "Ya eğer Nemrut bunu öğrenirse? Aman tanrım..." Avram elindeki sopaya baktı. Onu elinden bıraktı. Sopa gürültüyle yere çarptı. Biş "Ya da ülkemiz sakinleri öğrenirse" diye tehditkâr bir şekilde devam etti ve "Tanrılarımızı sevmediğini duyduklarında ne olur? O zaman ne olur?" diye ekledi.

Avram ne diyebilirdi ki? Tabi ki hiçbir şey. Biş, ellerini yana açarak, "Bunu rapor etmeliyim," dedi. Avram hâlâ sessizdi.

"Beni durdurmayacak mısın? Dizlerinin üzerine çökmeyecek misin? Bunun düşüncesizce yapılmış bir hata, hırçınlık anında verilmiş kötü bir karar olduğunu, nasıl olduğunu bilemediğini haykırmayacak mısın?" Biş aniden ona doğru bir adım attı ve "Dün beni durdurdun Avram," dedi. "Senden ortaya atlamanı kim istedi?" Yüzünü buruşturdu; "O çürümüş ağzını çamurla doldurmalı, çeneni kapamalı ve herkes gibi başını öne eğip durmalıydın. Mahkeme işlerine asla karışmamalıydın," diye ekledi.

Biş yüksek sesle nefes alıp veriyordu. Dikkatle Avram'ın gözlerinin içine baktı. Avram aniden kendini yorgun hissetmeye başladı. Biş, "Belli ki karanlığı içinden söküp atman gerekiyor. Evet, evet. Sana hükmettiğini görüyorum ve şu anda burada sen yoksun, kesinlikle karanlık var. Sen zayıfsın, ellerin ne yapıyor bilmiyorsun... Evet... Evet," dedi.

Sesi hipnotize ediciydi. Avram'ın gözleri kapanmaya başladı. Biş birden, "Bana yolu göstermelisin," dedi. "Sana ne ifşa oldu? O neye benziyor?"

Avram hala gözleri kapalı bir şekilde ayakta duruyordu. Birdenbire vücudu arkaya doğru yatmaya başladı. Bacakları bükülmeden, düşmeden, vücudu gittikçe daha da arkaya yatmaya başladı. Bir sarkaç gibiydi. Biş'in sesi duyuldu: "Konuş! Ona nasıl ulaşılır? Konuş!"

Avram, "O..." diye mırıldandı.

"O, kim?" diye sordu Biş.

Avram karşı koymadı ama konuşmak için acele de etmedi: "O..."

"O kim? Sana her şeyi anlatmanı emrediyorum!"

Avram'ın sesi berraktı. "O, Yasa'dır"

"Bunu duymuştum zaten."

Avram, "Sadece tek bir yasa var. Başka yasa yok," diye fısıldadı. Biş doğruldu. Avram neredeyse zeminin üzerinde asılı duruyordu. Biş gözlerini yere indirdi ve Avram'ın bedeni yere indi.

"Beni ona götürebilir misin?" diye sordu.

Avram, "Evet," diye cevapladı. Yerde koma halinde yatıyordu.

Avram'ın üzerine eğilerek, "Götür o zaman," dedi.

Avram, "Kalbinde bir yer aç" dedi.

"Ne, ne?"

"Sevgi için bir yer aç, kalbini aç."

Biş, "Sevgi için yer açtım," dedi.

"O zaman... hissetmelisin..."

Biş doğruldu. Duvara bakıyordu. Çatının altındaki dar pencereye baktı. Kafası karışmış gibiydi. "Fakat onu hissetmiyorum," dedi.

"O zaman kalbinde yer yok."

Biş sesini yükselterek, "Senden bana kesin yolu göstermeni istedim," dedi.

Avram, "Yer aç," dedi.

"Sana söylüyorum, kesin yolu söyle!"

"Bir yer!"

"Bu nasıl yapılıyor? NASIL?" diye bağırdı Biş.

"Çok basit: bunu istemen lazım!"

"Bu bir cevap değil."

"Kendini düşünme..."

Biş yere baktı. Uzun bir süre durakladıktan sonra, "Benimle oyun mu oynuyorsun evlat?" diye fısıldadı.

Sonra bir şey dikkatini dağıttı ve dışarıya baktı. "Hey! Kim var orada?" diye bağırdı.

Birden, iki casus hızla odaya daldı. Kapının ardında onları dinliyorlardı. Biş "Annesini ve babasını buraya getirin," diye emretti.

Avram uyandı. Kendini yerde yatar vaziyette buldu. Biş, başında durmuş gülümsüyordu.

Casusların şansına, Terah ve Amtalei eve dönüyorlardı. Böylece, onları alıp hızla oraya getirmişlerdi.

Terah ve Amtalei odaya girdiklerinde odadaki yıkımı, kırık tanrı yığınlarını, henüz kendine gelememiş olan Avram'ı ve Biş'in sırıtışını gördüler.

"Oğlunuz tanrılarımızı parçaladı. Onlara, 'İşte buradasınız! Buradasınız! Lanet tanrılar!' diye bağırarak nefretle vurdu. 'Seni de yıkacağım Nemrut!' diye haykırdı."

Terah dehşetle Avram'a baktı ve aynı dehşetle yavaşça etrafa da baktı. Avram sessizdi.

Avram'a, "Bunu yaptın mı?" diye sordu.

Biş, "Evet, yaptı," dedi. "Bana inanmaman iyi değil Terah. Fakat şimdilik buna katlanabilirim. Yasaya göre, evinin yıkılması gerekiyor. Sen, Terah, tüm haklarından ve görevlerinden mahrum bırakılacaksın ve sen Amtalei, insan içine çıkman, çocuk doğurman yasaklanacak ve diğer iki oğlun şehrin çöplüklerinde çöpçü olacaklar. Ömür boyu."

Kimse ne diyeceğini bilemedi.

Amtalei, "Sen olmadığını söyle," diye yalvardı.

"Bendim," dedi Avram.

Terah, yere saçılan kırıklara, ikiye ayrılmış tanrı başlarına bakarak "Sen ne yaptın?" diyerek soludu. Sonra aniden, "Hayır! Sen ne yaptığını bilmiyordun!" diye haykırdı. "Tabii ki aklın gitti; akıl tanrısı senin aklını aldı," diye haykırdı.

Avram, "Hayır. Ne yaptığımı biliyordum," dedi.

Biş zafer kazanmış bir şekilde, "Bu suçluyu teslim

etmelisin," dedi. "Kral Nemrut'a sadık biri olarak, onu Kral'a teslim etmelisin."

Amtalei dehşet içinde Biş'e baktı. Terah başını öne eğdi. Biş, "Başka bir yol görmüyorum," diye devam etti. "Bunu ben de yapabilirim ama o zaman tüm ev halkınız zarar görür. Fakat sen ya da Amtalei bunu yaparsanız o zaman ülkemiz yasalarına göre sizi bir ödül bekliyor olacak," diye ekledi.

Amtalei, "O bizim oğlumuz," diye gürledi.

"O bir evlat değil, bir aptal," dedi Biş. "Sen de böyle düşünmüyor musun Terah?"

Terah yere bakmaya devam ediyordu. Başını kaldırmadı.

"Sen Kral Nemrut'a en yakın insansın, onun en yakın dostusun. Sence de öyle değil mi?"

Terah derhal başını kaldırdı. Biş tekrar sordu: "Sence de öyle değil mi?"

Terah ona cevap vermedi, sadece Avram'a döndü ve "Hazırlan," diye emretti.

Amtalei, "Terah," diye haykırdı. "Yapamazsın…"

Terah'ın bakışları sertti: "O bizim tanrılarımızı parçaladı!"

"Tekrar düşün Terah!"

"Bizi, ailesini, evini, kardeşlerini ya da herhangi birini umursamıyor."

Terah'ın her şeye çoktan karar vermiş olduğu belliydi.

"O bize ihanet etti," diyerek kesin bir ifadeyle sözlerini tamamladı. "Bunun bedelini ödemek zorunda."

Biş, hayranlıkla, "Sen gerçek bir vatanseversin Terah," dedi. "Hakkında kötü şeyler düşündüğüme pişmanım."

Avram tüm bu süre boyunca cevap vermedi.

Terah, harekete geçmesi için Avram'a, "Hadi," diye emretti ama Amtalei yolunu kesti. Terah "Bırak gidelim aptal kadın," dedi. "Evi düşün, çocukları ve nihayetinde de beni düşün."

Terah ona baktı ve Amtalei gönülsüzce bir adım geri gitti. Avram yanından geçerken dayanamadı, onu kucakladı ve "Bizi affet oğlum," diye fısıldadı.

Avram, "Affet beni anne," diye karşılık verdi.

Nemrut'un Kararı

Cellat Siyuta, Nemrut'un odasının kapısını açtı. Avram'a baktı. Terah ya da Biş'i fark etmemiş gibi görünüyordu. Elini uzatıp parmağıyla Avram'ın göğsünü işaret etti.

"Ne istiyorsun?" diye sordu Biş.

Cellat, eliyle, boğazını kesiyormuş gibi bir hareket yaptı.

Biş, "Daha zamanı değil," diyerek onu durdurdu.

Cellat tekrar, eliyle, boğazını kesiyormuş gibi yaptı. Ulurcasına bağırdı ve kapıyı kapatmaya çalıştı ama Biş ayağını kapının arasına koydu. "Bırak," diye emretti. "Onun tehlikeli olduğunu biliyorum... Ama daha zamanı değil."

Terah, derin düşüncelere dalmış gibi görünen Avram'a baktı. Avram ne celladı duymuştu ne de onun yüzünü görmüştü. O sırıtışıyla, celladın yüzü korkunçtu. Cellat onları bıraktı ama bir gölge gibi peşlerinden gitti. Eli bıçağının sapındaydı, her an çıkarabilirdi.

Büyük bir salona girdiler. Salonun ortasında bir yüzme havuzu vardı. Suyun üstünde buz parçaları yüzüyordu. İçinde kimse görünmüyordu. Biş kenarda durdu. Birden derinliklerden karanlık bir şey ona doğru ilerledi. Nemrut'un kaslı bedeni suyun yüzeyine çıktı. Suda yüzüyordu.

"Oğlunu mu getirdin Terah? Onu kendin mi getirdin? Gerçekten mi?" Nemrut uğursuzca gülümsedi. "Ya onu idam ettirirsem?"

Terah sessizdi. Nemrut'la hala konuşabileceğini ve cezayı belki biraz erteletebileceğini düşünüyordu.

Nemrut sert bir şekilde, "Cevabı duymadım," dedi. "Yoksa sana bebek muamelesi yapacağımı mı düşünüyorsun? Söylesene bana, nasıl oldu da Başbakanımın oğlu benim en büyük düşmanım oldu?"

Terah, "Siz nasıl karar verirseniz," diyerek başını öne eğdi, kalbini boğazında hissetti. "Siz nasıl karar verirseniz öyle olacak."

Nemrut, "Bu doğru!" diyerek hızla havuzdan çıktı. Cellat da bir adım öne çıkmıştı ki Babil'in uzun boylu, yapılı Kralı, Terah'ın karşısında dikildi.

"Neden tanrılarımızı parçaladın?" diye sordu Nemrut.

Terah, "O ne yaptığını bilmiyordu" diye cevap verdi.

Biş de "Evet, o galeyana gelmiş," diyerek Terah'ı onayladı.

Nemrut, "O zaman, ona düşünmesi için zaman mı vermeliyiz?" diye sordu.

"Yüce Kral," dedi Terah. Gözlerinde umut ışığı belirmişti.

Nemrut, "O zaman bırakın düşünsün," diyerek kararını verdi. "Bırakın on yıl düşünsün," dedi.

Kral, Avram'a gülümsedi.

"Seni idam etmek fazla kolay olur. O zaman etrafımda sadece bana hiçbir zevk vermeyen sefiller kalır. Ayrıca, bana hâlâ tanrına giden yolu göstereceğine inanmak istiyorum," dedi. Elini Avram'ın omzuna koydu. "Otur ve düşün. Yeraltında geçen on yıldan sonra herkes itaat ile karşılık verir."

Celladı işaret etti. "Onun, Siyuta'mın ne kadar itaatkâr olduğunu biliyorsun. Fakat bu kez benimle hemfikir değil. Tek bir defalık."

Cellat başını salladı ve dişsiz ağzını göstererek sırıttı. Nemrut dönüp tekrar havuza atladı. Buz parçaları yüzeye doğru fırladı. Terah başı öne eğik bir halde dururken, Nemrut'un karanlık gölgesi hızla havuzun derinlerine indi.

Biş Avram'a baktı, onun yüzü aydınlanmıştı. O an, her şeyden çok Avram'ın tam olarak ne düşündüğünü bilmek isterdi.

Kitap Üç
Savaş

Hapishane

Böylece, hapishanede geçecek on yıl başladı. Avram'ın hayatındaki en önemli yıllara dönüşecek olan on yıl...

Orada, o zindanda -zaman algısının uzun zaman önce kaybolduğu; insanların konuşacak kimse olmadığı için yıllarca sustuğu ya da konuşma yeteneklerini kaybettikleri için feryat ettikleri o yerde -günde iki kez, kapıdaki küçük açıklıktan, ancak hayatta kalmak için yenebilecek bir yiyecek içeriye itilirdi. Orada, zindanda, sadece gece vardı. Sadece acı ve keder vardı. Nemrut'un tutsakları orada ikâmet ediyorlardı ama onlar oranın sakinleri miydi yoksa işgalcileri miydi? Hem sevdikleri insanlar için hem de kendileri için uzun zaman önce ölmüşlerdi. Avram işte böyle bir yere düşmüştü. Tutsaklığının ilk gününde, bunun kendi başına da geleceğini hem de çok yakında geleceğini anlamıştı.

Bekleyemiyordu. Sabırsızlıkla duvardan duvara yürüyüp duruyordu, saatlerce, günlerce. Uyuyamıyordu. İçini kaplayan tanıdık, sevinç dolu bir his onu terk etmiyor ve ona uyumaması, yemek yememesi için güç veriyordu. Sonra bir gün, birkaç gün sonra, oldu — büyük ihtimalle geceydi ya da belki sabahın erken saatleriydi — konuşma başladı. Buna konuşma bile denemezdi, çünkü karşılıklı hiçbir kelime edilmedi. O'nun varlığını o kadar derinden hissetti ki, duvarlar eridi, sınırlar genişledi ve hava nefes almasına yetmiyordu.

O, "Bilgeliğin gizli otuz iki yolu..."nu duydu ve hissetti.

"Gizliliğin On Sefirot'u, yirmi iki temel harf, üç kök kuvvet, yedi çift ve on iki basit kuvvet..." (İbrahim "Yaratılış Kitabı")

Duvarlar yok olmuştu. Gördüklerini içinde yaşıyordu: İçinde, sadece sevginin olduğu yerde. Dünya bu Yasa'ya dayalıydı -tüm Babil, yeryüzü, diğer gezegenler, hava, iyi ve kötü.

On sefirot; gizlidir, görünümleri şimşek gibidir, onların amaçları tarif edilemez. Ancak, kişi onları tekrar tekrar tartışmalıdır. İlahi gücü, saf anlayışla takip et. On Sefirot, onlar gizlidir, dudaklarını mırıltılardan esirge..." ..."
(İbrahim "Yaratılış Kitabı")

Kapının menteşelerinden gelen gıcırtı ve kapının yere sürterek çıkardığı ses, onun bütün boşluğunu kapladı. Önünde rahip Biş'i gördüğünde, Avram samanların üzerinde oturmaktaydı. Biş'in arkasında ise neredeyse can vermekte olan bir muhafız duruyordu.

Biş, "E, hani, burada olmadığını söylememiş miydin?" dedi.

Muhafız, korkudan ölmek üzere bir halde "Burada değildi," diye mırıldandı. Biş "Ama işte burada," dedi ve Avram'ın gözlerinin içine baktı. Gardiyan, "Ama gitmişti! Burada değildi!" diye fısıldadı. "İçeri girdim, zindanın her yerini taradım ama burada değildi," diye devam etti.

Biş, "Nerelerdeydin?" diye sordu ama Avram sessiz kaldı.

Biş gardiyana dönerek, "Neden böyle bir şey uydurdun?" diye sordu. Gardiyanın rengi atmaya başladı. "Şimdi bana her şeyi anlat, yalancı," dedi. Gardiyan zar zor nefes alabiliyordu. Gözleri kaydı. Avram "O yalan söylemiyor," dedi. "Burada değildim."

Biş, yüzünde bir gülümsemeyle "Neredeydin?" dedi.

"O'nunlaydım."

"Ah, buraya mı geldi?"

"O, şu an da burada."

Biş, ellerini yana açarak doğruldu ve "Gerçekten mi? O burada mı? Şu an burada mı?" dedi.

"Evet," diye cevap verdi Avram.

Biş başını kara tavana doğru kaldırdı. Bakışları yavaşça tüm köşelerde gezindi. "Avram'ın tanrısı, neredesin?" diye sordu. "Eğer buradaysan bana cevap ver," diye devam etti. Cevap olarak, karanlık koridorda bir rüzgâr, rutubet ve korku yayarak uğuldadı.

Biş, "Ah, benimle oyun oynuyorsun," dedi. Bunu kime söylediği belli değildi. Biş, yerde baygın bir şekilde yatan gardiyanın üzerine eğilip onu sarstı. "Hey! Sen! Beni duyabiliyor musun?" Gardiyan dehşet içinde gözlerini açarken Biş, "Ona yemek vermeyin! Anladın mı? Bununla nasıl baş edeceğini görmek istiyorum," dedi. Sonra Avram'a baktı. Avram gülümsemeye devam ediyordu.

"Belki tanrın sana yardıma gelir," dedi. "Eğer gelmezse, gardiyanla bana haber yolla. Ona de ki: Ben fikrimi değiştirdim. Biş'i görmek istiyorum. O zaman geleceğim." Biş doğruldu ve hücreden çıktı. Ayak sesleri koridorun karanlığında kayboldu. Gardiyan hala soğuk zeminde yatıyordu. Bacaklarının gücü geri gelmeye başladı.

Sonra doğrulup oturdu ve ağlamaklı bir şekilde: "Bu nasıl olabilir?" dedi.

Avram, "Çok basit," diye cevapladı. "Burada, bu saman yatağın üzerinde oturuyordum ve O'nun bize olan sevgisinin ne kadar büyük olduğunu düşünüyordum," dedi.

Gardiyan, "Kimin sevgisi?" diye sordu.

"Tanrı'nın sevgisi," diye cevapladı Avram.

"Aha..." diye mırıldandı gardiyan.

"Ve sen, nerede bu lanet mahkûm, ondan nefret ediyorum diye düşünüyordun."

"Evet, bunları düşündüm"

"Bu yüzden de beni göremedin."

"Neden?"

"Sen buradaydın ama ben burada değildim," dedi Avram.

Gardiyan bir süre ağzı açık kaldı. Duyduklarını anlamakta zorluk çektiği belliydi.

"Özür dilerim," dedi. "Ben sadece bir gardiyanım ve hiçbir şey anlamıyorum." Tek anladığım beni kurtardığın," diye ekledi. Sonra ayağa kalktı. Etrafa bakındı.

"Yiyecek olmadan, burada nasıl hayatta kalacaksın?"

"O beni terk etmez," dedi Avram.

Gardiyan ellerini açarak, "Su için, kötü bir kuyumuz var," dedi.

"En önemli şey suyun olması. Git ve beni merak etme."

Gardiyan kapıyı açtı ama çıkmak için acele etmedi ve suçluymuş gibi, "Senin için elimden gelen her şeyi yapacağım," dedi ve gitti.

Karanlık ışığı kapladı ve O, birden Avram'ın içinde açığa çıktı. Boşluk tekrar izin verdi ve Avram sevinçle içine girdi.

Hapishaneden Haberler

O gece Terah'ın evinin kapısı çalındı. Amtalei kocasını uyandırdı.

"Duydun mu?" dedi. "Birisi kapıyı çaldı."

Terah kulak verdi ama bir şey duymadı, "Ben hiçbir şey duymuyorum. Sen duyuyorsun," dedi.

"Hayır," dedi kadın. "Avram'a bir şey oldu." Hemen sonra kapı tekrar çalındı.

Terah kapıyı açtı ama kimse yoktu. Amtalei, onun ardında duruyordu ve "Bu, ondan geldi," diye fısıldadı.

Terah, "Ama kimse yok," diye mırıldandı.

Amtalei, "Orada… Orada," diyerek elini uzun akasya ağacına doğru salladı. "Orada, ağacın altında, görüyorsun, yaklaşman için seni çağırıyor," dedi.

Terah, korkusuzca onun işaret ettiği yere doğru gitti. Oraya varmadan biraz önce durdu ve "Kimseyi görmüyorum," dedi. Sonra bir ses duydu: "Görünmek istemiyorum. Oğlun açlıktan kıvranıyor."

Terah, "Kimsin sen?" diye sordu.

"O kırk gün içinde ölecek," dedi sesin sahibi.

Terah tekrar, "Sen kimsin? Sana neden inanayım?" diye sordu.

"Sana kendimi ifşa edemem ama bana inanmalısın."

Her şey sessizliğe bürünürken, ayak sesleri gecenin içinde kayboldu ve Terah, Amtalei'nin yanına döndü.

Kadın, "Sana yalvarıyorum," dedi. "Nemrut'a git. Önünde diz çök."

***

Terah, elma yemekte olan Nemrut'un karşısında duruyordu. Nemrut elmayı hazla çiğniyordu ve keyfi yerindeydi. "Oğlun çok inatçı," dedi.

Terah, "Ama onu ölüme mahkûm etmemiştiniz..." dedi.

Nemrut, umursamaz bir şekilde "Fikrimi değiştirdim -ölsün," diye karşılık verdi.

"Yüce Nemrut, o benim oğlum."

"Unut onu."

"Bunu nasıl yaparım?"

"İki oğlun var. Bir tane daha yapın. Amtalei, hala genç."

"Annesi geceleri uyuyamıyor. Gözleri yaş içinde." Terah yumuşakça konuşurken, Nemrut onu gömleğinden yakalayıp elma parçalarını yüzüne tükürdü. Hiddetli bir şekilde, "O teslim olmalı," dedi. "Beni içeri almalı." Sesi uğursuz bir fısıltıya dönüşmüştü. "Bana içinde ne olduğunu göstermeli. Oraya kim hükmediyor? Ben değilsem, kim?"

Sesi gittikçe sakinleşti. Yüzü Terah'ın yüzüne çok yakındı. Burun delikleri şişmişti. "Git ve bir daha da geri gelme." Yavaşça ve kararlı bir şekilde konuşuyordu. "Ve şunu hep hatırla ki burada doğan herkes bana aittir. Aptal karına böyle söyle. Şimdi defol!"

Terah geri çekildi, arkasına döndü ve korku içinde eğilerek hızla dışarı çıktı. Sadık Sapir sarayın girişinde onu bekliyordu. Hiçbir şey sormadı ama Terah'ın gözlerine bakmaya devam etti. İkisi sessizce yürüdüler ve Terah birden durarak, "Neden bana bakıyorsun?" diye haykırdı.

"Size sormaya korkuyorum, efendim," dedi Sapir.

"Avram'ı unutmak zorundayız," dedi Terah. "Öyle görünüyor ki onu bırakmak zorundayız. Sonsuza kadar."

Dolunay üzerlerinde asılı duruyordu. Sapir'in yüzü ay ışığında her zamankinden daha solgun görünüyordu.

İlk Öğrenci

Amtalei bu mesajı nasıl yorumlamıştı ve buna nasıl dayandı belli değildi çünkü Avram onun sevgili oğluydu. Terah'ın, Nemrut'la arasında geçen konuşmayı ona anlatmasından sonra, tek kelime etmeksizin odasına çekildi ve o günden sonra sessizliğe gömüldü. Tüm sorulara el kol işaretleriyle karşılık verdi. Terah, konuşarak ona eziyet etmedi; ona ne olduğunu anlıyordu. Odası kesin bir şekilde herkese kapalıydı. Odasının ortasında büyük bir lamba yanıyordu. Lambanın altında, yerde tanrılar duruyordu. Lambanın ışığı başlarına düşüyor, gözlerini ve yüzlerindeki kırışıklıkları belirginleştiriyordu. Bazen canlıymış gibi görünüyorlardı. Amtalei dua etti. Günler ve geceler boyunca dua etti. O anlarda odasında biri olsaydı şu fısıldamayı duyacaktı: "Eğer o ölürse, Nemrut da ölsün."

Dua otuz gün boyunca devam etti. Otuz gün boyunca, Avram zayıflamış bir halde yatıyordu. Çok kilo kaybetmişti ve çok incelmişti. Dışarıdan bakıldığında, yaşamdan kopuyor gibiydi. Fakat içsel olarak hakiki yaşam okuluna devam ediyordu. Dünyayı, olduğu ve olacağı haliyle öğrendi. Sorular sorabildi ve cevaplar alabildi.

"Dünya neden bir bütün halindeydi? Bütün halindeki dünyayı neden kırmak gerekmişti?"

Bu sorunun cevabı geldi...

"Öyleyse, bütün halinde olduğumuzun bilgisi bizde mevcut mu?"

Bu soruya da cevap aldı.

"Tekrar, tek bir aile olacak mıyız?"

Bu soruya öyle büyük bir cevap geldi ki Avram, "Bu ne zaman olacak?" diye fısıldadı.

Ona yine cevap gelirken, zindanın kapısı açıldı ve gardiyan içeri girdi. Avram'ın ölümcül derecede solgun yüzüne bakarken endişeli görünüyordu. "Gerçekten bu şekilde mi ölecek? Tanrılar buna izin verecek mi?" diye fısıldadı.

Avram gözlerini açtı. Gardiyan topraktan bir su kasesini onun önüne koydu. Kendini savunmaya çalışarak, "Kral'ın emrine karşı gelemem," dedi. "Dört çocuğum var. Biş anlarsa, onlara ne olur?"

Avram, belli belirsiz bir şekilde, "Bir şeye ihtiyacım yok," diye fısıldadı. "Kendini suçlama. Kendimi iyi hissediyorum."

Muhafız iç çekerek geri çekildi. Kapı kapandığı anda, odanın karşı köşesinden bir sıçan hışırtısı gelmeye başladı. Duvardaki taşları sarsmasından, büyük bir sıçan olduğu anlaşılıyordu. Avram karanlığa baktı. Hayır. Hiçbir şeyden korkmuyordu. Bir taş yere düştü ve karanlıktan gelen bir ses duyuldu; "Avram, sana bazı kökler getirdim, onlar et yerine geçecek." Avram baktığında Sapir'in darmadağın olmuş başı göründü.

Avram, "Burası tehlikeli," diye fısıldadı.

"Her şeyi hesap ettim; bu alan görünürde değil..." diye karşılık verdi Sapir. Fakat Avram ona itiraz etti: "Git buradan! Terket burayı!"

"Her şeyi tam olarak senin açıklamalarına göre yaptım. Beni ve Şelah'ı kurtardığın zamanki açıklamalarını hatırladım. Süründüm ve kendimi düşünmedim, sadece seni düşündüm. İşe yarıyor Avram!"

Yapraklardan örülmüş bir keseyi Avram'a doğru fırlattı. "Keseyle birlikte bütün kökleri ye. Hemen şimdi," diye emretti.

Avram, zar zor duyulabilen bir sesle, "Yemek istemiyorum," dedi. Sapir, "İsteyip istememen hiç fark etmez. Her şeyi ye," diye emretti.

"Fakat istemiyorum..."

"Ye!"

Avram'ın yaşlı adamla tartışacak gücü yoktu. Tüm keseyi ağzına atıp çiğnemeye başladı.

"Artık git," diye fısıldadı. "Seni yakalarlarsa..."

"Yakalayamayacaklar."

"Sana emrediyorum."

"Emir vermek için çok zayıfsın. Seni bırakmayacağım ve kimse de beni görmeyecek."

Avram iç geçirdi. "Dışarıda herkes nasıl?" diye sordu.

"Herkes bir mucize olmasını umut ediyor. Annen gece gündüz senin için dua ediyor. Terah'ın saçları tamamen beyazladı. Tüm gün boyunca inşaat alanında kalıyor. Neredeyse eve hiç gelmiyor ama seni çok sevdiğini biliyorum."

Avram, "Ona hiç şüphem yok," diye cevap verdi. "Bunun, onun için ne kadar zor olduğunu biliyorum."

"Kule büyüyor," diyerek devam etti Sapir. "Yağmurlar durmuyor. Nemrut, Babil'deki kaplanların neredeyse tamamını çoktan yok etti. Şimdi onlarla çıplak elle savaşıyor, bu onun yeni hevesi. O çok güçlü. Bakalım başka ne var? Evet, bir başka haber. Kendimi birdenbire bir ateist gibi hissettim. Sen hapse atıldıktan sonra tanrılarımıza inanmayı bıraktım."

Avram sakince konuştu: "Sahi mi? Nasıl yani?"

"Evet. Eğer onlar, tanrılarımız seni koruyamıyorsa onlara neden inanayım?"

"Yani artık ateist misin?"

"Evet ve hayat daha kolay hale geldi. Eğer mucizelere inanmazsan, o zaman mucizeleri sen kendin gerçekleştirirsin. Ben de bir köstebek gibi, buraya gelen bir tünel yaptım, otuz günde bin arşın. Bunu kimse yapamaz ama ben başardım. Çünkü hep seni düşündüm. İşte, biraz daha kök al."

Attığı bir diğer kese Avram'ın göğsüne düşerken, Sapir konuşmaya devam etti: "Bunlar kök. Etten daha iyiler. Dıştan solacaksın ama için yaşayacak. Hepsini kandıracağız, o canavar Nemrut da dahil tüm tanrıları."

"Sapir, öyle değişmişsin ki!"

"Senin tanrın bana daha cazip geldi. Hazırlan."

"Nereye?"

"Merak etme, seni ben sürükleyeceğim, senin sadece bacaklarınla kendini itmen gerekiyor."

"Bunu düşünme bile..."

"Dağlara gideceğiz. Bizi kimse bulamayacak. Zaten, Şelah ve Şarir de orada. Birlikte yaşayacağız. Harika, değil mi? Hazırlan."

"Hayır, geldiğin gibi gideceksin."

"Buradan sen olmadan ayrılmayacağım."

"Burada kalacağım."

"Anlamıyor musun? Bir saat içinde özgür olacağız. Dağlara gideceğiz ve tek bir yaşayan ruh dahi bizi bulamayacak."

"Buradan ayrılmayacağım."

"Neden Avram?"

"İlk olarak, bu senin için de benim için de tehlikeli."

Sapir, "Bir tehlike yok," diyerek yalvardı.

"İkincisi, eğer ben yok olursam gardiyan idam edilir."

"Haklı olarak tabi."

"Onun bir karısı ve çocukları var Sapir ve bana karşı çok iyiydi."

"Ve üçüncü olarak da burada hapsedildiğim için hem tanrıya hem de Nemrut'a minnettarım."

"Avram, sen delirdin mi?"

"Bana gönderilen bu İyiliğin ne kadar büyük olduğunu anlatamam."

"İyilik mi?"

"Evet, iyilik; şimdiye kadar bildiğim en büyük sevgi."

Sapir panik halde, "Delirdin mi, evlat?" dedi.

"Kendimi hiç bu kadar iyi hissetmemiştim."

"Görünüşe göre, tanrın sana gelmiş."

"Elbette. Beni hiç terk etmedi ki."

Sapir, "Beni de mi?" diye sordu.

Sapir birden, "Avram bana O'nunla nasıl konuşulacağını öğret," dedi. "Lütfen, öğretir misin? Artık bizim tanrılarımıza inanmıyorum."

"Sana öğretmeyi gerçekten çok isterim," diye cevapladı Avram. "Fakat gerçek şu ki nasıl olacağını bilmiyorum..." dedi ve dönüp Sapir'e baktı; bakışları sıcak ve güven vericiydi. "Fakat bir yolunu bulacağım Sapir, sana söz veriyorum ve sonra her şeyi basitçe açıklayacağım ve sen her şeyi anlayacaksın."

Sapir, "Sana inanıyorum Avram ve bekleyeceğim. Tekrar geleceğim," diye karşılık verdi.

"Gelme. Bu tehlikeli."

"Merak etme; beni yakalayamayacaklar. Ben, bizim bukalemun gibiyim. Onu hatırlıyor musun? Onu sen ve ben hariç kimse görmüyordu. Yarın geleceğim, yiyecek getireceğim."

"Pekâlâ, yalnız dikkatli ol. Seni yakalarlarsa kendimi affetmem, bunu unutma."

Sapir güldü. "Tekrar birlikte olacağımız için nasıl mutluyum!"

Avram, "Ben de" diye cevap verdi. "Ben de çok mutluyum..." Sonra tuhaf bir ses duyuldu -bu Sapir'in hıçkırıklarla ağlama sesiydi. Hıçkırıklar arasında aceleyle şöyle dedi: "Şey... Benim gitmem gerekiyor... Gece geleceğim... Hoşça kal Avram." Hareket ettirirken, taş gıcırdadı. Doğrusu, kimse burada tek bir hareket bile olduğunu anlayamazdı. Her şey o kadar ustaca gizlenmişti ki.

Avram yalnız kalmıştı. Gözleri açık yere uzanmış, dinliyordu. Uzaklardaki bir uğultu gittikçe yaklaşıyordu. Avram onun bir fırtına olduğunu anladı. O, Babil için bir felaketti. Avram içinse bir cevaptı. Yatağından kalktı; kalkması kolay oldu. Sapir'in kökleri işe yaramıştı. O, kimselere aktaramadığı, eşsiz güven ve sevgi hissiyatı tekrar gelmişti. Avram boşluğu hissetti. Zindan oralarda bir yerde kalmıştı. Avram gülümsüyordu...

Nemrut Zindana İniyor

Gardiyan onu öylece gülümserken gördü. Ona bakmak için eğildi. "Gidiyor," dedi birisine.

"Ne zamandır yemedi?" diye uzaktan gelen başka bir ses duyuldu.

Biş, "Otuz altı gündür, yüce Kral," diye cevapladı. Muhafızı oradan uzaklaştırarak, Avram'ın göz bebeklerine baktı.

"Hayır, o hayatta...Yaşıyor..." dedi Biş. "Sadece güçten düşmüş..."

Nemrut, Avram'ın yanına otururken, "Ona biraz su verin," dedi.

"Beni duyuyor mu?" diye sordu. Avram elini hareket ettirdi.

Biş, "Evet, yüce Kral," diye karşılık verdi. Su, Avram'ın dudaklarına aktı. Avram bir yudum aldı.

Nemrut, "Onu beslemenizi emrediyorum," dedi. "Biş'in bu kayıtsızlığını bilmiyordum...O cezalandırılacak."

Avram, "O size bir hediye vermek istedi yüce Kral," dedi. "Onu cezalandırmayın."

Kral, "Kaldırın onu!" diye emretti. Biş, Avram'ı tutup kolaylıkla kaldırdı ve sırtını duvara yaslayarak, oturttu. Nemrut, Avram'ın kulağına fısıldadı: "O neden bizi yağmura boğuyor?"

Avram, dudaklarını zorla hareket ettirerek, "Çünkü O'nu duymuyoruz," dedi.

"O bize ne söylüyor?"

"O'na direnmememiz gerektiğini."

"Biz O'na direniyor muyuz?"

"Evet."

"Nasıl?"

"Biz birbirimize yabancıyız..."

"Akrabalar gibi daha yakın mı olmalıyız?"

"Evet."

Nemrut, "O, sevgi olduğu için mi?" diye sordu.

"Evet."

"Öyleyse, herkes birbirini sevsin diye bir emir mi vermem gerekiyor?"

"Emrin faydası olmaz," diye karşılık verdi Avram.

"Neyin yardımı olur?"

Avram yavaşça konuşmaya başladı; "Onlarla konuşmalıyız." İçinde bulunduğu durumun zorluğunu aşmaya çalışarak, "Babil halkıyla... Yasa hakkında... Birlik hakkında," dedi. Çatlamış dudakları zar zor hareket ediyordu: "...Sevgi hakkında."

"Yani bu insanlarla sevgi hakkında konuşmamı mı istiyorsun benden?" Nemrut, dişsiz ağzıyla sırıtan cellada doğru parmağını sallayarak, "Onunla aynı masaya oturmamı mı istiyorsun?" dedi. Parmağını muhafızın göğsüne batırarak, "Bu adamla konuşmamı mı istiyorsun?" dedi. "Görünüşe göre Krallığı yok etmek istiyorsun."

Avram'ın ağzından "Babil'i büyük Babil yap," sözleri döküldü.

"O zaten büyük," diye karşılık verdi Nemrut.

"Onu kutsallaştır."

"O zaten kutsal."

Avram, "Yağışlar durmayacak," diye fısıldadı. "Kule yıkılacak."

Nemrut sert bir şekilde doğruldu. Avram'ın sözleri içini delip geçti; onu öfkelendirdi, yaraladı.

"Sana yardım etmek istedim. Fakat sen Kral'ın önünde durmayı ve eğilmeyi asla öğrenmedin. İki yıl geçti Avram." Nemrut ayağa kalktı. "Sana yemen için bir şeyler verecekler; on yılı burada dolduracaksın."

Avram, "Fakat sen Tanrı'yı bulmaya geldin," diye fısıldadı. Nemrut'a baktı; onun bakışları netti.

Nemrut, "Geldim çünkü sıkılmıştım," diye cevapladı. "Gevşemek istedim. Bitti."

Nemrut esnedi ve ellerini yana açtı. Sonra yavaşça zindandan çıktı. Biş de aceleyle arkasından gitti ama gitmeden önce Avram'a baktı.

"Sen ya delisin," dedi. "Ya da gerçekten..."

Biş sözünü bitirmedi. Kapı ardından kapandığında, Avram yine yalnız kalmıştı. Tekrar bir dalga onu kaptı, kaldırdı ve taşıdı. Görmüyordu ama olan biten her şeyi hissediyordu. Dünyadaki adaletsizliklerden dolayı ızdırap duydu. Dışarıda var olan ve daima var olacak olan yoksulluktan dolayı inledi. Sebepsiz yere başlayan savaşları; akla hükmeden korkunç zamanları; insan öldürmenin nasıl da karınca ezmek gibi, aşağılamanın nasıl da tükürmek gibi kolay olduğunu gördü.

Her şeye rağmen, tüm bunların ötesinde hem mantığı hem de bağı ve yüksek otoriteyi hissetti. Her şeyin neden ve nereden geldiği açıktı. Kaos yoktu; sanki katman katman kir kalkıyor ve o kirin altındaki ışık ortaya çıkıyor gibiydi. Yine ne kadar zaman geçtiği belli değildi. Belki bir an, belki bir dakika, bir saat ya da bir yıl geçmişti. Zindanda zaman yoktu.

Sapir geldi ve gitti, daha doğrusu tünelden geçerek ilerledi. Kökler getirdi ama Avram'ı konuşmalarıyla sıkmadı. Orada, başka bir iletişimin gelişmekte olduğunu gördü. Önemli olan müdahale etmemekti. İzin verildiği sürece, sessizce bir kenarda oturdu. Oturdu, sevindi, Avram'la geçirdiği zamanın tadını çıkardı ve sonra sevginin olmadığı, durmadan yağmur yağan ve Avram olmadan çok üzücü bir yer olan dünyaya geri döndü.

Böylece, bir beş yıl daha geçti. Aslında Avram için zaman mevcut değildi ama Terah ve Amtalei için zaman dayanılmaz derecede uzundu. Oğulları olmadan yaşamak çok üzücüydü; onsuz yaşamak mümkün değildi. Oğulları Nahor ve Aran büyümüşlerdi ama Avram'dan tamamen farklıydılar. Onlar, Avram kadar sevgi dolu, onun kadar zeki ve iyi değillerdi. Bir an bile Avram'ın hatırasını ve ona duyulan özlemi hafifletemediler. Mesela Aran, dünyaya kimin hükmettiğini, insan doğasının asla değişemeyeceğini, bir insanın nasıl kötü doğduysa öyle de öleceğini hemen anlamıştı. Kişinin kendi iyiliği için başkalarını kullanması gerekiyordu; bunu iyi öğrenmişti ve bu nedenle de Biş'in büyücülük derslerine katılmıştı. Putlara inanıyor ya da inanıyormuş gibi yapıyordu. Nemrut'a tapıyordu; onun gücüne ve kudretine gerçekten hayrandı. Avram'ın dar görüşlü olduğunu düşünüyor ve ona acıyordu.

İnsanlar, "Demek, hapisteki senin kardeşin," dediklerinde hiç tereddüt etmeden, "Yaptıklarından sonra o benim kardeşim değil," diye karşılık veriyordu.

Nahor, daha ketum, sessiz, basit işlerle, sıradan insanlarla ilgilenen biriydi ve güçle ilgilenmiyordu. Güçten korkardı da. İtaatkâr ve görünmezdi. Avram'a hiç benzemiyordu.

Amtalei, tüm bu yıllar boyunca sessizdi. Oğlundan nefret edildiğini, korkulduğunu ve cezası bitene kadar hapiste tutulacağını anlamıştı. Kendini, ona sadece acı ve ızdırap veren bu dünyadan uzaklaşmak isteyen Terah da dahil herkese kapattı. Terah nasıl olmuştu da bunu yapamamıştı? Hâlâ inşaatta görevini yapıyordu. Deli gibi çalışıyor, haftalarca eve dönmüyor, yıkıcı düşüncelerden kaçıyordu. Gece gündüz kulede ya da kuleye yakın bir yerlerde görülüyordu, her zaman güçlüydü. Hiç uyumadığına dair bir söylenti dolaşıyordu. Bunun tek sebebi kendini unutmak istemesi ya da inanılmaz çalışma arzusu değildi. Nemrut'un korkusu içine işlemişti.

Bir defasında, Kral, beklenmedik bir şekilde Terah'ın karşısına dikilmişti. Her zamanki gibi bardaktan boşalırcasına yağmur yağıyordu. Terah, birkaç yüz arşın yükseklikteki kulenin kenarında duruyordu. Arabacılar her zamanki gibi vagonları sürüyorlardı. Terah aniden şu sözleri duydu: "Bana bu kadar sadık mısın?"

Terah arkasına döndü. Nemrut, yakınında duruyordu. "İnşaat alanından gece gündüz ayrılmadığını söylüyorlar," dedi.

Terah, "Kulenin mümkün olduğunca çabuk gökyüzüne ulaşmasını istiyorum yüce Kral," diye karşılık verdi.

"Oğlun zindanda olduğu için mi?" Terah, Nemrut'un bakışlarından kaçamadı.

"Onu serbest bırakacağımı mı ümit ediyorsun?" Kral, kulenin ucunda dikiliyordu, Terah'a, onun bir parmak hareketiyle düşüp öleceği yakınlıktaydı. Bu düşünce, gerçekten de Terah'ın içine işledi ama bunu nasıl yapabilirdi ki?

Terah, "Oğlum sizin önünüzde suçlu, yüce Kral," dedi

ve başını öne eğdi. Nemrut durakladı. "Bana iyi hizmet ettiğin sürece yaşayacak."

Nemrut konuşurken arkasını döndü ve zifiri karanlık yağmur perdesinin içinde kayboldu. O günden sonra, Terah tamamen perişan vaziyetteydi. İnşaat alanından hiç ayrılmadı.

Çoğu zaman zifiri karanlıkta, bardaktan boşalırcasına yağan yağmurda aniden ortaya çıkıyor ve herkes gibi arabalarla koştuğu görülüyordu. O da herkes gibi duvar örebiliyordu. Şelah'ın fırınlarını nasıl kontrol edeceğini, tuğlaları nasıl pişireceğini biliyordu. Her şeyi biliyordu. İnşaat alanını terk etmiyordu. Nemrut'un sözlerini hatırlıyordu. Aynı zamanda, evdekilerden iyi bir beklentisi olamayacağını da anlamıştı. Oğulları Aran ve Nahor'un ona ihtiyacı yoktu, kendi başlarına yaşıyorlardı. Peki ya Amtalei? Sürekli onun sitem dolu bakışlarını hissetmek ve sessizliğini dinlemek dayanılmazdı. İmkânsızdı! Tüm bu yıllar boyunca aralarında yıkılmaz bir duvar oluşmuştu. Terah, Avram hapiste olduğu sürece Amtalei'nin konuşmayacağını anlamıştı. Fakat bir keresinde, sürüne sürüne eve dönmüştü. Yorgunluktan ölüyordu ve inşaat alanında duracak halde değildi. Amtalei onu kayıtsız bir sessizlik içinde karşıladı. Kocası orada mıydı değil miydi umurunda değildi. Ona yemek ve başka ne istiyorsa verdi, sonra da odasına gitmek istedi. Terah daha fazla dayanamadı. Onun elini tuttu ve sordu: "Neden benim hayatımı cehenneme çevirdin?"

"Çünkü benimki de cehennem," diye cevapladı Amtalei.

Terah, "Bu benim suçum mu?" diyerek yakardı.

"Oğlumuzu Nemrut'a götüren sendin! Bu yüzden senin suçun..."

Terah, "Eğer bunu yapmamış olsaydım ne sen olurdun ne ben ne de diğer çocuklarımız," diye karşılık verdi.

Amtalei, "Bazen bana da öyle geliyor ki en iyi seçenek buydu," dedi. Yüzünde çaresizlik ifadesi vardı, gözleri yaşardı ve bambaşka bir şekilde, sessizce konuştu: "Ben onsuz yaşayamam Terah! Anlamıyor musun? Bir şekilde yaşamaya çalışıyorum ama bu yaşamak değil!"

Terah ona doğru adım attı ve onu kucakladı. Amtalei ona karşı koymadı.

"O benim ışığımdı! Neşemdi! Umudumdu. Dünyanın en iyi çocuğuna sahip olmak bizim için öyle zor oldu ki. Başını Terah'ın göğsüne yasladı. Hafifçe inledi: "Neden tanrılar bize merhametli davranmıyor?" Gözyaşları yanaklarından süzüldü; onları zapt edemiyordu.

"Bir gün işlerin bu noktaya geleceğini biliyordum," dedi Terah. "Sen de biliyordun Amtalei… Bizim çok özel bir çocuğumuz oldu… Yüce Kral'a karşı geldi. Ona izah ettim, Nemrut'u kabullenmesi için yalvardım. Fakat o duymak istemedi. Nemrut'un, onun idamını emredeceği saati daima korkuyla bekledim ama tanrılar bize merhamet etti."

Amtalei, "Bu nasıl bir merhamet?" diye ağladı.

"O yaşıyor Amtalei, bunu unutma! Ve yakında geri dönecek. Ve ben onun eve, her şeyi anlamış olarak dönmesini istiyorum… Bana, onun sağlığının yerinde olduğunu, Nemrut'un onun düzgün bir şekilde beslenmesini emrettiğini ve ona verilen yemekleri yediğini söylediler."

Amtalei umutla, "Öyle mi?" dedi. "Bu doğru mu?"

"Bundan eminim," diye cevapladı Terah. "Ben bir kule

yapıyorum. Kule yükselirken, oğlumuz beslenecek. Kule Nemrut'un gururu."

Amtalei ona daha da sokuldu. Birlikte onun odasına gittiler ve Terah donakaldı. Gördüğü şeyi o bile beklemiyordu. Siyah çarpı işaretleriyle dolu bir oda. Dehşet içinde Amtalei'ye baktı.

Amtalei, "Onsuz geçen her gün boşa geçmiş bir gündür," dedi.

***

Böylece, Avram'ın on yıllık hapis hayatı sona erdi. Her gün bir sonsuzluk gibiydi. Her gün, Avram'ın geri döneceğine olan inanç ve Nemrut'un sözünü tutacağına olan inançsızlıkla geçti.

Nemrut'un yeni bir kötülükle ortaya çıkmasından ya da herkesten nefret eden Biş'in, ona korkunç bir şey tavsiye etmesinden korkuyorlardı. Onlar, Terah ve Amtalei, bir mucize bekliyorlardı. Zaman yaklaştıkça daha da heyecanla dua ediyorlardı. Böylece serbest bırakılma günü geldi.

Özgür ama Ne Zamana Kadar

Avram hapishaneden çıkarıldığında, gardiyan onun elini kaçamak bir şekilde sıktı. Avram gülümseyerek karşılık verdi. Yeraltında on yıl hapis yattıktan sonra özgürlüğüne kavuşanlar için doğal olan heyecan onda yoktu. Bu durum, karanlık ve pis kokulu koridor boyunca Avram'a eşlik eden gardiyanı şaşırtmıştı.

Tükenmiş haldeki insanlar sağlı sollu kafeslerde oturuyordu. Saçları dökülmüş, bir deri bir kemik kalmış, artık insana benzemeyen bu insanlar başlarını kaldırıp bakmadılar bile. Tüm umutlarını çoktan yitirmişlerdi. Avram onları şimdi kurtaramayacağını anlamıştı. Ama bunu er geç yapabileceğini de biliyordu.

Ağır bir kapıya yaklaştıklarında, Avram, aniden sabit bir bakışın üzerinde olduğunu hissetti. Üstü başı yırtık, yorgun bir adam, gözlerini kısmış ona bakıyordu. Adam aniden ayağa fırladı, düşmemek için parmaklıklara tutundu ve hırıldadı: "Sen misin?"

Avram onu hemen tanıdı. Bu, soyguncu Hadad'dı. "Evet, benim Hadad," diye karşılık verdi.

Hadad, şaşkınlıkla, "Beni hatırlıyor musun?" diye sordu.

"Elbette. Ne de olsa birlikte yapacağımız daha çok şey var."

Gardiyan, Avram'ı hafifçe öne doğru iterek, "Onunla konuşamazsın. O sonsuza dek burada kalacak," dedi ve onu, titrek bir ışığın geldiği kapıya doğru götürdü.

Hadad, irkilerek onun arkasından baktı. Karanlığın arzulandığı ve nefretin uzun zaman önce yerleştiği yerde -Hadad'ın kalbinde- bir şey açığa çıktı ve iz bıraktı. Bulutlar hapishane avlusunu karartmıştı. Bir fırtına yaklaşıyordu. Avram gülümsüyordu. Ona doğru koşan kimse yoktu. Orada durmuş, temiz ve soğuk havayı içine çekiyordu. On yıl boyunca bundan mahrum bırakılmıştı.

Nemrut'un arabası kapıda bekliyordu. Sürücü, "Yüce Kral sizi onurlandırarak, götürmemizi emretti," dedi. Gardiyan, endişeyle, "Bir şeylerin peşindeler," diye fısıldadı. Avram gülümseyerek her şeyi anladığını, gardiyanın ihtimamını hissettiğini ve her şey için minnettar olduğunu açıkça belli etti.

***

Evde, kimse onun ne zaman getirileceğini bilmiyordu. Amtalei, bir ay boyunca evden çıkmadı çünkü Avram'ın gelişini kaçıracağından, onun kendisi evde yokken dönmesinden korkuyordu. Hayır, buna izin veremezdi. Günlerce, tüm sokağın görülebildiği eşikte durdu.

Terah o gün inşaat alanındaydı. Şiddetli bir yağmur yağıyordu ve bu da patronun orada olmasını zorunlu kılıyordu. Sokakta Nemrut'un arabası belirdi ve Amtalei onu hemen gördü.

"Nemrut!" diyerek pencereden geri çekildi. Arkasında Sapir duruyordu, sadık Sapir, efendisinin karısını asla sahipsiz bırakmazdı.

Amtalei, " Eğer bir şey olduysa," diye fısıldadı. "Yaşayamam."

İkisi de donmuş bir halde arabanın yavaşça yaklaşmasını izlediler. Kirli dönemeçten, birinin bacağının arabadan çıkışını izlediler. Ve sonra, bakışları yakıcı, sakallı bir adam belirdi.

"Avram!" diye haykırdı Amtalei. Onu bu haliyle nasıl

tanımıştı? "Oğlum!" Koşarak kapıya gitti, kapıyı açtı ve Avram'ın kollarına atıldı. O an sanki sonsuzmuş gibi, öylece durdular.

Sapir, Avram'ın etrafında dönüyor, ona dokunuyor, gözlerinin içine bakıyor ve sürekli tekrarlıyordu: "Avra-aam, döndü! Geri döndü! Oğlum benim! Her şey yolunda ve işte yakışıklı oğlumuz burada." Birkaç dakika sonra Sapir, Terah'a oğlunun dönüşünü bildirmek üzere, inşaat alanına doğru dört nala koşan bir atın üzerindeydi. Ata acımadan, yağmur duvarına doğru tüm gücüyle ilerliyordu. Terah, gece geç saatlerde ortaya çıktı. İçeri daldı, ıslanmıştı, yorgunluktan ölmek üzereydi ama dünyanın en mutlu insanıydı! Önce Avram ona doğru bir adım attı. Sarıldılar. Sanki hiçbir şey olmamış gibiydi- ne on yıllık ayrılık ne zıtlaşma ne ele verme, hiçbir şey.

Bir baba ve bir oğul vardı. Sevgi dolu, sevgili, daima birlikte, bir baba ve oğul. Terah, dayanamadığı için gözyaşlarına boğuldu. Hayatında ilk kez ağladı. Hiç kimse onun gözyaşlarını görmedi. Bunlar, hafif, mutluluk gözyaşlarıydı, yanaklarından aşağı aktıkça aktı.

Aradan birkaç gün geçti. Avram'ı yalnız bırakmadılar. Onun gözlerinin içine baktılar. Onu, en lezzetli yiyeceklerle beslediler. Çok soruları olmasına rağmen, ona sorularla eziyet etmediler.

Onun içinde neler oluyordu? O aynı Avram mıydı, aynı sorular ona eziyet ediyor muydu? Yoksa hepsi gitti mi, unutuldu mu, kendi kendine çözüldü mü? Terah, cevapları duymak için pek çok şey feda edebilirdi ama bir yandan da Avram'ın aklını toplamasını, rahatlamasını istiyordu. Diğer yandan da cevabı duymaktan korkuyordu.

Ve böylece, birkaç hafta geçti. Bir gece, büyük rahibin

büyük davulları çaldı. Müritlerinin yüzlerce oyuyla güç kazanmış olan sesi şöyle haykırdı: "Babil halkı, fırtına yaklaşıyor!"

Korkuya kapılan Babil halkı sıcak yataklarından fırladılar. Büyük rahibin asla yanılmayacağını biliyorlardı.

Rahip, "Tanrılar dua istiyor!" diye ilan etti. "Dua edin, Babil halkı! Bir fırtına geliyor! Ölüm getiriyor! Tanrı Nemrut için dua edin! Tanrı Marduk için dua edin. Biri yeryüzünün tahtında; diğeri gökyüzünün tahtında!"

İnsanlar simsiyah gökyüzüne baktılar. Çakan şimşekler şehri aydınlatıyordu. Ve sonra Babil'in büyük umudu -kule- gecenin içinde parladı. Bulutlara yaslanarak gururla yükseliyordu. Tepesinde günler ve geceler boyunca bir ateş yandı.

Rahipler merdivenlerden yukarı uçuyor, renkli giysileri dalgalanıyordu. Ateşin sönmemesi gerekiyordu.

Avram'ın evinde bir kargaşa vardı. Herkes dua etmek için ayağa kalkmıştı. Korkudan titreyen hizmetkârlar ve efendileri dizlerinin üzerine çökmüşlerdi. Avram dışında herkes itaat etmişti. Amtalei, yalvarırcasına ona baktı. Avram, annesinin bakışlarını yakaladı ve onun istediğini yaptı ama Terah onun yüzünü gördüğünde anladı. Kimse tanrıların önünde böyle diz çökmezdi. Hiç kimse. Avram eskisi gibi geri dönmüştü.

Terah dişlerini sıktı ve haykırdı: "Peki, ölmemizi mi istiyorsun?" Avram'ın bakışları babasındaydı. Terah, "Dua et!" diye emretti.

Avram, bir dua fısıldadı ama bu, çocukluğundan beri ezberlediği, putlara edilen dua değildi. Bu başka bir duaydı; kendi duasıydı.

Bu arada, Avram'ın yaşadığı her şey Nemrut'a rapor ediliyordu. Terah, Amtalei ve Sapir hariç evlerindeki herkes Biş'in casuslarıydı. Avram'ın attığı her adımı, Nemrut adına, Babil adına ve kendi adlarına büyük bir gayretle rapor etmişlerdi.

Biş, onlardan bilgi alıp Nemrut'a iletti. Kral'a fısıldadı: "Avram'dan kurtulmalıyız. Ondan mümkün olduğunca çabuk kurtulun, çünkü insanlar rapor ediyor ve yıldızlar belanın yaklaştığını haykırıyor!"

Nemrut söylenenleri dinledi, duydu, inandı ama hiçbir şey yapmadı. Bir defasında Biş'e, içini delip geçercesine baktı ve tuhaf bir soru sordu: "Casusluğu bu kadar mı çok seviyorlar?"

Biş, gururla, "Sizin uğrunuza annelerini bile satabilirler!" diye cevap verdi.

Nemrut dönüp salonu terk etti ve kendisini takip etmemelerini emretti. Tek başına şehre çıktı. Kimsenin tanıyamayacağı bir şekilde, baharat satıcısı kılığında, elinde bir tepsiyle sokaklarda yürüdü. Yağmur onu korkutmuyordu. Su geçirmez bir yağmurluk onu tepeden tırnağa örtüyordu. Her şeye dikkat ederek yürüdü. Kendini baharat satıcısı olarak tanıttığı için etrafındaki kimse ondan çekinmiyordu. İnsanları izlemeyi ve sonuçlar çıkarmayı başardı. Kral Nemrut zekiydi. Üç gün sonra saraya döndü. İçeride, kapalı kapılar ardında kaldı, kimsenin içeri alınmamasını emretti.

Odasına sadece cellat Siyuta girebiliyordu. Orada ne gördüğünü ve duyduğunu kimse bilmiyordu. Siyuta, Biş'in sorularına cevap vermek yerine sadece hayvani ağzını açıp hırlıyordu.

Yağmur hiç durmadı. Yağdıkça yağdı. Tüm kuyular pislikle tıkandı; sular şehrin sokaklarını doldurdu. Ülkede yeterli içme suyu yoktu. Yeterince yiyecek yoktu. Tüm çiftlik hayvanları çoktan kesilmişti. Şehrin üstünde kuşlar uçmuyordu. Vahşi hayvanlar bölgeden gitmişti. Karanlık aşılamaz haldeydi. Rüzgâr, insanları yere seriyordu. Yüzlerce insan öldü. Salgın hastalıklardan korkan yetkililer, büyük bir hendek kazdırıp ölü bedenleri buraya attırdılar. İşte o zaman, insanın gerçek özü ortaya çıktı. Kimse kimseyi umursamıyordu. Komşular, akrabalar ya da arkadaşlar kimsenin umurunda değildi, sadece kendi "yaşamları" umurlarındaydı- böyle yaşıyorlardı.

Tüm bu zaman boyunca, Kral Nemrut halkın içine çıkmadı. Neler olup bittiğini biliyordu.

Halkı için, durumun farklı olamayacağını biliyordu. Siyuta'ya bir şeyler fısıldarken, bir anda Avram tahtın önünde belirdi.

Size Bir Canavar Hükmetti

Nemrut, tahtının tepesinden Avram'a baktı. Biş de hemen oradaydı, Kral'ın düşüncelerine nüfuz etmeye çalışıyordu ama neyin peşinde olduğunu bilmesi imkânsızdı. Nemrut'un gözleri birden parladı ama bu, herkesin alışık olduğu o muazzam parıltı değildi. Başka bir şey vardı. Orada bir gözyaşı parıldamıştı.

Gözyaşı mı? Bu nasıl olabilirdi? Biş, emin olmak için başını eğdi. Şaşkınlık ve yıkım halindeydi, çünkü gerçekten de bu bir gözyaşıydı.

Nemrut, "Sence bu başarılabilir mi?" diye sordu. Biş soruyu anlamamıştı. Nemrut kiminle konuşuyordu? Neyi başarmaktan bahsediyordu?

"Yapmak zorundayız," diye cevapladı Avram.

Nemrut, "İzah et!" diyerek tahttan aşağı doğru inmeye başladı.

"İnsanlar kendilerini kötü hissediyorlar," dedi Avram.

"Anlıyorum," dedi Nemrut. Bunu, kendisine özgü olmayan bir acıyla söylemişti.

"Çünkü biz Yasa'ya göre yaşamıyoruz."

"Senin yasalarınla yaşayamayız!"

Biş ancak şimdi neler olduğunu, Nemrut'un neden bahsettiğini anlamıştı. Dehşete kapılmıştı! Nemrut bu saçmalığı mı tartışıyordu? Avram'ın bu çılgınca saçmalığını mı?

"Ah, Yüce Nemrut!" diye haykırdı

Kral sert bir şekilde, "Kapa çeneni," dedi.

Biş bağırmak, feryat etmek, ağlamak ve her şeyi kırıp dökmek istedi ama Nemrut'un katı ilkeleri bunu yapmasını engelliyordu. Geri adım attı. Sessiz kaldı. İçi yanıyordu ama sessiz kalıp yere baktı.

"Birbirimize duyduğumuz nefretle bu fırtınaya ve ölümlere biz neden oluyoruz," dedi Avram.

Nemrut, "Onların yerleşimini yeniden düzenlemeliyiz!" diye karşılık verdi. "Bütün tebaamın. Yeniden düzenlemeli! Her şey çok basit. İletişim kurmayacaklar; bu nedenle birbirlerinden nefret etmeyecekler."

"Yasa, onların aralarında bağ kurmaları gerektiğini söylüyor."

"Nefret duyanlar bağ kuramazlar."

"Kurabilirler."

"Nasıl?"

"Nefretin üzerine çıkarak."

"Bu mümkün değil."

"Yasa, bunun gerekli olduğunu söylüyor. Nasıl yapılacağını da açıklıyor."

Biş kulaklarına inanamıyordu. Bir şey yakalamak istiyordu. Burada bir terslik vardı. Ya kendisi delirmişti ya da...

Nemrut birden Biş'e bakarak, "Ne oldu, Biş?" dedi. "Hâlâ bunun ben olup olmadığımı mı anlamaya çalışıyorsun?"

Biş ürkmüştü. Doğrudan ona bir soru sorulmuştu. Nemrut onun aklını okumuştu. Her zamanki gibi.

Nemrut, "Ben deli değilim," dedi. Başıyla Avram'ı işaret etti. "Sadece, o beni uyandırdı."

Biş, "Saçmalık!" diye fısıldadı. "Bu büyücülük," diyerek Avram'a baktı.

Nemrut, "İnsanlar benden nefret ediyor!" dedi.

"Sizi seviyorlar, yüce Kral!"

"Onlar nasıl seveceklerini bilmiyorlar."

"Ah Nemrut! Yüce Kral! Ah, Nemrut"

"İçlerinde sadece korku ve nefret var!"

"Bu hâlâ sen misin, yüce Kral?"

"Bu insanlar kardeşlerini, annelerini, babalarını, herkesi satarlar. Onları ben böyle yaptım."

"Ah, Tanrılar!"

"Ya tanrılar? Tanrılar bizi bu dünyadan silecekler!"

Nemrut gözlerini kapadı ve ağır ağır ekledi: "Ve kule yardım etmeyecek."

Biş tek bir kelime daha edemedi. Herkes sessizdi. Hareket etmeye korkuyorlardı. Ve birden, Nemrut elini Avram'ın omzuna koydu ve şöyle dedi: "Uzun zamandır benim yerime geçecek birini arıyordum."

Biş titredi.

Avram'a, "O kişi sen olacaksın," dedi. Biş dengesini kaybetti ve ağır bir perdeye tutundu. Avram doğruldu.

"Sen akıllısın," diye devam etti Nemrut. Her sözünü tartarak söylediği belliydi. "Sen dürüstsün. Genç yaşından beri gerçeği arıyorsun. Benden korkuyorlardı ama sana saygı duyacaklar. Ben acımasızdım; sen merhametli olacaksın. Ben sert ellerle hükmettim; sen adalet getireceksin. Hazırlan. Krallığı kabul etmeni istiyorum."

Neden yıldırım düşmemişti? Neden yer yarılıp herkesi yutmamıştı? Biş bunları düşünüyordu. Ayağa kalkamıyordu.

Avram, Nemrut'un gözlerinin içine baktı. Kral'ın samimi olduğunu gördü.

"Bu imkânsız, yüce Kral," dedi.

Nemrut, "Mümkün olan tek şey bu," dedi. "Reddetme hakkın yok."

"Bu çılgınlık!" diye fısıldadı Biş.

Nemrut, "Bir kelime daha edersen kafanı kesmelerini emrederim," dedi sakince.

"Bırakın kessinler! Yüce Kral, eğer böyle diyorsanız, o zaman sizi bir şeytan ele geçirmiş demektir."

Nemrut, "Kes şunun kafasını!" diye emretti ve cellat anında Biş'i çevirdi, başını yere eğdi ve baltasını başının üzerine getirdi.

"Hayır, lütfen yapmayın!" dedi Avram.

Nemrut, "O iflah olmaz," diye karşılık verdi. "Haklılığını sorgulayan kimsenin olmaması daha iyi."

"Kimsenin kanının akmasını istemiyorum," dedi Avram.

Nemrut duraksadı ve aniden Avram'ın önünde başını eğdi: "Senin sözün benim için yasadır."

Cellat hemen bıçağı tutan elini gevşetti. Efendisine şöyle bir baktı. Her şeyi anladı ve kenara çekildi.

Nemrut, "Herkesi buraya çağırın! Hemen!" diye emretti.

Bir dakikadan kısa bir süre içinde, ödleri kopmuş halde, bakanlar, rahipler ve kahinler odaya doluşmaya başladılar. Kapıda durdular, yaklaşmaya korkuyorlardı. En son giren Terah oldu. İyi olmadığı hemen anlaşılıyordu. Elleri titriyordu. Yüzü alevler içindeydi. Gözlerini yere indirmişti.

"Hepinize emrimi açıklamak istiyorum!"

Herkes büyük Nemrut'un emirlerini dinlemeye hazırlanmıştı ve Nemrut konuştu. "Şu andan itibaren..." Nemrut, Avram'ın elini tuttu ve yavaşça kaldırdı. "İşte yeni Kralınız."

Herkes şaşkınlıkla birbirine baktı. Terah'ın beti benzi attı.

"Şu andan itibaren, söylediği her söz sizin için kanun olacak. Onun her emrini bir oktan daha hızlı yerine getirin. Her arzusu, her düşüncesi sizin için kutsal olsun. Bizler onurlandırıldık. İktidarda bir bilge olacak."

İnsanlar anlamamışlardı. Donup kalmışlardı. Hepsi içten içe bunun bir oyun, bağlılıklarının bir başka testi olmasını umuyordu ama hayır -Kral şaka yapmıyordu. Onları test etmiyordu. Her kelime düşünülerek söylenmişti.

"Şimdilik uzakta olacağım," dedi Nemrut. "Ülke yönetiminden uzaklaşmak niyetindeyim." "Mümkün olduğunca çabuk. Birikmiş servetimden hiçbir şeye ihtiyacım yok," diyerek Avram'ın önünde başını eğdi. "Lütfen, Büyük Çöl'deki evimde huzur içinde yaşamama izin verin." Herkese bakarak sert bir şekilde emretti: "Yemin edin!" Önce kendisi diz çöktü. Herkes korkudan, tereddüt etti. İnsanların kafası karışmış, ne yapacaklarını bilemiyorlardı. Yemin etseler miydi etmeseler miydi? Diz çökseler miydi çökmeseler miydi?

Nemrut, "Dizlerinizin üzerine çökün," diye bağırdı ve bunu herkes duydu. Birbirlerine bakarak diz çökmeye başladılar; korkmuşlardı, kafaları karışmıştı. Avram koşarak Nemrut'u kaldırmaya çalıştı ama Nemrut ayağa kalkmadı, daha da aşağıya eğildi. Sadece Biş, utanç ve nefretle titreyerek ayrı durmuştu. Fakat Nemrut'un bakışlarını görünce o da dizlerinin üzerine çöktü.

Herkes diz çökmüştü. Avram da diz çöktü.

Nemrut, "Halkına yardım etmelisin!" dedi.

"Yapamam..."

"Bu Yasa sana ifşa edildi! Bana değil. İlk kararın nedir?"

Avram, "Kral olamam..." diyerek itiraz etti.

"Halkını umursuyor musun?"

"Halkım benim için çok değerlidir."

Nemrut aniden, "Sana soruyorum," dedi ve bunu o kadar sakin, o kadar içten, o kadar farklı bir şekilde söyledi ki herkes ürperdi: "O nereden geldi?" "Sana yalvarıyorum, bizi Yasa'na götürmen için yalvarıyorum. Bize ne yapacağımızı söyle? Şimdi. İlk olarak ne yapmalıyız?"

Avram, "Bütün mahkûmları serbest bırakın," dedi.

Nemrut, dikkatle ona baktı.

"Orada tek bir suçlu bile yok," diye ekledi Avram.

Nemrut Biş'e baktı. "Duyuyor musun, Biş?" diye sordu ve dizlerinin üzerinde kalkmaya başladı. Herkes onu takip etti.

"Emret, Avram. İşte burada, Cezaevleri Bakanı," diyerek boyunsuz, kısa boylu bir adamı işaret etti. "Öne çık. Gel!" Bakan titreyerek yaklaştı.

Avram, "Sizden tüm mahkûmları serbest bırakmanızı istiyorum," dedi. "Her birini. Saklananlara dokunmayın."

Bakan, delicesine bakışlarını Avram'dan Nemrut'a çevirdi.

"Peki!" dedi Nemrut.

Bakan, yıldırım çarpmışa döndü.

Pencerelerin ardından bir gürültü duyuldu ve Avram görmek için pencereye gitti. Cellat pencerenin kanadını açarken Nemrut onun ardında durdu. Aşağıda bir kalabalık, sonsuz bir kalabalık salınıyordu.

Nemrut, Avram'ı ileri doğru itti ve onun kendisini toparlamasına izin vermeden şöyle dedi: "Şu andan itibaren, işte Kralınız, Kral Avram."

Nemrut'un sözleri elçiler tarafından tekrar edildi. Elçiler kısa bir süre durdular, neyi dile getirdiklerini ancak o zaman fark ettiler.

Cevap sessizlik oldu. Öyle bir sessizlikti ki havada süzülen bir kuşun sesi bile duyulabilirdi.

"Neyi anlamadınız?" diye sordu Nemrut. "Şu andan itibaren ülkemizi Avram yönetecek. Hakkaniyetli Kral. O bizi mutluluğa götürecek."

Sessizlik.

Nemrut, "Bundan memnun değil misiniz?" diye sordu.

Sessizlik.

"Bu benim kararım. Kimse beni zorlamadı. Siz, bilge bir hükümdara layıksınız."

Sessizlik.

"Neyiniz var sizin? Ne dediğimi duymadınız mı? Neler olduğunu anlamıyor musunuz?"

Tabii ki hiçbir şey anlamamışlardı. Bu anlayamama halinden dolayı titrediler.

Nemrut yavaşça konuşarak, "Yoruldum," dedi. İnsanlar nefes almıyorlardı. "Bir yaratık, bir canavar size hükmetti." Ön sırada oturanlardan biri dayanamayarak yere düştü. "Ve siz onu yücelttiniz, siz mutsuz, zavallı halkım."

Ağızlar açıktı. Gözler dışarı fırlamıştı. İnsanlar -binlerce ve binlerce insan- hareket etmiyordu.

Bu canavarın yerine geçecek birini buldum. Ben gidiyorum! Yüce Avram'a şükürler olsun!

İnsanlar sessizdi.

Nemrut, "Yüce Avram'a şükürler olsun!" diye daha yüksek sesle tekrarladı. Birden kalabalıktan boğuk bir fısıltı yükseldi: "Şükürler olsun..." Ve başka biri daha fısıldadı: "Yüce Avram..."

Bu bir fısıltıydı ama bu, patlamaya meyilli sessizlikte duyuldu. Ve aniden biri bağırdı: "Evet, çok yaşa Yüce Avram!"

Ardından, düzinelercesi... Yüzlerce... Binlercesi ve bir gümbürtü meydanı, ovaları ve ormanları kapladı: "Çok yaşa Yüce Avrammm!"

Avram balkonda dikiliyordu. Kendisine doğru bir sıcaklık dalgasının yükseldiğini hissetti, bir Umut ve Dua dalgası. Anlamıştı -insanlar bir mucize bekliyorlardı. Avram bakışlarını yere indirdi.

"Onları hayal kırıklığına uğratamazsın." Nemrut'un fısıltısı kalbinin derinliklerine işledi.

Avram'ın Hükümdarlığı

Böylece, Avram'ın hükümdarlığı başladı. İlk gün, Nemrut onu hazineye götürdü. Düzgün yığınlar halinde istiflenmiş altın külçelerinin ve tahta sandıklarda dağlar gibi yükselen elmasların yanından geçtiler. Babil'in tüm zenginliği burada toplanmıştı. Odalar ve tüm salonlar hazinelerle doluydu. Nemrut yakınındaydı. Avram'ın gözlerinde ışıltı arıyordu. Gerçekten de insan böyle bir zenginlik karşısında nasıl titremezdi ki! Evet, Avram'ın gözlerinde bir parıltı vardı ama bu Nemrut'un beklediği parıltı değildi.

Avram, "Babil'deki tüm yoksul ailelerin bir listesini almak istiyorum," dedi.

Nemrut, "Hepsini dağıtmak mı istiyorsun?" diye sordu.

Avram, "Eğer yiyecek varsa, hiçbir aile bireyi aç kalmamalı," diye cevapladı. "Ayrıca kaç hastamız olduğunu bilmek istiyorum -çalışamayanların sayısını, kaç yetim, kaç bekâr anne var. Her şeyi bilmek istiyorum."

Sekreter onun yanında koşturuyor, her şeyi yazıyordu. Notları ulak ile bakanlara iletti. Birkaç dakika sonra, böyle bir nüfus sayımının daha önce hiç yapılmadığı ve en kısa zamanda hazırlanmaya çalışılacağı haberi geldi.

Saraya girdiklerinde, bakanlar Avram'ın önünde saygıyla eğilerek sıraya dizildiler.

Avram, "Çocuklarımızın ne tür bir eğitim aldığını bilmek istiyorum," diye devam etti. "Bizi yöneten Yasalar hakkında bir çalışma başlatmak gerekiyor. Tek Yasa nedir? Tek Güç nedir? O'nun bizden istediği ne? Onu nasıl anlayabiliriz? Tek bir Babil ailesi olmak bizim için ne anlama geliyor?"

Nemrut'a döndü: "Lütfen, Yaşlı Adam'ı serbest bırakın."

Nemrut sakince, "Sen yönetiyorsun, Avram. Emret, olsun," diye karşılık verdi.

"Tüm insanların tek bir aile olarak yaşamasının ne anlama geldiğini ancak o açıklayabilir."

Nemrut, "O'nun yapabileceğini biliyorum," diyerek onayladı. Ve buna eklenecek hiçbir şey yoktu.

Bir haberci, Büyük Çöl'e, Yaşlı Adam'a haberleri iletmek üzere uçmuştu bile. Akşam, Avram için bir yatak odası hazırlandı ama o evde uyumaya gitti.

Onu Kraliyet arabasına bindirmek istediler ama o yürüyerek gitti. Yolda, coşkulu şehir halkı tarafından hediyelerle karşılandı ancak onları almak istemedi. Eve geç vakitte geldi ve annesi sofrayı hazırladı.

Amtalei Nemrut'a güvenmiyordu. Avram'dan, büyük değişikliklere hemen başlamamasını istedi. "Halk buna hazır değil," dedi. "Ayrıca, Nemrut'a karşı dikkatli ol. Ne kadar dayanacağı belli olmaz."

Avram ona, boşa geçirilen her anın bir suç olduğunu söyledi. Sessiz kalan baba masanın başına oturdu. Elde ettiği güçten dolayı Avram'ı kıskanıyordu. Hayatı boyunca Nemrut'a hizmet eden Terah, daima Kral'ın önünde eğilmesine rağmen sadece aşağılanmaya ve emirlere maruz kalmıştı. Avram boyun eğmemişti ve Kral olmuştu. Avram'ın kardeşi Aran, kızı Sarai ile birlikte eve geldi. Aran ışıldıyordu. Sokak boyunca insanlar tarafından taşınmıştı. Sadece Avram'ın kardeşi olduğu için taşınmıştı. Bir mobilya satıcısı, sabah evine gelmiş ve hiçbir şey söylemeden tüm mobilyalarını yenileriyle değiştirmişti -sağlam, çok pahalı eşyalarla. Başrahip, Aran'ı hizmetine alabileceğini ima etmiş ve Aran'ın bu konuda ne düşündüğünü sormuştu. Aran daha değerli olduğunu düşünüyordu ve yeni, büyük teklifler bekliyordu. Yanılmamıştı. Akşam geç saatlerde, Nemrut'un Avram'la kendisi hakkında konuştuğuna dair bir söylenti ona ulaşmıştı. Nemrut, Aran'ı yüksek bir mevkiye atamayı önermişti ama Avram kardeşinin kaderini belirlemek istemiyordu. Aran onu etkilemek istedi ve bu yüzden, şimdi, bunu daha iyi düşünmesi gerektiğini söylemek için ona gelmişti. Sonuçta, her şeyi beraberce değiştirmek daha kolay olacaktı.

Aran kardeşine, "Benden gerçek bir destek alacaksın," demek niyetindeydi. Avram'ın da aynı fikirde olacağından emindi. Kızı Sarai her zaman sessizdi. Babasında ne gibi değişiklikler olduğunu görüyordu ve bu onu korkutuyordu. Babasından, atanması hakkında Avram'la konuşmamasını istedi. En azından o gün. Babasından utanıyordu. Aran onun önsezisine inanıyordu. Falcı olmasına şaşmamak lazımdı. Kızının ne kadar bilge ve güçlü idrak sahibi olduğunu biliyordu ve sonunda onu dinlemeyi tercih etti. Bu yüzden akşam sohbet, sükûnet ve akrabalık bağları çerçevesinde geçti.

Günler geçip gitti. Avram ülkesi ve insanları için endişelenmeye başladı. Eğitim sisteminin nasıl olacağını düşündü ve bunun insan merkezli bir sistem olması gerektiğini düşündü. Avram, bir insanı değiştirmezse, eğitimden hiçbir şey elde edilemeyeceğini biliyordu.

İnsan aynı kalacaktı, putlara inanan; aynı şekilde paraya ve güce aç, aynı şekilde başkalarından nefret eden insan olarak kalacaktı.

Kanıt olarak tek yapması gereken, kendi kardeşine bakmaktı. Bolluğun ışıltısına daha yeni dokunmuştu

-ve şimdi yanıyordu. Şimdiden insanlardan çalıyordu. Diğer insanlardan ne beklenebilirdi ki? Sorumluluk ve destek sözcükleri onlar için boş şeylerdir; onlar için tek bir aile olmanın ne anlama geldiği belli değildir. Yasanın böyle olduğunu ve bundan kaçış olmadığını bilmezler. Bunu hissetmezler. Onlar bu duygudan yoksun olarak doğmuşlardır.

"Onları nasıl uyandıracağım?" diye düşündü Avram. "Mutluluğun burada olduğunu ve çok yakın olduğunu nasıl açıklayabilirim... Tek yapmaları gereken, birbirlerine yaklaşmak, yardım eli uzatmak ve anlamak: Kendin için yaşamak ölümdür; başkaları için yaşamak hayattır."

Ama anlamayacaklarını ve duymayacaklarını biliyordu. Emirlerin işe yaramayacağını ve sabırlı olmak gerektiğini biliyordu.

Benim Hükmettiğim Dünya

Kislev ayının üçüncü gününün akşamında, ("Kislev", Tanah'a göre, yılın dokuzuncu ayının Babil'deki adıdır) Avram çalışma odasında oturuyordu. Şaşkınlık içindeki kâhinler ve bakanlar onun yanından daha ayrılmamışlardı. Çok az şey anlamalarına rağmen Babil'in geleceği hakkında konuşuyorlardı.

Avram'ın önerdiği şey imkânsızdı. Herkes Nemrut'a baktı. O da orada oturuyordu ama sessizdi. Toplantı sırasında başka bir şey daha oldu. Avram'ın kardeşi Aran içeri girdi ve masaya oturdu. Çevresinde saygı dolu bir sessizlik oldu ve o da bunu doğal karşıladı. Nemrut, ortak karar doğrultusunda, Aran'ın Babil'deki tüm mali işlerden sorumlu olacağını söyledi. Avram kardeşine bakmadı.

Nemrut, gözlerini Avram'dan ayırmadan, "Ve ilk kararları çok akıllıcaydı," diye devam etti.

Aran, "Tüm vilayetlerden ek bir vergi alabileceğimize inanıyorum," dedi ve herkes onun bu sözlerini başıyla onayladı. "Yeni bir külçe çıkarmamız ve bunun üzerinde büyük Nemrut ve büyük Avram'ı tasvir etmemiz gerektiğine inanıyorum."

Herkes hemfikir oldu.

Avram aniden, "Neden yeni bir eve taşındın?" diye sordu. Aran şaşkınlıkla ağabeyine baktı ama yine de cevap verdi: "Bunu uzun zamandır yapmak istiyordum."

Avram, "Neden bu kadar büyük bir eve ihtiyaç duydun? Kızın Sarai'nin bunu istemediğini duydum," diyerek onun üzerine gitti.

Aran, "Benim evimde ben karar veririm, aptal bir kız değil!" dedi.

Avram buna tahammül edemedi. "Bu yeni ev sana bir hediyeydi," dedi.

Aran şaşkınlık içinde, "Evet. Ne olmuş yani?" diye karşılık verdi.

"Onu kendin yaptırmadın ve satın alacak paran da yoktu," dedi Avram. İnsanlar, bu konuşmanın herkesin önünde açık açık yapılıyor olmasına şaşırmıştı.

Avram Nemrut'a dönerek, "Aran'ın mali işlerde özel yetenekleri mi var?" diye sordu. "Yoksa sadece kardeşim olduğu için mi atandı?"

Aran'ın tepesi atmıştı.

Nemrut, "Bence yetenekli biri," diye karşılık verdi.

"Benim anlayışıma göre, mali işlerden sorumlu kişi, ailede insanların açlıktan öldüğünü gördüğünde kendisi için çok fazla şey alamayan kişidir. Babil'de açlıktan ölmek üzere olan insanlar var. Sayıları çok fazla. Önce herkese bakmalı, ancak sonra kendisi için endişelenebilir."

Nemrut, "Öğreniyoruz Avram," diyerek onu sakinleştirmeye çalıştı. "Bu, o kadar kolay değil."

"Aran, bence evine ve eski işine dönmelisin," dedi Avram. "Beni anladığına eminim." Aran kızardı. Nefes alıp verişi hızlandı. "Bir şey daha -bugün kule inşaatının maliyeti hakkında konuşmak istiyordum..." Herkes dondu kaldı. Nemrut doğruldu. Avram, "Bence bunlar doğru harcamalar değil," dedi. "Ve inşa edilmekte olan kule..."

Nemrut, "Avram," diyerek ayağa kalktı. "Sevgili Avram," diyerek ona doğru adım attı. "Sevgili, sevgili, sevgili, Avram... Ben bu kuleyi inşa ettiriyorum. Bu inşaat duramaz." Herkese döndü. "Herkes benimle aynı fikirde mi?"

İnsanların çoğunluğu elbette ki aynı fikirde olduklarını söyledi. Ve aniden, perdelerin arkasından Rahip Biş belirdi. Yüzü her zamanki gibi anlaşılmazdı ama aynı zamanda sakin ve acımasızdı da.

"Benim sadık Biş'im Yaşlı Adam'dan haberler getirdi," dedi Nemrut. "Ne cevap verdi, biliyor musun? Biş, kelimesi kelimesine, bize ne dediğini anlat."

"Ben gelmeyeceğim dedi. Bir insanın değişebileceğine inanmadığını söyledi. Bunu sana iletmemi istedi, Avram. Yaşlı adam, bu insanlarla, 'birleşmiş' bir aileyi konuşabileceğine inanmıyor." Biş elini etrafında gezdirerek, "Bu acınası insanlarla," dedi.

Nemrut doğruldu. "İhtiyar çok haklı!" dedi ve birden eski Nemrut oldu. "Yaşlı Adam'ı bilgeliği için her zaman takdir etmişimdir. Nasıl bir dünyada yaşadığını anlıyor. Saygın bir rahibin pis bir köylüyle ne gibi ortak bir noktası olabilir ki? Ya da zindanı kokutan pislik mahkûmlar ve gardiyanlarla? Eğer devleti birlikte yönetmeye başlarsak, dediğiniz gibi tek bir aile olursak, bir gün birbirimizin boğazını keseriz. Doğanın yasası, Avram, senin hayal ettiğin gibi değil. Bir şeyler hissettiğini, nasıl yaşanacağını bildiğini düşünmüştüm. Senin tanrının gerçekten çok bilge olduğunu düşünmüştüm. Ama şimdi görüyorum ki öyle değilmiş. O, bilge değil. Yasa basittir: Bir insan emretmek için doğmuştur, diğeri itaat etmek için. Var olan tek şey korkudur. Bu yaratıkları benim için çalışmaya zorluyorum," diyerek etrafına, bakanlara baktı. "Gerektiğinde, bazen onlara bir kemik atıyorum, bazen egolarını okşuyorum, böylece eli yalıyorlar."

Avram sessizdi. Aran korkuyla Nemrut'a baktı. Birden her şeyi anladı. Bunun, onun için bir son olduğunu anlamıştı.

Nemrut, "Sevmek" diye devam etti. "Birbirimizi nasıl seveceğimizi öğrenmemiz gerektiğini söylüyorsun. Korktuğumuz kişiyi severiz. Haksız mıyım?"

Ve sonra, bakanların ağzından bir ses yükseldi: "Yüce Nemrut! Yüce Nemrut!" Derhal her şeyi anladılar. İşte oradaydı, Kral, büyük, korkunç, gerçek Kral geri dönmüştü ve bu gerçek onlara bir rahatlık ve huzur hissi verdi.

Nemrut, Aran'a bakarken gülümsedi: "Peki, sen neden titriyorsun?

Avram, şimdi kardeşine bak. Kardeşin, Babil'in basit insanlarının bir örneği. O yozlaşmış biri. Bir hindi gibi hemen gururla şişiniyor ve ona bir kemik attığımda bir köpek gibi seviniyor. Çalıyor! Çalıyor! Her şeyi almak istiyor! Yeni bir ev! Zenginlik! Yüksek bir mevki! Buna rağmen, ne anlıyor? Hiçbir şey; hiçbir şey anlamıyor. O bir beceriksiz. "

Nemrut konuşmaya devam ederken Aran'ın rengi daha da attı: "Ya sen, saf Avram? Senin gibi çok az kişi var. Belki bir çift, belki de dünyadaki tek kişi sensin; dünyayı yeniden yaratmak isteyen, aptal bir hayalperest. Fakat dünyayı ben yönetirim. Ben gücüm, ben korkuyum ve herkesin içinde yaşıyorum. Benim yerime geçecek hiç kimse yok."

Nemrut döndü ve yavaşça tahtın merdivenlerini tırmanmaya başladı. Oturdu, en sevdiği yayı eline aldı ve şöyle dedi: "Fırında üç gün geçirdin Avram. Seni güçle yakmak istedim. Hazineleri ayaklarının altına serdim..."

Nemrut konuşurken ucu parlak bir oku elinde çevirdi: "Seni test ettim."

Herkes sadece oka bakıyordu. Nemrut yayın ipini çekip bir ok yerleştirdi ve doğrudan gözlerinin içine bakmakta olan Avram'a nişan aldı. Bakanlar geri çekildi. Sonra, Aran'dan garip bir ses geldi, yerde sürünüyordu.

Nemrut, "Testi geçtin Avram," dedi. "Güç istemediğin için şanslısın. Güç bana ait."

Başka bir ok, aniden, bakanlardan birine yöneldi. Adam, içgüdüsel olarak ellerini kaldırıp fısıldadı: "Senden asla vazgeçmedim, yüce Kral!"

Ve sonra sesler yükseldi: "Sana sadığız, yüce Kral..." ve "Her şeyi yapmaya hazırız... ne istersen!"

Nemrut yayın ipini bıraktı ve ok bakanların başlarının üzerinden geçip pencereden dışarı çıktı ve ana meydanın üzerinden, pazarın üzerinden geçip kulenin en tepesine doğru uçtu. Ok, kulenin üzerinde süzülerek uçan bir şahinin gözüne saplandı ama bunu sadece Nemrut gördü.

Şimdi herkes, kardeşi Aran'ın üzerine eğilmiş olan Avram'a bakıyordu. Aran ölmüştü.

Nemrut, "O yandı," dedi ve elini kaldırarak bir işaret verdi. Cellat Siyuta hızla kapıya gitti ve çıkışı engelledi.

"Avram, Terah, gidebilirsiniz," dedi. Aran'ın cesedini işaret ederek, "Bu paçavrayı da yanınızda götürün," diye ekledi.

Baba ve oğul, Aran'ın cesedini kaldırıp salonun dışına taşıdılar. Cellat kapıyı arkalarından kapattı ve dişsiz ağzını göstererek sırıttı. Kocaman satırı başının üzerinde yükseliyordu. Nemrut sessiz, çekingen ve sinmiş bakanlara baktı ve şöyle dedi: "Evet, benim sadık kullarım, bana ihanet mi edecektiniz?"

Hızlı Duruşma

Üç gün içinde hızlıca yapılan duruşmalarla, ülke temizlendi. Yargılama hızlı geçiyordu: üç yargıç ellerini kaldırıp "Suçlu!" diyordu ve balta talihsiz bir boyuna iniyordu. Her gün yüzlerce ceset derin bir çukura düşüyordu. Avlarını parçalayan yırtıcı hayvanların diş şakırtıları hiç durmadı. Her gün binlerce insan zindana atılıyor, kollarına ve bacaklarına demir kilitler takılıyordu.

Eşler kocaları hakkında, çocuklar da ebeveynleri hakkında ihbarda bulunuyorlardı. İhbarlar için gümüş ödeniyordu.

Avram, bu halktan bir aile yaratmanın mümkün olduğunu nasıl düşünebilmişti?

Herkes kendisi içindi. Kral'ı memnun etmek için mümkün olan ve olmayan her şeyi yapıyorlardı. Kral Nemrut tarafından iyi eğitilmişlerdi.

***

Avram'ın evinde ölüm sessizliği vardı. Aran'ın ölümü sonrasında yas günleri geçmişti ve aile dışında kimse taziyeye gelmemişti; ev yeni bir felâketi bekliyordu.

Aradan bir ay geçti ve bir gün Amtalei pazardan geldi ve yanında Aran'ın kızı Sarai'yi getirdi.

"Onun bizimle yaşamasını istiyorum," dedi.

Kimse itiraz etmedi. Aksine, herkes memnundu çünkü Sarai ile, eve huzur gelmişti. Bunu sadece Avram değil, Terah da fark etmişti. Sarai sessiz, utangaç ve bilgeydi. Güzel değildi ama konuşurken ve hareket ederken onu izlemek güzeldi. Amtalei, onunla evin sırlarını paylaşıyordu. Sarai, nasıl yemek yapılacağını ve nasıl dikiş dikileceğini biliyordu. Hizmetçiyi beklemeden temizlik yapıyordu. Her tavsiyesi derin, yararlı ve yerindeydi. Avram, haliyle onunla daha yakından ilgilendi. Yakından ilgilendi ve kendi kendine düşündü: Neden ondan karısı olmasını istemesin ki? Böyle düşündü ama bekledi ta ki bir sonraki olay gerçekleşene kadar. Her zaman olduğu gibi Sapir geç saatlere kadar onunla kalmıştı. Avram ona, her şeyin yüzü, kolları ve bacakları olmayan bir Güç tarafından yönetilmesinin nasıl bir şey olduğunu açıklamaya çalışıyordu. Bu gücün her şeyi nasıl hareket ettirdiğini, onu hiç görmememize rağmen neden iyi olduğunu ve bizi nereye götürmek istediğini açıklamaya çalıştı. Avram tüm bunları açıklarken, Sapir çok az şey anlamasına rağmen başını sallıyordu. Konuşmanın ortasında Avram aniden kapıya doğru fırladı ve kapıyı açtı. Sarai orada duruyordu. Gizlice dinliyordu! Tabii ki kızardı, gözlerini yere indirdi ve usulca konuştu: "Kulak misafiri olmadım. Dinledim ve hikâyenizden etkilendim. Anladım."

Avram kocaman gülümsedi. "Gördün mü Sapir? Söyle bana Sarai, ne anladın?"

Sarai, "Tek bir Güç olduğunu anladım," dedi.

"Ve?"

"Ve bu güç çok iyi."

"Dinle Sapir, dinle..."

"Tüm dünyayı iyiliğe yönlendiriyor ama biz buna direniyoruz."

Avram, "Neden direniyoruz?" diye sordu. Sarai, gözlerini cesurca kaldırarak, "Çünkü sadece kendimizi seviyoruz," dedi. "Sanırım ne yapılacağını biliyorum."

Avram, "Nedir o?" diye sordu.

"İnsanlara öğretmeye başlamalıyız. Onlara bu Gücü, bu temel Sevgi Yasası'nı nasıl kavrayacaklarını anlatmalıyız."

Avram bir kez daha onun bilgeliği karşısında hayret etti.

"İşte, deniyorum," diye söze başladı, ama Sarai onun sözünü kesti: "Çok sayıda öğrenci olması gerekiyor."

Avram ellerini kaldırarak, "Bunların hiçbirini hâlâ tam olarak açıklayamıyorum," dedi.

"Çok öğrenci olması gerekiyor. O zaman istenen sonucu verecek."

"Neden?"

"Çünkü onlar birbirlerine destek olacaklar..." Sarai açıklamaya başladığında Avram ona hayretler içinde baktı:

"Biri şüpheye düştüğünde, diğerleri ona açıklamalarda bulunacak, destek olacak. Eğer yardım gerekirse, diğerleri onu kurtarmaya gelecek! İnsanlar bir araya geldiğinde her şey daha kolay olur. Göremediğin bir tanrıya inanmak çok zordur," dedi ve hemen utanca kapıldı.

"Erken kalkmam gerekiyor. Gitmemi ister misin Avram?" Sanki onun iznini bekliyormuş gibi, öylece durdu.

Avram, "Seninle bu konu hakkında daha fazla konuşacağımıza söz ver," dedi.

"Bu benim de en büyük dileğim!" Arkasını döndü ve hızla koridorun karanlığında kayboldu. Avram giderken onu izledi. Ağzı yarı açık halde oturan Sapir'e baktı. Bütün bu süre boyunca bir balık gibi sessiz kalan Sapir, iç geçirerek aniden şöyle dedi: "Daha iyi bir eş bulamazsın."

Avram ve Sarai

Avram o gece uyuyamadı. Sarai'nin, karısı olacağı belli olmuştu.

Avram uykuya dalmak üzereyken bir ses duydu: "Her konuda karının sözünü dinle."

Ertesi sabah kalktı ve önce babasının yanına gitti. Onunla açıkça konuştu: "Baba, Sarai'nin karım olmasını istiyorum. Onunla konuşabilir misin?"

Arkadan Amtalei'nin sesi geldiğinden, Terah'ın cevap verecek zamanı olmadı: "Sarai'yi karın olarak görmek istemezdim."

Bu beklenmedik bir durumdu çünkü Avram özellikle annesinden böyle bir muhalefet beklemiyordu.

"Neden anne?" diye sordu. "Onunla iyi anlaşıyordun."

"O iyi bir kız," diye yanıtladı Amtalei. "Ama tanrıların onu çocuktan mahrum bıraktığına dair söylentiler duydum."

Avram, "Sarai'yle evlenmek istiyorum," diye tekrarladı.

"Ve ben torun sahibi olmak istiyorum."

"Onunla evleneceğim. Kimse beni engelleyemez."

Amtalei, Avram'ın vazgeçmeyeceğini anladı. Kocasına baktı.

Terah, "Benim için sakıncası yok," dedi ve dışarı çıktı.

Amtalei, Sarai'ye kabul edip etmeyeceğini sorduğunda Sarai hemen cevap verdi: "Kabul ediyorum." Sanki bu teklifi bekliyormuş, başka türlü olamayacağından eminmiş gibiydi.

Sarai her şeyin kendi arzusu dışında gerçekleştiğini hissediyordu. O bunu hissetmişti ve Avram da bundan emindi. Onları bir araya getirenin tesadüf değil, zaten hissettiği Güç olduğunu biliyordu. Sarai olmadan yolunun imkânsız olduğunu biliyordu. Böylece birbirlerine bağlandılar. Görünüşe göre, sohbetleri aşktan ziyade kadere, onları birbirine bağlayan sorumluluğa dairdi.

Yapılan mütevazı ve küçük bir düğün sırasında evlerinde aniden bir yangın çıktı. Ev, üç taraftan alev alev yandı. Herkes yangını söndürmek için koşuşturdu. Sadece Terah oturduğu yerde kaldı. Olacakları sanki önceden biliyormuş gibi, sakinliğini koruyan Avram'a baktı. Birden, onun ne büyük bir mucize ve cennetten ne büyük bir armağan olduğunu hissetti. Onu korumak zorunda olduğunu hissetti.

Avram'a, "Nemrut seni rahat bırakmayacak," dedi.

"Bunu biliyorum."

"Sarai'yi al ve bir süreliğine bir yerlere git. Uzaklara gidin ki sizi bulamasınlar."

"Peki ya sen ve annem?"

"Bize hiçbir şey olmayacak. Onun hâlâ bana ihtiyacı var." Terah başını kaldırıp Avram'a baktı.

"Son zamanlarda senin hakkında, Tanrın hakkında ve hayatın hakkında çok düşünüyorum. Eminim ki geri döndüğünde seninle bunları konuşacağız."

Yeniden Yollarda

Yaşlı Sapir, aynı gece, Sarai ve Avram'ı gizlice kentin dışına çıkardı. Yollar, onları dağlara, Avram için her şeyin başladığı yere götürdü. Orada, kimsenin düşünmesine engel olmayan o yerde, yıldızların yakın parladığı, insanın doğanın içinde var olduğu yerde, onu duymak ve onun da karşılık vermesi mümkündü — işte oraya gidiyorlardı. Sarai hiçbir şey sormadı. Her konuda kocasına güveniyordu. Yaşlı Sapir o kadar hızlı yürüyordu ki ona zor yetişebiliyorlardı. Ayak izlerini gizlemek için yoğun bitkilerle kaplı yolları ve geçit vermeyen çalılıkları seçiyordu. Bir gece aniden Avram'a bir itirafta bulundu: "Avram, biri bizi takip ediyor."

Ve ertesi sabah dediği doğru çıktı. Vadiye girdiklerinde, peşlerindeki, her adımda biraz daha yaklaşıyordu. Bir sonraki dönemece geldiklerinde, bir oyuktan aniden bir kuzgun fırladı ve önde yürüyen Sapir'in üzerine doğru uçtu. Sapir kuzguna doğru elini sallayıp bir adım atmıştı ki hemen önündeki toprak göçtü ve önünde kapkara, koca bir uçurum belirdi. O anda Avram onu gömleğinden yakaladı ve her ikisi de ölümün güçlü nefesini hissettiler. Sapir, nefesini tutmaya çalışarak, uçurumun kenarına tutundu. Kuzgun Avram'ın omzuna kondu ve gözlerini kırpıştırdı.

Avram, korkmuş haldeki Sarai'ye, "O, üç yüz yaşında," dedi. Bu kuş, Sapir'in onu kabak çekirdeğiyle beslemesine bayılıyordu.

Sapir, "Demek sensin," diye haykırdı. "Seni nasıl tanıyamadım? Benim hayatımı kurtardın, dostum!"

Avram, "Senin hayatını kurtaran o değildi," dedi. "Sadece, yerimize varmamız gerekiyor."

Sapir elini cebine attı ve bir avuç dolusu çekirdek çıkardı. Kuzgun onun eline doğru uçtu ve gagasını tohumlardan birine batırdı. Yavaşça ilerlediler. Kuzgun önden uçarak yolu kontrol ediyordu ve onlar kuzgunla birlikte kendilerini çok daha iyi hissediyorlardı. Varış yerinden bir gün uzaktaydılar. Sapir halka çizmeye başladı. Ayak izlerini örterek dönüp dolanıyor, sonra tekrar ilerliyorlardı, ta ki aniden birkaç günlüğüne ortadan kaybolana dek. Sapir, bir zamanlar bir ayının ininin yer aldığı bu oyuğu uzun zaman öncesinden biliyordu. Şimdi üçü orada oturmuş, kımıldamadan bekliyorlardı. Uzun süre beklemek zorunda kalmadılar. Birkaç saat içinde, birisinin yavaşça yürürken çıkardığı hışırtıyı duydular. Bir gölge geçti ve ardında bir gölge daha vardı.

"Buralarda bir yerdeler," diyen birinin sesi duyuldu. Sapir onu tanıdı. Bu, Biş'in casuslarından Medan'dı.

İkinci adam "Yaşlı adamı kör etmemiz gerekiyordu ama etmedik," dedi.

Bir üçüncüsü de "Eğer onları kaybedersek, geri dönmemek daha iyi olur," dedi.

Geçip gitmişlerdi ki aniden durdular ve geri döndüler. Medan yüzünü deliğe yaklaştırdı, havayı kokladı ve içeri girdi. Birden Sapir'in gözlerini ve orada oturmakta olan Avram ile Sarai'yi gördü.

Avram, "Bizi neden öldürmek istiyorsun?" diye sordu.

Medan, "Bu, Biş'in emri," diye cevap verdi. Bu doğrudan yöneltilen soru karşısında şaşkına dönmüştü.

Avram, "Ben tüm Babil halkının iyi bir yaşam sürmesini istiyorum," dedi. Medan sessiz kaldı.

Dışarıdan bir ses geldi: "Hey, Medan." "İçeride uyuya mı kaldın?"

Sapir bir bıçak çıkarıp Medan'ı tehdit etti.

Medan, "Hayır," diye cevapladı. "Burası büyük bir mağara. Etrafa bakıyorum." Avram'a bakıyordu. "Tanrı'nın sana kendini gösterdiğini biliyorum," dedi. "Senin konuşmalarını duyduğumda kalbim çarpıyor."

"O zaman neden bizi takip ediyorsunuz?" diye fısıldadı Sapir.

Eğer ben gelmeseydim, peşinizden bir köpek gibi iz süren birini göndereceklerdi. Şimdiye kadar, daha ondan kaçabilen olmadı."

Yukarıdan biri seslendi: "Hey, Medan!" "Kiminle konuşuyorsun sen?"

Medan, "Dua ediyorum!" diye bağırdı. Sesini alçaltıp fısıldadı: "Uzun zamandır altüst olmuş durumdayım."

Sapir, "Yalan söylüyorsun," dedi.

"Sen ortaya çıkana kadar sorunumun ne olduğunu bilmiyordum. Seninle kalmayı o kadar çok istiyorum ki!"

Sapir, "Ona inanmıyorum," diyerek çıkış yolunu bedeniyle kapattı. "Onun buradan çıkmasına izin veremeyiz."

Medan cevap vermedi. O korkmuyordu.

Avram, "Onun kalmasını nasıl sağlayabiliriz?" diye sordu. "Bunu nasıl yapabiliriz Sapir?"

Sapir, "Avram, yanılıyorsun!" diyerek onu vazgeçirmek için son bir girişimde daha bulundu.

"Onun kalmasını istiyorum!" Avram ne yaptığını biliyordu.

Sapir içini çekti ve düşündü.

Medan sessizce, "Teşekkür ederim Avram," dedi. "Seni hayâl kırıklığına uğratmayacağım."

Avram, "Biliyorum," diyerek karşılık verdi.

"Şimdi buradan gideceksin." Sapir'in sesi sert çıkıyordu. "Arkadaşlarına, tüm belirtilerin kayalık çöle gitmiş olduğumuzu gösterdiğini söyleyeceksin. Onları oraya götür. İki gün içinde bir tuzak kuracağım. Sen ortadan kaybolacaksın. Kabul ediyor musun?"

Medan, "İyi fikir," diye cevapladı. "Çok mutluyum!" Gülümsedi ve herkes onun gözlerinin parladığını, gizleyemediği duygularını yansıttığını gördü.

Medan dışarı çıktı. Sesi duyuldu: "Beni takip edin! Kayalık çöldeler!" Ve takipçiler uzaklaşmaya başladılar. İki gün içinde her şey tam da Sapir'in beklediği gibi oldu.

Medan, sarp bir geçitte, bir kayalıktan uçuruma düştü. Arkadaşları birkaç gün boyunca endişe içinde bölgede kaldılar ama o olmadan güçsüzlerdi. Sonra korku içinde, titreyerek evlerine koştular. Sonuçta hiçbir şey elde edemeden geri döndüler.

Bu arada Avram'ın grubu, dağlarda kalacakları gizli bir yere vardılar. İlk defa sakin bir geceydi. Medan ve Sapir sırayla mağaranın girişini koruyorlardı.

Avram uyuyamıyordu ve Sarai bunun nedenini anlamıştı. Sarai'nin pratik kadın aklıyla Avram'ı bir grup öğrenci toplamaya teşvik ettiği andan itibaren, Avram'ın düşünebildiği tek şey buydu. Gerçekten de fikir çok basitti fakat çok ama çok bilgelik içeriyordu.

Avram, yalnız olarak, bazen de Sarai ile günlerce ve gecelerce oturdu. Sadece bu fikir hakkında konuştular;

bir öğrenci grubu hakkında. Grup içindekiler birbirlerini destekleyecekleri için Yasa'yı birlikte anlamalarının daha kolay olacağından bahsettiler. Kuşkusuz ki hepsi birbirlerine yakınlaşmaya çalışacaklardı. Gerçekten, en önemli şey buydu! Kendi deneyimleriyle, sevgiyi ve nefreti, ayrılmak isterken birbirlerine nasıl sarılacaklarını ve hiç güçleri yokken nasıl güç bulacaklarını anlayacaklardı.

Ah, Avram bu grubu ve derslere hemen başlamayı ne kadar da çok istiyordu! Ama bekliyordu. Gece gündüz mağaranın etrafında dolaşıyor, kendini sınıyor, gelmesi gereken bir kararı bekliyordu. Bu karar kendisinden gelmeyecekti. Avram, bir defasında, kendisiyle konuşan bir ses duydu: "Sevgi, tüm günahları örter." Bunu aklında tutarak uyandı. Cevabın bu olduğunu anladı. Ertesi sabah Sapir ve Medan'a şöyle dedi: "Bugün, gece yarısında mağaranın girişinde çalışmalarımıza başlayacağız."

Sapir sevindi, "Ateş için dallar getiriyorum," dedi. "Ayrıca otlardan çay yapacağım. Gücümüzü artıracak bir şeyler hazırlayacağım. Hayır, hayır, beni durdurmayın, ne yaptığımı biliyorum, memnun kalacaksınız."

Medan memnuniyet içindeydi, cevap verecek tek bir kelime bulamamıştı. Sanki hayatının görevini yerine getirmiş gibi hissediyordu. Gece, yıldızlar ateşin üzerinde titrerken, sakin bir sohbet vardı. Her kelime Avram'ın içinde yaşıyor ve çaba sarf edilmeksizin, basitçe ortaya dökülüyordu. Önünde Sapir ve Medan oturuyordu, Sarai de yakınlardaydı ama dikkati başka yöne çekmeyecek şekilde oturuyordu; kimseye görünmüyordu. Bakışlarıyla, memnuniyetiyle ve düşünceleriyle Avram'ı destekliyordu.

Avram şöyle dedi: "O bizim kendisine yükselmemizi istiyor. Gördüğümüz, hakkında düşündüğümüz her şeyin ardında O var. O, şu an benim arkamda ve önümde; O, bir ateşin çıtırtılarında, kayan yıldızlarda, ağustos böceklerinin seslerinde. O, Yasa'dır. O, Güç'tür. O, Sevgi'dir. O, her şeydir; O'ndan başkası yoktur.

Sapir ve Medan birbirlerine baktılar. Avram'a, bir Tanrıymış gibi baktılar. Hayır, ona, arkasında nefes kesici bir Güç olan bir Öğretmen gibi baktılar.

Avram, "Birbirimize yardım etmeliyiz," dedi. "O'na ilerlemek çok fazla güç gerektiriyor."

"Ne yapmalıyız?"

"Yemin edelim, başlangıç olarak."

"Neye? Biz hazırız. Anlat bize!" Medan tutku doluydu.

Avram, "Bir amacımız var," dedi. "Ve bu amaç bizim temel şeyimiz. Burada sadece amacımız için toplandık.

Sevgi Yasası'nı anlamak için. Dostunu kendin gibi sevmeyi anlamak için."

Tek ses halinde, "Kabul ediyoruz," diye cevap verdiler.

"Burada, bir ailenin temellerini atmak için toplandık," diye devam etti Avram. "Sevgi Yasasına göre yaşamaya karar veren herkes için."

"Kabul ediyoruz!" diye cevap verdiler. "Kabul ediyoruz!"

Bu büyük arzuyla içten içe coşmuşlardı. Sarai ağlıyordu. Uzakta sessizce oturup dinlemişti. Şimdi önünde yeni bir dünyanın temelleri atılıyordu ve hayatın sadece bunun için yaşamaya değer olduğunu bariz bir şekilde anlamıştı.

Avram, "Sadece O'nun için çabalamalıyız," dedi. "Bu çalışmada, O'nun Yasası'na göre yaşamak için birbirimizi desteklemeliyiz."

Sapir aniden, "Ben devam edebilir miyim Avram?" diye sordu. "Sanırım yeminimizi nasıl sonuçlandıracağımızı biliyorum..."

"Konuş..."

"Ve henüz yolculuğun başında olmamıza rağmen..."

"Güzel," dedi Avram.

"Umut ediyoruz ki," diye devam etti Medan.

Sapir, "Biz eminiz ki!" diyerek sözü aldı.

"Hedefe ulaşacağız." Medan ayağa kalktı. Heyecan çok büyüktü. "Sevmeyi kesinlikle öğreneceğiz."

"Ve herkese açıklayacağız," dedi Sapir, "Bu yasayı herkese açıklayacağız! Bu gücü! Kendi iyiliğimiz için olmayanı!"

Ah, yüzleri ne kadar da ışıldıyordu! Ah, düşünceleri ne kadar arıydı! Avram bunu gördü ve kendini tutamadı. Ayağa kalktı ve içtenlikle onlara sarıldı. Üzerlerinde yıldızlar parıldıyordu. Gece serinceydi. Hepsi hissetti ki -Yasa artık onlarla birlikteydi. Yol doğruydu. Önemli olan birlikte kalmaktı.

O gece, 3800 yıl önce, insanlık tarihinin ilk grubu oluşuyordu. O gece, dünyayı değiştiren Avram'ın büyük başkaldırısı başlamıştı.

Sarai kek getirdi. Elleri titreyerek, onları kocasının önüne koydu. Avram keki ilk olarak ona verdi ve ancak ondan sonra diğerlerine dağıttı. Kekler inanılmaz derecede lezzetliydi. Herkes Sarai'ye baktı.

"Kekleriniz ne kadar lezzetli," dedi Medan. "Hayatımda hiç bu kadar lezzetlisini tatmamıştım."

Sarai, "Onlarda sevinç gözyaşları var," diye cevap verdi.

Avram ateşin başından kalkıp karanlığa doğru bir adım atarak, "Yarın gece devam edeceğiz," dedi. Gece onu tüketmişti. Sapir onu takip etmeye çalıştı ama Avram'ın sesi onu durdurdu: "Yalnız kalmaya ihtiyacım var."

Sapir durdu ve avcı bakışlarıyla gecenin karanlığını süzdü. Korucu kulaklarıyla her sesi yakalamaya çalıştı. Uzaktan bir kaplan kükremesi duyuldu ve Sapir fısıldadı: "Sakin ol sevgili kaplanım, o, Avram."

Sonra bir çakalın kahkahası duyuldu. "Sen de sus, bağırmayı kes," diye mırıldandı sessizce. Medan her zaman Sapir'in yanındaydı. Endişeyle ona baktı: O kiminle konuşuyordu?

Bir şeyler karanlıkta koşuşturuyordu. Birilerinin kırmızı gözleri onları izliyordu ama Sapir tüm bunların Avram için bir tehlike olmadığını biliyordu. Sarai de bunu biliyordu. Uyumuyordu ve sakindi.

Bir saat sonra Avram döndü, sessizce uzandı ve bir örtüye sarındı. Ama gözlerini kapatmadan önce şöyle dedi: "Sapir, senden yarın dağlara gitmeni istiyorum. Şarir ve Şelah'ı buraya getir. Onlara ihtiyacımız var."

Sapir, "Birlikte gidelim," diye cevap verdi. "Seni burada yalnız bırakmayacağım."

Grubun Oluşumu

Dağlara giden yolu tırmanmaya başladıklarında, şafak henüz dağın tepesinde belirmemişti. Önde Sapir, ardında Avram ve Sarai vardı. Medan da kafileyi tamamlıyordu. Hızlı hızlı yürüyorlardı. Her adımlarında gece yitiyordu. Sekiz saat yürüdüler ve hedefe ulaştılar.

Uzaktan mağaranın girişini görmüşlerdi bile. Orayı koruyan kimse yoktu ve bu garipti. Sessizce yaklaştılar ve içeride iki ateş yandığını gördüler. Neden iki taneydi? Sapir herkesi durdurdu ve önce kendisi içeri baktı: mağaranın bir ucunda bir ateş yanıyordu ve Şelah onun önünde uyukluyordu. Öte yanda, Şarir'in içine dallar atmış olduğu ikinci bir ateş daha vardı. Dördü de mağaraya girdiklerinde onları ilk gören Şarir oldu. Ve haykırdı: "Bana gelin!"

"Hayır, önce bana gelin!" diyerek Şelah da ayağa fırladı.

Şarir, "Sizin geleceğinizi biliyormuş gibi bugün bir geyik kestim," diyerek ısrar etti.

Şelah, "Avram, üç gündür bir şey yemedim. Sizi bekliyorum sevgili dostlarım," dedi. Perişan görünüyordu ve sözleri duygu yüklüydü.

Şarir, "Onları ilk ben gördüm!" diye bağırdı. "Benim ateşime gelecekler!"

Şelah da "Hayır, onlar benimkine gelecek!" diye inledi. "Beni ölüme terk edemezler..."

Sapir şaşkınlık içinde, "Burada neler oluyor?" diye sordu.

Şelah "Bir caniyi tercih etmezsiniz!" diyerek hırladı. "O bir cani!"

Şarir de "Ve sen de bir hırsızsın!" diye bağırdı. "Benden yiyecek çalıyorsun!"

Sapir, "Sessiz olun!" diyerek elini salladı ama Avram onu durdurdu. Mağaranın ortasındaki bir taşın üzerine oturdu, hiçbirine gitmedi.

"Burada ateş yakıyoruz," dedi. Sapir onun ne demek istediğini hemen anladı. Birkaç dakika sonra dallar çatırdamaya başlamıştı. Sapir her ihtimale karşı yanında her zaman kuru dallar taşırdı. Bu işe yaradı. Şarir ve Şelah olanları sessizce izlediler. Avram şöyle konuştu: "Tek bir Yasa var, Sevgi Yasası. Ama görüyorsunuz ki biz bu Yasa'ya göre yaşamak istemiyoruz."

Sapir acı içinde, "Onlar neden paylaşamıyorlar?" diye sordu.

Avram, "Onlara sor," dedi.

Sapir, "Nesiniz siz, köpek mi?" diye bağırdı, "Neden bu şekilde yaşıyorsunuz?"

Şarir, "Çünkü o bir hırsız!" diye bağırdı, mağaranın bir ucundan.

Şelah, "O da bir alçak!" diyerek karşılık verdi.

Sapir, "Sizin nasıl hâlâ hayatta kaldığınızı merak ediyorum!" dedi ve ellerini iki yana açtı. "Tek başınıza, hayvanlar tarafından parçalanabilirdiniz."

Avram, "Şimdilik bedensel hayvanları onları parçalıyor," dedi. "Her birinin içinde beslenmek ve saygı görmek isteyen bir hayvan yaşıyor!"

Sapir, sessizce, "Ne yapmalıyız?" diye sordu.

"Onları burada yalnız bırakın," dedi Avram. Aniden ayağa kalktı ve çantasını kaptı. "Her şeyi anladım, geri dönüyoruz." O ayağa kalkarken herkes arkasındaydı.

Sapir ateşi toprakla doldurmaya başladı.

"Hey!" Şelah telaşlanmıştı. "Nereye gidiyorsunuz?"

"Sizin gibi insanlara ihtiyacımız yok," dedi Avram.

Şelah, "Ama ben ölürüm!" diye bağırdı.

Avram mağaranın çıkışına doğru ilerledi. Diğerleri onun arkasındaydı.

Şarir, "Bekleyin!" diye bağırdı.

Ona cevap vermeden dışarı çıktılar. Şelah ve Şarir birlikte peşlerinden koştular.

Şelah ve Şarir, "Durun! Bu şekilde gidemezsiniz!" diyerek tek bir ağızdan bağırdılar. Yine de hepsi sessizce geri çekilip Avram'ı takip etti. Şarir önden koştu, yollarını kesti.

"Bizi buraya gönderen sendin!" diye bağırdı Avram'a.

"Bizi burada yaşamaya zorlayan sendin!"

Avram, acı dolu bir sesle, "Sizi ölümden kurtardığımı sanıyordum ama siz ölümü de beraberinizde getirmişsiniz" dedi. "Birbirinize yardım ederek yaşayabileceğinizi düşünmüştüm."

Şelah, "Biz de öyle yaşamaya çalıştık," diyerek araya girdi.

Avram, "İyi dost olmanızı engelleyen neydi?" diye sordu. "Evet? Anlatın bana!" "İlk başta öyle yaşıyorduk..." Şelah devam etmeye çalıştı, "Evimiz vardı. Yiyecek depolamak için bir yer bile inşa ettik. Böyle bir oyuk buldum..."

"Bunu sen mi buldun?" Şarir, öfkeliydi.

Şelah, "Başka kim bulacaktı ki?" diye haykırdı.

"Peki bunun oval ve yerden yarım metre yükseklikte olması gerektiğini kim düşündü? Ve tüm bunları kendi elleriyle kim yaptı?"

"Pekâlâ, sen yaptın."

Şarir, "Size söylüyorum, o bir hırsız!" Hırsız o!" diye haykırdı. "Sen bir hırsızsın!"

Sapir, "Hey siz, sakin olun!" diye bağırdı. Öfkeden tir tir titriyordu. "Ölümden kurtuldunuz ama birbirinizi öldürmeye mi karar verdiniz?"

"Neden her şeyi kendine mal ediyor bu mucit?"

Sapir, "Sessiz olun!" diye bağırdı ve tartışan iki adamın önünde duran Avram'a baktı. O her şeyi anlamıştı ve onların öğrencilerinden olduğunu biliyordu; bunun başka türlü olamayacağını biliyordu ve onlarla çalışmaya başlaması gerektiğini biliyordu.

"Birlikte olduğunuz zamanlar iyi miydi?" diye sordu.

Herkes şaşkınlıkla ona baktı. "Kardeşçe bir hayat yaşamaya karar verdiğinizde iyiydiniz, bunu hatırlıyor musunuz?"

Birbirlerine baktılar.

Avram, "Başlangıçta öyleydi diyor musunuz?" diye konuştu. Şarir gözlerini kaçırdı.

Şelah, usulca, "İyiydi," diye mırıldandı. Bu cevaba kendisi de şaşırmıştı.

Şarir ona bakmadı ama Şelah devam etti: "İyiydi, evet, iyiydi. Hislerimi tam olarak hatırlıyorum. Bir gece yağmur yağmaya başladığını hatırlıyorum, soğuktan ölüyordum... ve Şarir, hiç sormadan, kendisinin örtündüğü bir örtüyü üzerime serdi."

Avram, "Ve bir sıcaklık hissettin," dedi.

"Bir sıcaklık hissettim."

Şelah, Şarir'e baktı. Hemen gözlerini indirdi ve ekledi:

"Yanımda bir arkadaşım vardı ve onunla kendimi iyi hissediyordum."

Herkes sessizdi çünkü konuşma sırasının Şarir'de olduğunu anlamışlardı. Şarir uzun bir süre duraksadı ama sonunda şöyle dedi: "Bir ay önce ayağım kaydı ve bir uçurumdan düştüm."

Duygu yoğunluğu nedeniyle konuşmakta zorlandığı hemen anlaşılıyordu. İçini çekti: "Şelah beni günler ve geceler boyunca aradı." Şarir, kelimeler ağzıdan güçlükle dökülürken, yüksek sesle nefes almaya başladı.

"Arıyordu ve buldu... Vadide... Oradan çıkacağıma dair inancımı çoktan kaybetmiştim. Ama o beni buldu; beni saatlerce yukarıya taşıdı. Bir çeşit el arabasıyla geldi; ne de olsa o, Şelah! Ama daha çok kendisi çekti ve beni dışarı çıkardı."

Şelah gözlerini kocaman açarak Şarir'e baktı. Şarir, "Çekip çıkardı," diye tekrarladı. "Sonra yaramı tedavi etti, üzerini yapraklarla örttü, örülmüş iplerle bandajladı ve her gün bu bandajı değiştirdi. Bana sürekli nasıl hissettiğimi sordu."

Sonra, Şarir ve Şelah göz göze geldiler.

"Evet," dedi Şarir. "Hatta bir tuzakla iki yaban tavuğu yakalayıp beni küçük bir çocuk gibi besledin, sıcak çorba içirdin, çok sıcak olmasın diye üzerine üfledin."

Artık birbirlerinden gözlerini kaçırmıyorlardı.

Şarir, "Teşekkür ederim Şelah," diye fısıldadı.

Şelah da "Beni pek çok kez kurtardın Şarir," diye karşılık verdi. Sarai hıçkıra hıçkıra ağladı. Ne de olsa o bir kadındı ve kadınların gözyaşları her zaman akmaya hazırdır. Herkes ona baktı. Eliyle çabucak gözyaşlarını sildi.

Sapir dayanamayarak, "Peki neden düşman gibisiniz?" diye tekrar bağırdı. Birbirlerine baktılar. Ve aynı zamanda gözlerini yere indirdiler.

Şarir, "Herkesi benim yerime davet ediyorum," dedi. "Beni bu onurdan mahrum bırakmamanız için size yalvarıyorum."

Şelah, "Belki de herkes bana gelmek ister?" diye bir öneride bulundu.

"Belki mi?" "Burada birlikte oturuyoruz," dedi Avram. "Ortada."

Elbette kimse itiraz etmedi. Hemen bir yemek organize ettiler. Yani ateş yaktılar, kilimleri yere attılar. Şarir elinde ne kadar yiyecek malzemesi varsa getirdi ve Sapir'le birlikte krallara layık bir ziyafet hazırladılar. Hayatlarının en güzel akşamıydı. Avram'a ifşa edilen gücün, sevginin gücü olduğunu hissettiler ve o şimdi yanlarındaydı. Her zaman böyle olmasını istediler. Sıcaklığın her zaman kalplerine yayılmasını istiyorlardı ki böylece birbirlerinin gözlerine cesurca bakabilsinler, dostlarını, onlara en yakın, en sevgili, Avram'a ifşa olan Tanrı'yı birlikte idrak edecekleri ve onları kendilerinden daha çok sevmeye hazır oldukları kişiler olarak görsünler. İşte bu akşam hayatlarındaki en güzel akşamdı!

Gece olunca Sarai, Avram'a, "Ama bu hep böyle olmayacak," dedi.

O her şeyi anladığında, uçurumların, büyük ve küçük başarısızlıkların kişiyi Sevgi Yasası'na götürdüğünü hissetti. Başka türlü olamazdı. Evet, Avram bunu biliyordu, kötülük onları yalnız bırakmayacaktı.

Üstelik kendini göstermelidir. Bizi yaşam boyunca

yönlendirdiğini bilelim diye, böylece ne sevgi ne de kardeşlik olduğunu, aksine tüm yaşamımızı kötülük üzerine kurduğumuzu anlayalım. Bunu görmeliyiz, dehşete düşmeliyiz ve ondan kurtulmak istemeliyiz.

Sarai, "Ortak bir amaca ihtiyacınız var," dedi ve Avram bininci kez aynı şeyi düşündü: "Karım, ne kadar yüce!"

Sabah herkese haber verdi. "Bir çadır kuruyoruz." Bu kararı sevinçle karşılandı. Sıcaklık hâlâ yüreklerini yakıyordu. Şelah, yere hemen daha önce hiç görmedikleri garip, yuvarlak bir çadır çizimi yaptı. Şarir bazı detaylar ekledi ve Şelah bunları sevinçle kabul etti, hatta sarıldılar. Çalışma ilerlemeye başladı. Oy birliğiyle Şarir'in liderlik etmesine karar verdiler. Şarir, Medan'ı direkleri bulmaya gönderdi. Sapir, derileri kesmesi için gönderildi. Şelah, alanın planlanması için gönderildi. Avram taşların olduğu yeri temizledi. Sarai yemek pişiriyordu. Böylece, iş birliği halinde, kardeşlik duyguları içindeydiler. Birkaç gün boyunca çok yoğun bir şekilde çalıştılar. Birbirlerine yardım ettiler ve bunun mümkün olmasından gurur duydular. Akşam olduğunda herkes yorgunluktan yıkılıyordu ama ateşin etrafında oturup Avram'ı dinleyecek gücü buldular.

Avram onlara Tek Tanrı'dan söz etti.

Ama en önemlisi, O'nu nasıl hissedeceklerinden bahsetti.

O anda, orada, birbirlerini önemseyerek yeni bir yaşamın temellerini atmalarının gerekli olduğunu söyledi. Şu soruyla kalkmalı ve yatağa girmeliyiz dedi: "Arkadaşım nasıl? Ruh hali nasıl? Ona yardım etmeli miyim? Ona destek olmalı mıyım?"

Avram, onları Yasa'ya yönlendirdi. Onlara, herkesin içinde var olan kötülüğe karşı sevgiye doğru nasıl yükseleceklerini öğretti. Ona inandılar ama aynı zamanda inanmadılar da. Herkeste şöyle bir düşünce de vardı, "Belki de kötülüğün üzerine çoktan çıkmışızdır, belki de kötülük sevgimize dayanamayarak utanç içinde kaçmıştır. Birlikte yaşıyoruz ve çalışıyoruz! Neşeliyiz ve mutluyuz." Bu bir süre böyle devam etti. Bununla yattılar, bununla kalktılar. Bu ortak bir uğraşıydı.

Dersler yapıldı. Kardeşlik duygusu hiç kaybolmadı.

***

Orada, Babil'de geçirdiği tüm bu süre boyunca Terah hiç durmadan gayretle çalıştı. Çünkü durduğu anda, neler olduğunu idrak etmeye başladığı anda, hemen sorular kalbini iğne gibi delip geçiyordu: "İnşa ettiğin dünya bu mu? İnandığın Kral bu mu? Gurur duyduğun halk bu mu? Dua ettiğin tanrılar bunlar mı?"

Tüm soruların tek bir cevabı vardı: "Eğer sonuç buysa, hayat boşuna yaşanmış demektir." Ve sonra kendiliğinden başka bir düşünce ortaya çıkıyordu: "Görünüşe göre Avram haklı."

Tüm bu içsel dönem boyunca Terah sessiz kaldı. Şimdi Amtalei onunla konuşmaya çalışıyordu ama Terah ondan saklanıyordu, dayanamayıp düşüncelerini paylaşmaktan korkuyordu. Kalbini açmak istemiyordu. Bu, onun için intiharla eş değerdi. İnşaattan döndüğünde kendini odasına kilitliyor, kapısı çalındığında açmıyor ve neredeyse hiçbir şey yemiyordu. Amtalei ona ne olduğunu anlamıştı, ona müdahale etmedi. Bir gün odasına gelip şöyle demesini bekliyordu: "Amtalei, hazırlan, büyük oğlumuza gidiyoruz."

İfşalar Gecesi

Kendini ilk kaybeden Şarir oldu. Birkaç gündür keyfi yerinde değildi ve bunu herkes görüyordu. Kampta kalmayı değil, avlanmaya gitmeyi tercih ediyordu. Derilerle kaplı yuvarlak bir çadır çoktan kurulmuştu, rüzgârda şişip iniyordu; bu nedenle bütün gün oradan ayrılmayı göze alabiliyordu. Arkadaşları çoktan uyumuşken geri dönüyor, sessizce yatıp sessizce kalkıyordu. Bu şekilde yaşıyordu.

Şelah ilk başta Şarir'le konuşmaya çalıştı ama sessiz bir reddedilişle karşılaştı. Avram'a ne yapması gerektiğini sorduğunda, ondan şu tavsiyeyi duydu -Onu özenle sarıp sarmala. O günden sonra, Şarir her uyandığında, yatağında çok sevdiği bir avuç fındık ya da sadece uzak ve tehlikeli bölgelerde bulunabilen tatlı dağ armutlarından bulmaya başladı. Bir defasında, gecenin bir yarısı, birinin dokunuşuyla uyandı. Karşısında Avram'ı gördü.

Avram ona, "Önemli olan düşünceleri durdurmaktır," dedi.

"Nasıl?" diye sordu Şarir. "Yapamıyorum. Hep aynı sorular geliyor: Avram'ın Tanrısı kim? Onu kim gördü?" Otlardan yapılmış yatağında doğruldu, Avram'a yaklaştı ve sordu: "O, var mı? Dışarıda bir yerde mi? Bana dürüstçe söyle -sana ihanet etmeyeceğim."

Gece çok sessizdi! Gökyüzü çok yüksekteydi! Şarir donakalmış bir halde bir cevap bekliyordu.

Avram, "O, orada değil," dedi.

Şarir, "Demek doğruymuş!" diyerek nefes verdi.

"Eğer bu tür düşüncelere kapılırsan O, orada değildir. Bu düşünceleri sana bilerek gönderen O!"

"Bunu neden yapıyor?"

"Onlarla başa çıkabilmen için."

"Senin Tanrın acımasız!" Şarir gözlerini yere indirdi. Öfkelenmişti.

Avram, "Sana bir çözüm sunuyor ama sen onu duymuyorsun," dedi ve ayağa kalktı.

"Duyuyorum!" Şarir yüzünü buruşturdu. "Seninle kucaklaşmamı istiyor!"

Avram, "O, Şelah'ın bir haftadır bacağını sürüklediğini görmeni istiyor," diye cevapladı. "Dizi iltihaplandı. Sapir'in gözle görülür şekilde yaşlandığını ve yakacak odun toplamakta ve çadırın etrafını temizlemekte zorlandığını görmeni istiyor. Medan'ın gücünün son demlerinde olduğunu ama dayandığını görmeni istiyor. Onlara nasıl yardım edeceğini ve kendini düşünmekten nasıl çıkacağını düşünmeni istiyor. Diğer herkese yardım etmeni ve onlara nasıl güç vereceğini bulmanı istiyor. Şarir, Tanrı bize teker teker ifşa olmayacak!"

Şarir gürültüyle nefes aldı ve inledi: "Seni işitiyorum... Ama henüz duymuyorum."

Avram, "Uyu," diyerek onun omzuna dokundu.

Şarir duvara döndü ve kuzu postunu başına çekti. Gecenin bu vakti en karanlık zamandı. Avram uzanmış, gökyüzünde kısa izler bırakarak düşüp duran uzak yıldızlara bakıyordu. Gecenin bir yarısında, göz ucuyla, aniden bir hareketlilik olduğunu fark etti: Şarir'in yatağından kalktığını gördü. Şarir önce Şelah'ın, sonra Medan'ın, sonra da Sapir'in yüzüne baktı ve Avram'a yaklaştı. Avram uyuyormuş gibi yaptı ve kapalı göz kapaklarının arasından, Şarir'in çantasını alıp açtığını ve içinden bir şey çıkardığını gördü. Avram onun kurutulmuş bir balık olduğunu biliyordu. Şarir, Medan'dan da bir torba tuz aldı. Sonra dönüp karanlığın içinde kayboldu.

Avram, Sapir'in "Emrini bekliyordum," dediğini duydu.

"Onu izlediğini ve onu durdurmaya cesaret edemediğini gördüm."

"Doğru," diye cevapladı Avram.

Medan, "Nereye gitti?" diye sordu.

"Neden uyumuyorsun?" diye sordu Avram.

"Ben profesyonel bir casusum," diye cevap geldi.

Şelah, "Bütün yiyeceklerimizi aldı," diye seslendi.

Avram, şaşkınlık içinde, "Sen de mi?" diye sordu.

Şelah, "Yeni bir keklik tuzağı buldum," diye cevap verdi.

Avram, "İyi ki kimse onu durdurmadı," dedi.

"Nereye gitti?"

Avram kayıtsızca "Geri döndü," dedi.

"Onu durdurmalıyız!"

Avram, "Hiçbir durumda bunu yapmamalıyız!" diye cevap verdi. Uzun bir sessizlik oldu. Herkes yatağının üzerine uzanmıştı. Birbirlerinin gözlerinin içine bakmadan konuşmak daha kolaydı.

Sapir, "Gerçekten hiç kanıt yok mu?" diyerek inledi.

Avram, "Sadece bana inanabilirsin," dedi.

"Ama bu çok zor!"

"Biliyorum."

Şelah aniden, "Ölüm korkusu olmasaydı, her şeyi bırakırdım," demeye karar verdi. Bu bir ifşa gecesiydi. "Ben bir bilim adamıyım. Kanıta ihtiyacım var. Ama henüz hiç kanıt yok."

Avram, "Hiç yok," diye cevapladı. Bu gece, dürüst cevapların verildiği bir geceydi "O'nu bizim ifşa etmemizi istiyor."

"Bize küçücük bir kanıt versin. En küçük bir kanıt bile yeter..."

"Vermeyecek."

Şelah, "Oooooo," diye inledi. "O zaman şimdi nasıl yaşayacağız?"

Avram'ın "Birbirimize destek olarak," dediği duyuldu. "Kendimizi ancak bu şekilde yenebiliriz- birbirimize yardım ederek. O zaman, O da bize yardım edecek."

Sapir başını bir yastığa gömdü. Şelah yüksek sesle iç çekti.

"Sana inanıyorum!" Bunu söyleyen, bunca zaman sessiz kalan Medan'dı. "O var. O dışarıda bir yerde ve bize ifşa olacak. Ben inanıyorum. Bu kötü mü?"

Avram, "Hayır, bu iyi bir şey," dedi.

"Ama şüpheler sana da gelecektir."

"Vazgeçmeyeceğim."

Avram, kararlı bir şekilde, "Tek başına teslim olursun," dedi ve ekledi: "Önümüzde zorlu mücadele günleri var. Güç kazanın."

Avram'ın kampında haftalarca çalıştılar ve mücadele ettiler. Herkes çabaladı. Herkes birlik ve birbirini destekleme ilkesini anladı.

O böyledir, Avram'ın Tanrısı. Bizi böyle görmek ister. Eğer biz böyle olursak, O bize ifşa olacaktır. Eğer böyle olmazsak, O'nu ifşa etme şansımız olmayacaktır.

Herkes denedi, her biri kendi yöntemiyle. Örneğin Şelah, kalpleri açmak için bir formül arıyordu. Bir bilim adamı olarak her sorunu kendi başına çözebilirdi ve bu yüzden kendini zorlayarak arkadaşları hakkında düşünmeyi öğrenmeye başladı.

Önceleri bu düşünceler gülünçtü ama şimdi kutsanmış durumdalardı: Bu kafanın içine nasıl girilir ve beyni kapatacak olan bu kol nasıl çevrilir? Kalbe nasıl bağlanacağını düşündü. Bir formül arıyordu: Kendi zihniyle bağlantısını kesip daha yüksek bir zihne nasıl bağlanacağının formülünü. Şelah her şeyi yazıyordu, ne de olsa o bir bilim adamıydı; günlük tutuyordu.

Bir hayvan gibi aç olmasına rağmen masaya ilk atlayan kişi olmadı. Yazdı: "Kendimi tutmayı başardım. Yiyeceklerin en iyilerini verdi ve bu da ona "kan" kaybettirdi ama günlüğüne yeni bir şey yazdığında sevindi: "Verdim." Hayvanlar için icat ettiği ve yaptığı tüm tuzakları Sapir'e verdi.

"Pişman değilim, hem de hiç," diye yazdı ve sevindi. Kara kaz tüyünden yapılmış, hafif battaniyesini Medan'a verdi. Hemen yazdı: "Onun için yumuşak ve rahat olacağını düşündüm!" Arkadaşlarıyla sohbet ederken sözünü kesmiyor, kendini zor tutmasına rağmen dinliyordu. Şelah'ın çabalarının sonuçları bir hafta sonra, akşam, çorba kazanı ateşin üzerinde tüterken ortaya çıktı. Her zaman olduğu gibi hep birlikte yemek yerlerken, Medan, Avram'a yemek yerken birbirlerini düşünmeleri gerekip gerekmediğini sordu.

Ve sonra Şelah ayağa fırladı ve bir hamleyle kazanı ayağıyla devirdi. Zar zor yana sıçramayı başardılar. En yakında oturan Sapir'in elleri haşlandı.

Şelah, "Sen ne soruyorsun?" diye bağırdı. "Ye ve düşünme! Akılsız!"

Medan şaşkın bir halde, "Sorun ne?" diye sordu.

"Bu saçmalığı dinleyemem, anlıyor musun!" Şelah aniden ateşin yanında duran bir kuş tuzağını kaptı ve duvara vurdu: "Bu kadar!" Çadırın içine koştu, Medan'ın battaniyesini ayağıyla kaldırdı, bıçakla yırttı. Kaz tüyleri kar gibi uçuştu.

Şelah karların içinde dururken bağırdı: Elimden geleni yaptım! Hepinizin altındaki halıydım! Her şeyimi verdim! O nerede? Size soruyorum, O nerede? O nerede, Tanrınız?"

Şelah'ın bağırışı bir çığlığa dönüştü, kendini hiçbir şekilde dizginleyemiyordu: "Bizden ne istiyor? Ne tür bir sevgi istiyor? Bizi buraya getiren sendin, o yüzden konuş! Neden susuyorsun? Birbirimizi öldürmemizi mi istiyor! Senin Tanrının istediği bu mu?"

Avram gerçekten de sessizdi. Ve herkes ona bakarak susuyordu. Şelah aniden, bitkin bir halde ateşin yanındaki kumların üzerine yığıldı. "Bizi yere yığana kadar pes etmeyecek," diye inledi.

Sessizlik sonsuza dek sürmüş gibiydi. Etraftaki her şey bir cevap bekliyordu. Ateş duyulmayacak bir şekilde yanıyordu, ağustos böcekleri donmuş kalmıştı ve gecenin içinde, hayvanlar hiç ses çıkarmıyordu. Şelah, "Her şeyimi sana verdim," diye inledi. Gözyaşları yanaklarından aşağı yuvarlandı. "Geriye hiçbir şeyim kalmadı. Hiçbir şey..."

Avram ayağa kalkarak, "O'nu kendin için değil, Sapir için

ya da Medan için istediğinde gelecek," dedi. "Yoruldun Şelah. Her şeyini verdin. Ama pes etmeyeceksin. Bunu biliyorum. Haydi, hepimiz uyumaya gidelim."

İlk olarak Avram kendi köşesinde uzandı. Onu takiben herkes yattı. Gece uykusuz, rahatsız edici düşüncelerle ve diş gıcırtılarıyla geçti. Şişmiş gözlerle kalktılar; her biri bu gece boyunca bütün bir hayatı yaşadılar. Sapir sessizce yemek pişiriyordu; Şelah yatıyordu, hareket etmiyordu, kimse ona dokunmuyordu; Medan ders için bir yer hazırlıyordu; Sarai yakınlarda bir yere oturmuş, uzak duruyordu, çok sessizdi.

Ders başladı. Ders dua ve Tanrı'nın yalnızca kırık bir kalbi duyması hakkındaydı. Bu dua kişinin kendisi için değildi, arkadaşları içindi, böylece yolda yeterli güce ve güvene sahip olacaklardı.

Sessiz bir ders oldu. Kimse soru sormadı. Her şey açıktı. Açıkçası, bu dayanılmaz derecede zordu! Ama çok güzeldi. Avram'ın Tanrısı'nın böyle olduğu, kendisini düşünmediği açıktı. Bu nedenle biz de O'nun gibi olmalıyız."

Boğazına Dayalı Bıçak

Haftalar ve aylar uzadıkça uzadı. Sürekli mücadele ve çalışma içinde bir yıl geçti. Bazen Avram'ın öğrencileri öyle bir şekilde birleşiyorlardı ki Yaradan onlara kendini ifşa edecekmiş gibi görünüyordu. Diğer zamanlarda birbirlerine bakamıyorlardı bile. Ve sonra Avram onların yardımına koşuyordu. Ama ona ne oluyordu? Bunu kimse bilmiyordu. Sadece Sarai her şeyi görüyor ve biliyordu. En büyük sırrını sadece onunla paylaşmıştı. Acısını, endişesini, sevincini ve öğrencilere ihtiyacı olduğuna ilişkin görüşünü onunla paylaşmıştı! Mümkün olduğunca çok öğrenci!

Aylar geçti, bir yıl daha geçti. İnsanlar gelmedi. Ama sonra bir gece duvarda birinin gölgesi belirdi. Herkes uykudaydı. Bir şekilde, herkes kötü bir şey olmayacağına inanmaya başlamıştı ve avcı ve koruyucu olan Sapir bile ateşin yanında uyuyakalmıştı. O gün ateşi beslemesi gerekiyordu.

Biri, öylece mağaraya girdi. O, nerede uyuduğunu biliyormuşcasına Avram'a doğru yaklaştı. Avram ondan habersiz, yüzü duvara dönük, huzur içinde uyuyordu. Adam koynundan ince bir sicim çıkardı ve onun ilmiği bir ateşin sönmekte olan ateşinde parıldadı. Adamın elleri becerikliydi. Kementi Avram'ın boynuna geçirdi ve hızla sıktı. Avram etrafında dönüp kurtulmaya çalıştı ama adam dizini Avram'ın sırtına dayadı ve ilmiği daha da sıktı.

Avram daha fazla savaşmadı. Bir şekilde aniden sakinleşti. Adam Avram'ı kendisine doğru çevirdi ve birden ateşin ışığında yüzünü gördü: Yüzü sakindi ve hiçbir boğulma belirtisi yoktu. Hiçbir yaşam belirtisi de yoktu, sadece sakinlik vardı

Adam geri çekildi! Sırtı duvara çarptı ve aniden bir kurt gibi uzun bir uluma sesi çıkardı. Sapir uyandı, oturduğu yerden sıçradı. Medan'ın elinde bir bıçak parıldadı.

Adam bağırıyordu. Bu adam, Yağmacı Hadad'dı. Avram'ın tepesinde, artık düzeltilemeyecek korkunç bir hatanın dehşeti ve acısı içinde bağırıyordu. Medan, Avram'ın boynundaki ilmiği hemen görmüştü ve Hadad'ın boğazını o anda kesmeye hazırdı. Ama o anda Avram gözlerini açtı ve kararlı bir şekilde şöyle dedi: "Ona dokunmayın."

Medan donakaldı. Avram doğrulurken, Medan, bıçağıyla Hadad'ın boynuna sadece bir kesik attı ve Hadad duvardan sürünerek yere yığıldı. "Seni boğmuştum," diye mırıldandı.

Avram soğuk bir şekilde, "Görünen o ki boğmamışsın," diye konuştu.

"Bu bir mucize mi?" diye sordu Hadad.

"Bu dünyada mucize diye bir şey yoktur."

Hadad şaşkına dönmüş bir halde, "O halde neden yaşıyorsun?" dedi.

"Hâlâ insanlara anlatacak çok şeyim var," diye cevap verdi Avram.

Hadad nefesi kesilmiş bir halde, "Vay canına," dedi. "Kendimi affetmezdim eğer..."

Medan, sert bir şekilde "Seni kim gönderdi?" diyerek onun sözünü kesti.

"Sen olduğunu bilmiyordum Avram," diye inledi Hadad.

Sapir, "Yalan söylüyorsun!" diye bağırdı.

Medan, "Buraya nasıl geldin?" diyerek araya girdi. "Sana yolu kim gösterdi?"

"Beni gönderen kişi burada olduğunuzu biliyordu. Boğulması gereken kişinin nerede uyuyacağını bile söyledi. Tanrıların beni durdurması ne büyük bir lütuf. Gerçekten de ne büyük bir lütuf," diye mırıldandı Hadad.

Sapir kararlı bir şekilde, "Yerimizi değiştirmeliyiz," diyerek araya girdi.

Hadad'ın, "Ne büyük bir lütuf," diye haykırışı duyuldu.

Avram aniden, "Bizimle kalabilirsin," dedi.

Medan dilini tutamayarak, "Bu katil mi?" dedi.

Avram, "Uzun zamandır bizi arıyordun," diyerek Hadad'ın omuzunu tuttu. "Biliyorum."

"Tüm hayatım boyunca..." diye mırıldandı Hadad.

"Öyleyse kal," dedi Avram.

Hadad, "Gerçekten mi?" dedi. Şok olmuştu.

"Elbette," diye karşılık verdi Avram.

"Bir yemek hazırlıyoruz," dedi. "Bize katıldığın için çok mutluyuz..."

Herkes Avram'a baktı ve derhal hemfikir oldular. Bir dakika önce Hadad'ı öldürmeye hazır olmalarına rağmen herkes Avram'ın kararını hemen kabul etti. Ateşin etrafında oturdular. Çaydanlığın dumanı tütüyordu. Sarai çorba pişirdi. Avram konuştu; elbette ki, bu dünyada sevgi olmadığı gerçeğinden bahsetti.

Hadad, "Bu benim için bir sır değil," diyerek onu onayladı. "Dünyayı kötülük yönetiyor. Kötülükten başka bir şey yok."

"Ama kötülük bizim içimizde," dedi Avram.

Hadad, "Ben kötü bir insanım," diyerek onayladı.

"Ve eğer kötülüğü düzeltmezsek, çok kan dökülecek."

Hadad sırıtarak, "Bırakalım dünya yansın," dedi. "İçinde ızdıraptan başka bir şey yok."

"Ama seni buraya getiren de bu ızdırap oldu," dedi Avram.

Hadad, "Bu benim karanlık hayatımdaki en mutlu gün," diye cevap verdi.

"Ama seni ızdırap getirdi," diye tekrarladı Avram.

"Izdırap getirdi," diyerek, Avram'ın söylediğini gönülsüzce kabul etti Hadad.

"Bu yüzden, sana verilmesi boşuna değildi."

Hadad sessizce Avram'a baktı. Anlamaya başlamıştı.

"Buna inanmak benim için çok zor," diye fısıldadı. "Ama senin Tanrı'yı ifşa ettiğini biliyorum." Hadad Avram'a bakıyordu. Bu bir soru değil, bir açıklamaydı. Herkes dondu kaldı.

"Bunu sana kim söyledi?" diye sordu Avram.

"Kalbim. O yaralı ve hiç hata yapmaz."

Medan, "Sana başka ne söylüyor?" diye sordu.

Hadad, sessizce, "Sonsuza kadar burada kalacağımı," diyerek cevap verdi.

Avram ahşap bir kâseye çorba doldurdu ve Hadad'a uzattı. "Ye. Yemelisin; yolumuz kuvvet gerektiriyor," dedi içtenlikle.

İlk Onlu

O günden sonra Avram ve arkadaşlarından oluşan küçük grubun yaşamında yeni bir dönem başladı. Grup hızla büyümeye başladı! Ya bir duayı işittiklerinden ya vakti geldiğinden ya da orada, dağlarda Avram'ın yanında sevginin açığa çıktığını hissettiklerinden, öğrenciler birer birer gelmeye başladılar.

Doğuştan engelli, ailesi tarafından terk edilmiş genç bir adam olan Ktura da geldi. Mağaraya gelmeden önce tüm rahiplerin ve kâhinlerin yalancı ve hırsız olduğundan emin olmuştu. Kendisi hem bir kara büyücü hem de kâhindi ve bir kere dinlediğinde Avram'ı daha iyi anlamıştı.

Ktura, kalabalığın Avram'ı nasıl yuhalayarak caddeden aşağı sürüklediğini hatırladı: Küçük, mutsuz insanlar tapınakta ona parmaklarını sallayarak "Nerede o, senin tanrın?" diye bağırıyordu. "Onu bize göster!"

Avram, "O'ndan başkası yok," demişti. "O, Güç'tür. O, Yasa'dır. O, her şeydir!"

Bu sözleri duyduğunda Ktura'nın yüreği burkulmuştu ve kendine "İşte sonunda onu buldun," demiş ve kalabalığın ardında, Avram'ın peşinden koşmuştu. Ama insanlar dağılmamıştı. Yamulmuş elleriyle onları ayıramamıştı. Çarpık bacaklarının üzerinde ilerleyememişti. Ve akşam olunca Avram Babil'den ayrılmıştı.

O andan itibaren Ktura hiç durmadan onu aradı. Üç yıl sonra onu bulana kadar şehirlerden, çöllerden, korku ve umutsuzluktan geçti.

Ktura'nın gelmesinden sonraki gün, Vavila ortaya çıktı. Evet, evet, Babil'in amansız yargıcı mağaraya girmişti.

İnanılmaz derecede zayıftı, göbeği gitmişti. Kendine verdiği önem de gitmişti, artık sessiz ve alçak gönüllüydü. Kendine güveni de gitmişti çünkü artık içinde sadece alçak gönüllülük ve arzu vardı.

Belli belirsiz bir şekilde, "Yargıç Vavila öldü," dedi. "Beni gönderme. Uzun zamandır seni arıyordum, Avram." Sonra anlaşıldı ki hayatta her şeye sahip olan Babil Yargıcı, duruşma sırasında Avram'ı duyunca huzurunu kaybetmişti. Vavila sessizce, "Senin arkanda öyle bir güç hissettim ki nutkumun tutulduğunu hatırlıyorum," dedi. "Mahkeme kararını açıklamam gerekiyordu ama sustum. Sen Nemrut'tan korkmuyordun. Sende, önünde her şeyin toz ve kül olduğu bir gerçek vardı. Tanrın seninle birlikteydi. O andan itibaren, tüm yaşamımın amacı seninle buluşmak oldu."

Avram, "Seni gördüğümüze sevindik," dedi. "Ailemize hoş geldin!"

Yedi gün sonra, Avram babası Terah ve annesi Amtalei ile kucaklaştı. Bu dokunaklı bir buluşmaydı. Amtalei oğlunun önünde utangaçtı. Uzun zamandır onu geleceğin öğretmeni olarak görüyordu. Avram daha önce de olduğu gibi onu kucakladı, babasının elini öptü ve bacakları tutmadığında babasına destek oldu.

"Baba, ben de seni bekliyordum," dedi.

Terah oğluna bakmamaya çalışarak, "Seni görecek kadar yaşayacağımı sanmıyordum," dedi. "Ve sana şunu söyleme şansım olmayacaktı... Beni affet, Avram."

"Baba..."

Terah, "Sana çok kötülük yaptım..." diye konuştu.

Avram, "Kötülük olarak adlandırdığın bu büyük iyilik için

sana şükrediyorum," diye karşılık verdi. Terah, Avram'ın yüzüne baktı, yüzündeki içtenliği gördü ve her sözcüğündeki gerçekliği hissetti. "Oğlum, senden ayrılmak istemiyorum," dedi.

Avram, "Artık ayrılmayacağız," dedi ve Terah'ın gözleri yaşlarla doldu. Bir şeyler söylemek istedi ama gözyaşları onu durdurdu. "Bana yardım edecek misin?" diye fısıldadı.

"Elbette baba." Avram, babasının yaşlı elleri boynuna dolanırken "Çünkü artık sonuna kadar birlikteyiz," dedi. Terah, bacakları itaat etmediği için Avram'a tutundu ve kalbi mutlulukla göğsünden fırlayacak gibiydi. İkisi birlikte ağladı ve hiç kimse kendini tutamadı; soyguncu Hadad bile ağladı. Ertesi gün Şarir geri döndü. Her şey çok doğal bir şekilde oldu. Sanki hiçbir yere gitmemiş gibi gelip yerine oturdu ve onu sanki bütün gün burada oturmuş ve sadece kısa bir yürüyüş için dışarı çıkmış gibi kabul ettiler.

Tüm bu gelişler silsilesinin tamamlanması beklenmedik bir şekilde oldu. Akşam, gölgeler duvarlar boyunca süzülürken, mağaranın girişindeki yarıktan içeri birisi girdi. O, bir görüntü gibi ortaya çıktı ve Avram'ın öğrencilerinin şaşkın, korkmuş yüzlerine bakarak yüzünü buruşturdu.

Medan ona tehditkâr bir şekilde, "Kimsin sen?" diye sordu. "Nereden geliyorsun? Burayı nasıl buldun?"

Hadad bir yay kapmayı başarmış ve bir ok yerleştirmişti. Avram elini kaldırdı, adamın yanına gitti ve önünde saygıyla eğildi. Sonra herkese bunun Yaşlı Adam olduğunu, mutluluğun tek bir ailede yaşamak olduğunu bilen, o büyük adam olduğunu duyurdu. "Hoş geldin Yaşlı Adam," dedi.

Yaşlı Adam, "Öğrenci topladığına dair bir söylenti var. Ben de geldim," dedi.

Böylece, Avram'ın on erkek ve iki kadından oluşan ilk gerçek grubu bir araya geldi. Dersler kalıcı hale geldi. Avram, kendisinde tezahür eden şey hakkında konuştu. Örneğin, ilk günlerde "Kalpteki nokta" hakkında, o eşsiz arzu hakkında konuştu. Avram bunu basitçe şöyle açıkladı: "Yaradan peşimizi bırakmıyor. Kalbimizde bir sevgi kıvılcımı var ve O'nu ifşa edene kadar durmayacağız. Fakir, zengin, engelli ya da hırsız, kim olduğumuz önemli değil. O'nun önünde hepimiz eşitiz." Herkes nefesini tutarak dinledi. Her söz, "Kalpteki nokta'dan"-sevgi kıvılcımından- geliyordu ve bu nedenle hiçbir şüphe ya da karşı koyma yoktu; sadece haz vardı.

"Bizler ilkiz," dedi Avram. "Bizler kalpteki noktaların insanlarıyız, Birlik İnsanlarıyız. Bu insanlara ne ad verileceğini bilmiyorum ama onlara büyük bir sorumluluk yüklenecek. Onlar için durmak olmayacak. Çünkü onlar Tek Tanrı'yı bu dünyaya getirmek zorundalar ve bu da O'nun Yasası'na -Sevgi Yasası'na, Birlik Yasası'na- göre yaşamayı öğrenmeleri gerektiği anlamına geliyor. Neticede Tanrı budur. Öğrenin ve dünyaya öğretin." Avram'ın söylediği sözler bunlardı.

O sonbahar akşamında kimse ona itiraz etmedi. Hafif bir esinti bulutları sürüklüyordu. Ay, göz kırpar gibi, bir görünüp bir kayboluyordu. Güzeldi, çok güzeldi ve böylece kalplerinde ve zihinlerinde bununla uyumaya gittiler.

Avram'ın Savaşı

Sabah olduğunda mağara kuşatılmıştı. Biş'in casusları bunu o kadar fark edilmeyecek bir şekilde yapmışlardı ki ne Ktura ne tecrübeli Medan hatta ne de haydut Hadad hiçbir şey hissetmemişti. Mutluluk onları uyutmuştu. Güçlü bir el tarafından fırlatılan bir ok Sarai'nin ateşe koyduğu kazana saplandığında uyandılar. Hepsi yerlerinden fırlayıp girişi hemen büyük bir taşla kapattılar. Halihazırda bir kaçış planları vardı: doğrudan vadiye açılan ve daha önceden genişletilmiş olan bir yarıktan kaçacaklardı. Herkes oraya doğru hareketlendi ama Yaşlı Adam'ın sesi onları durdurdu: "İşe yaramayacak. Tüm çıkışları kapatmışlar."

Biş'in savaşçılarının uğultuları mağaranın içinde duyuluyordu. Uğultu her yerden geliyordu: dağlardan, çölden, vadiden... ve orada, kayaların ardından askerler belirdi. Askerler kısa sürede tüm alanı doldurdular ve rahibin emirleri doğrultusunda bir süreliğine durdular. Biş, ordunun önünde, siyah bir atın üzerindeydi. "Etrafınız sarıldı! Tüm giriş ve çıkışlar kapatıldı," diye bağırdı. "Hiçbirinizi istemiyoruz, hain Terah'ı da Yaşlı Adam'ı da istemiyoruz. Bize Avram'ın kellesi lazım. Eğer onu vermezseniz, herkes yok edilecek." Kazdığınız oyuktan üzerinize akıtılacak sıcak bir reçine hazırladık. Avram, beni duyabiliyor musun? Eğer sen dışarı çıkarsan, onlar hayatta kalacaklar."

Avram ayağa kalktı ve herkes onun önüne geçti. Ona bir şey söylemediler bile; gitmesine izin vermeyecekleri açıkça belli olacak şekilde durdular.

Hadad daha da yakınına gelirken, Ktura, "Hayatım

boyunca seni aradım," dedi: 'Seni bulmak için açlıktan ve oklardan ölebilirdim.'

Medan, "Kesinlikle hiçbir yere gitmeyeceksin," diye kararlı bir şekilde çıkıştı.

Sapir, "Ölmek bizim için kolay," dedi. "Çünkü sensiz bir hayatın anlamı yok."

Yaşlı Adam, "Dışarı çıkmak aptallık," diyerek başını salladı.

Şelah, "Farklı bir çözüm olmalı," dedi. "Düşünmem gerek." Başını ellerinin arasına aldı.

Şarir, "Düşün, Şelah, düşün," dedi. "Seni tanıyorum: Kafan, özellikle böyle durumlarda hızlı çalışmaya başlar." Şelah bir şeyler düşünmeye çalıştı ama yapamadı. Sıkışmıştı -Avram için tehlike çok büyüktü. Avram hepsine baktı ve tek bir kelime etmeden oturdu.

Duraklama uzayınca dışarıdan Biş'in alaycı sesi geldi: "Avram! Nasıl oluyor da dostunu sevmekten bahsediyorsun... ama şimdi gitmene izin vermeyeceklerini biliyorum. Onlara uzaklaşmalarını söyle. Bir savaşçı ve bir erkek ol, bir paçavra değil."

Avram sessizce oturdu ve öğrencilerine baktı.

Terah, "Ben çıkacağım," dedi. "Ne de olsa ben Başbakan'dım."

Medan, "Biş senden Avram'a göre daha da çok nefret ediyor," dedi. "İki adım dahi atma şansın olmaz. Biş de Nemrut kadar iyi atış yapar."

Yargıç Vavila, "O zaman dışarı ben çıkacağım," dedi. "Beni vurmaya cesaret edemezler..."

Medan, "Kesinlikle hiç kimse sana merhamet etmez," diyerek onu durdurdu.

O sırada dışarıdan bir ses duyuldu: ordu mağaraya doğru ilerliyordu. Sapir bir yay kaptı ve küçük bir deliğe girdi. Herkes onu takip etti ve Biş'in savaşçıları yamacı tırmanmaya başlarken girişte yerlerini aldılar. Yüzlercesi, binlercesi ustalıkla taşlara tırmanıyordu. Yaklaşıyorlardı. Herkes şaşkınlık içinde Avram'a bakıyordu ve o, daha önce hiç olmadığı kadar sakindi.

Vavila, "Neden bu kadar sakinsin?" diye sordu. "Öğret bize."

Hadad, "Onlardan korkmuyorsun," dedi. "Seni anlıyorum. Ben de onlardan korkmuyorum." Avram'ın karşısına oturdu ve girişte bedeniyle onun önünü kapadı.

Sonra herkes oturmaya başladı. Yaşlı Adam Avram'ın yanına oturdu. Avram, "Çember şeklinde oturun," dedi. Çemberi kilitleyin. Kadınlar, arkamıza oturun. Şimdi bir ders yapacağız." Her şeyi onun emrettiği gibi yaptılar. Avram'a kocaman açılmış gözlerle bakıyorlardı. O, sakin ve dingindi, güç ve sevinç saçıyordu.

"Bu ders, Yaradan'ı hissetmek istiyorsak, O'nunla aynı olmamız gerektiği gerçeğiyle ilgili olacak. O Bir'dir ve bu yüzden biz de Bir olmalıyız. O Sevgi'dir ve biz de Sevgi'de birleşmeliyiz. Kendimiz için bir yaşam olmadığından, kendimiz hakkında düşünmüyoruz. Böyle bir şey yok. Biz buraya çektiğimiz Yüce İyi Gücü düşünüyoruz. O'nun bunu nasıl arzuladığını bir bilseniz!"

Avram, "Biz on kişiyiz," diye devam etti. "Birbirine bağlı on kişi, eşit on kişi, Tek Yaradan'a yönelmiş on kişi. On kişi dünyayı değiştirir." Hemen gözlerini kapattı. Uzun bir süre sessiz kaldı ve sonra şöyle dedi: "Saklı olan on Sefirot bir tür parlak ışığa benzer. Sefiraların amaçları kolayca tasvir edilemez çünkü on Sefirot gizlidir, ışıldar ve sonları başlangıçtadır ve başlangıçları sondadır. Kömüre tutunan bir alev gibi, onların efendisi Bir'dir. O'ndan başkası yoktur." [İbrahim. *Yaratılış Kitabı.*]

Bu sözler Avram tarafından söylenmişti ve onun ağzından çıkmıştı. Bir yandan öyleydi. Öte yandan, bu sözleri söyleyen o değildi. Herkes, bu sözlerin tamamen başka bir yerden geldiği hissine kapıldı. Mantık ve akıl devre dışıydı. Burada onlara yer yoktu. Gerçeklik ortadan kaybolmuştu. Avram gözlerini açtı ve Yaşlı Adam'a şöyle dedi: "Senden geminin nasıl inşa edildiğini anlatmanı istiyorum." Herkes Yaşlı Adam'a baktı. Hiç kimse Avram'ın neden gemiyi sorduğunu ya da bu soruyu neden tam o anda sorduğunu merak etmedi. Herkes dinlemeye hazırdı. Sadece çemberi daha da sıkılaştırmışlardı. Yaşlı Adam sakince anlatmaya başladı: "Tufan insanları yok etmek için geldi. Çünkü onlar, O'nun bizlerden olmamızı istediği halde, tek kalp halinde değillerdi. Birbirleriyle geçinemiyorlardı; birbirlerinin gözlerinin içine bakmıyorlardı. Öyle bir zaman geldi ki herkesin içinde bir yılan uyandı ve kötülüğü uyandırdı. Bir aile vardı ve o aile dağıldı."

Hadad Medan'a sarıldı, Ktura Sapir'e sarıldı ve Sapir de Vavila'ya sarıldı. Tüm onlu kucaklaştı. Amtalei ve Sarai de sarıldılar.

O sırada, Biş'in savaşçıları mağaranın girişine doğru giden taşları tırmandılar.

Yaşlı Adam devam etti. "Ve sonra Nuh dedi ki 'Tufan kötülüğün üzerine çıkamayanları yok edecek. Kötülüğün üzerine çıkmaya hazır olanlar helak olmayacaklar. Sizi

çağırıyorum'. En cesur olanlar geldi. Tufan yaklaşıyordu."
Biş'in savaşçıları da kirli sular gibi girişe doğru akın etmeye başlamışlardı.

Yaşlı adam öfkeli bir şekilde "Sel, kendilerinin üzerine çıkamayanları öldürdü," dedi. "Kötülüğün ve nefretin üzerine çıkanlar, Sevgi'ye yükselenler sel sularının da üzerine çıktı."

"Buna Nuh'un gemisi denir," diyen Avram'ın sesi duyuldu. "Kötülüğün içinde boğulmayın, onun üzerine çıkın. Şu anda yaptığımız şey bu."

Biş'in savaşçıları çoktan mağaraya girmiş ve her köşeyi aramaya başlamışlardı ama kafaları karışmıştı. Hiç kimseyi bulamamışlardı! Biş burnunu oynattı; kusursuz bir koku alma duyusu vardı ama bu sefer burnu onu hayal kırıklığına uğratmıştı. Biş hiçbir şey hissetmedi.

"Nereye gitmiş olabilirler?" diyerek hırladı. "Nereye-ah!" Orada oturuyorlardı, tam orada oturuyorlardı ama kimse tarafından görülmediler çünkü gerçekte orada değillerdi. Burada, kendileri için korkuyorlardı. Orada, birbirlerini düşünüyorlardı. Burada, yalanlar ve boşluk vardı. Orada, Birlik gerçekti ve onlar gerçeğe doğru gitmişlerdi. Sevinçle yürüdüler çünkü Bir'e giden yol neşelidir ve akıllı olanlar bunu anlayamadılar ve mucizelere inananlar da hiçbir mucizenin olmadığını kavrayamadı. Basitçe, onlar ve diğerleri birbiriyle kesişmeyen dünyalarda yaşıyorlardı. Kendini sevme dünyası ve dostunu sevme dünyası. Hayır, bu kelimeler kesişmez! Putların dünyası ve Tek Yaradan'ın dünyası; aralarında hiçbir bağlantı yoktur.

Yaşlı Adam, "Yarattıkları gemi, kötülüğün güçleri üzerinde yüzüyordu," dedi.

Avram, onları buna yönlendirmişti. Yere indiler.

Biş hiçbir şey anlamadan uludu. Savaşçıları şüpheyle etraflarına baktılar. Onlar da bir şey anlamadı. Yanan bir ateş vardı. Giysileri oradaydı ve üzerinde oturdukları postlar henüz soğumamıştı bile ama onları hiçbir yerde bulamadılar! Bu nasıl olabilirdi? Ne tür bir saçmalıktı bu? Kara büyü tanrısı Pahda olmadan böyle bir şey olamazdı.

Ve birisi onun adını söylemiş olmalıydı çünkü aniden herkes geri çekildi.

Şüphesiz, bu Pahda'nın işiydi!

Biş'in cesur savaşçıları, "Ayrıca, onun insanlara sonsuza dek zarar verebileceği veya kör edebileceği de söylenir. Ya da sağ ellerini kurutabileceği. Bunu dilencilerimizde gördük, elleri kuru bir dal gibi sarkıyordu..." diye fısıldadılar ve geri çekildiler.

Biş onlara, "Durun! Durun!" diye bağırdı ama kendisi de geri çekildi. Çünkü vadiden gelen bir fısıltı duydu ve o anda bunun, kuru otlar arasında kaybolan rüzgârın sesi olduğunu anlayamadı. "Benim, Pahda! Pahda!" diye bir ses duydu ve geri çekildi.

Avram ve öğrencileri Sevgi'ye yükselmişti. Yaradan Avram ile konuştu. Ve anlaşıldı ki orada, aşağıda korku vardı, burada ise sevgi vardı. Orada, uydurulmuş Tanrı Pahda vardı ve burada Bir vardı ve Sevgi Yasası dışında başka bir şey yoktu.

Avram, Yaradan'ın sözlerini öğrencilerine aktardı ve hepsi bunun Hakikat olduğundan emindi. Biş'in korkak savaşçıları ise koşarak taşların arasından geçtiler, düştüler ve bağırdılar: "Pahda! Pahda!" Hiçbir şey onları durduramazdı, o ana kadar içinde bulunduğu sığınaktan aniden çıkan Nemrut dışında hiçbir şey. Görünüşe göre oradaydı ve fark edilmek istememişti. Fakat bunu başaramamıştı.

Nemrut elini kaldırdı ve savaşçılar durdular. "Nereye koşuyorsunuz, cesur savaşçılar?" diye sordu. "Kral Nemrut'un sadık savaşçıları, nereye koşuyorsunuz?" Askerler soluk soluğa kalmışlardı, öyle ki konuşamadılar.

"Diliniz mi tutuldu benim büyük savaşçılarım?"

"Orada kimse yok... hayır," diye fısıldadı biri.

"Orada... o... Pahda," diye ekledi bir başkası.

"Pahda mı?" Nemrut yavaşça konuştu ve gözleri çirkin bir şekilde parladı. Biş bu kıvılcımı biliyordu ve ilk geri çekilen o oldu.

Nemrut, "Dur, Biş," dedi. "Ne de olsa sen de kaçtın."

Biş itaatkâr bir şekilde başını eğdi.

Nemrut ona, "Orada ne var?" diye sordu.

"Oradalar," diye açıkladı Biş. "Ama orada değiller de."

"Daha açık konuş!" diye emretti Kral.

Biş, "Onları göremiyoruz. Ama oradalar," diye tekrarladı.

Nemrut, soğuk bir tavırla, "Daha açık," diye konuştu.

"Ortadan kaybolabiliyorlar."

"Nasıl?" Nemrut homurdandı.

"Bilmiyorum, yüce Kralım." Biş sessizdi.

"Sen bir rahipsin."

"Bu benim anlayışımın da ötesinde Kralım. Beni bile şaşırtıyor."

Nemrut'un yüzünde çarpık bir gülümseme belirdi. Artık

savaşçılarına bakmıyordu. Mağaraya doğru ilerledi. Korkmuş ordusu onu takip ederken, önde tek başına yürüdü. Girişin yakınında durdu ve konuştu:

"Seninle konuşmak istiyorum Avram. Benim, Kral Nemrut," diye seslendi. Fakat büyük bir sessizlik vardı.

"Sana hiçbir şey yapmayacağım, söz veriyorum," dedi. Avram mağaradan çıktı ve yavaşça Nemrut'un olduğu yere doğru indi: "İşte, buradayım," dedi.

Nemrut, "Nerelerdeydin?" diye sordu. "Benim sadık Biş'im ve onun cesur savaşçıları korkudan titriyorlar."

Avram, "Bizi görmediler," diye cevapladı.

Nemrut, "Ama siz orada mıydınız?" diye sordu.

"Evet."

"Sizi neden görmediler?"

"Nefret eden, seveni görmez."

"Anlamıyorum."

"Bunu sana izah edemem."

"Gerçekten mi?" Nemrut buna inanamıyordu.

Avram sakince, "Evet, gerçekten," dedi.

"Bunu anlamak için senin öğrencin mi olmak gerekiyor?" Nemrut meraklanmıştı.

"Doğru."

"Ben onlardan biri olamayacağım, değil mi?"

"Sen olamazsın."

"Sen kibirlisin, Avram."

"Hayır, değilim. Sadece bu çalışma sana uygun değil."

"Ve seni öldüremem!" diye düşündü Nemrut yüksek sesle.

"Doğru." Avram kararlıydı.

"Beni rahatsız ettiğinin farkında mısın? Bunu anlıyor musun?" Nemrut sinsice gülümsedi.

"Biliyorum."

"Gitmene izin veriyorum. Hepsini alıp gidebilirsin." Nemrut'un sesi yumuşak ama kararlıydı.

Avram, "Bu yeterli değil," dedi.

"Ah? Ne istiyorsun?" Nemrut meraklandı.

"Duyulmak."

"Senin kadar deli olanlar tarafından mı?"

"Beni duyabilecek herkes tarafından. Onları Babil'de bırakmak istemiyorum. Tek birini bile."

Nemrut cevap vermedi. O anda ne düşünüyordu: Avram'ın Kral'a şartlar sunmaya nasıl cüret ettiğini mi, onu öldüremeyeceğini ya da belki de Avram'ın, gerçekten de yüce olduğunu ona nasıl kabul ettirdiğini mi? Ve sırrını açıklamayacağını mı?..

Nemrut sonunda, "Peki, sana kendini duyurma fırsatı vereceğim," dedi. "Seninle gitmek isteyen herkesi bırakacağım. Ülkemde onlara ihtiyaç yok. Büyük bir kule inşa etmek için onlara ihtiyaç yok. Onlar inşaatı yapacak kişiler değiller, Babilli değiller; onlar da sizin gibi aptallar. Bana inanmayanlar, boş insanlardır. Benim onlara ihtiyacım yok."

Avram, "Onları götüreceğim," dedi.

Nemrut gözlerini Avram'a dikerek, "Anlaştık," dedi. Gözlerini kaçırmadı.

"Gerçekten, onlardan bir şey olacağını düşünüyor musun?"

Avram büyük bir inançla, "Yalnız onlardan olacağını düşünüyorum," dedi.

"Vaazını verdiğin o bilinmeyen şeyi kavrayamamanın özlemiyle yanıp tutuşan o ağlak bebeklerden mi?" Nemrut alay ediyordu.

"Evet."

"Gerçek hayata inanmayanlardan mı?"

"Kesinlikle."

"Gücüme inanmayanlardan mı?"

Avram, "Farklı bir güce ve farklı bir kuvvete inananlardan," dedi.

"Senin o uzun, dost sevgisi masallarına inananlardan mı?" Nemrut gülüyordu.

"Evet."

Nemrut, "Böyle bir düşünce karşısında tüylerim diken diken oluyor," diye konuştu.

"Biliyorum." Avram kızgın değildi.

"Sen delisin, Avram. Sen boş bir hayalin satıcısısın. Dünya seni takip etmeyecek. Beni takip edecek. Ben gerçeğim; benim dünyam görülebilir ve hissedilebilir... ama seninki?" Nemrut arkasını döndü ve alay edercesine, "Kimsenin seni rahatsız etmemesini emredeceğim. Bütün ülkeyi dolaşmak için bir ay yeterli mi?" diyerek uzaklaştı.

"Herkesin beni duyduğuna inandığımda gideceğim."

"Ha ha, ha, ha... Benim için sorun değil. Haberciler

göndermek ister misin?" Nemrut neredeyse samimi görünüyordu.

"Hayır, bunu ben yapacağım." Avram başını sallayarak onayladı.

Ertesi sabah, Avram ve öğrencileri mağaradan ayrıldılar. Kimse onları rahatsız etmedi, kimse onları takip etmedi.

Hiçbir engelle karşılaşmadan şehre girdiler ve buradan itibaren, Avram ve öğrencileriyle ilgili yeni bir hikâye başladı.

Bu hikâye, onun aylar ve yıllar boyunca, kervan yollarında çadır kurarak ülkeyi nasıl dolaştığını, insanlar evlerinin kapılarını onun yüzüne kapattıklarında ya da ayaklarına tükürdüklerinde nasıl umutsuzluğa kapılmadığını anlattı.

Umutsuzluğa kapılmadı çünkü farklı bir işitme yeteneğinin gerektiğini biliyordu: kulaklar aracılığıyla değil, kalp aracılığıyla.

Dinlemeye hazır olan herkesi bir araya getirmesi gerektiğini biliyordu ve böylece on binlerce insan Avram'ın etrafında toplandı.

Nemrut'un dediği gibi değersizdiler; aptaldılar. Aslında, amacını anlamadıkları bir yaşamdan dolayı eziyet çekiyorlardı ve bu yüzden Avram'ı duymuşlardı.

Avram, onlar için susuzluktan ölürken içilen bir yudum su gibiydi. Yaşam olmayan bir çölde, hiç umut yokken... Aniden ortaya çıkan bir pınar gibiydi.

Bu insanlar sevinçle her şeyden vazgeçmeye hazırdılar. Vakit geldiğinde, Avram'ın peşinden gittiler.

Artlarına bakmadan ülkeyi terk ettiler.

Onlara şaşkınlıkla, küçümsemeyle, üzüntüyle, özlemle bakıldı; iyi yönetildikleri, iyi beslendikleri bir hayatı, mesleklerini, geleceklerini, konforlarını, her şeyi bırakıp giden çılgın insanlar gözüyle bakıldı.

Önlerinde çok uzun bir yolculuk vardı ve en önemlisi, onları büyük bir sınav bekliyordu. Ve onlara yeni bir ad verilecekti: İSRAEL! İsra-El! Yaradan'a Doğru. Avram ve arkadaşları hakkında daha fazla bilgiye, sonraki kitaplarda yer verilecek...

[2*] İsra (Aramice)- Doğru, El- Yaradan

Uluslararası Kabala Akademisi

Yönetici- Dr. Michael Laitman

http://www.kabacademy.com/

Dünyanın en büyük online eğitim kaynağı; Kabala Bilimi hakkında güvenilir bilgi edinmek için başvurulabilecek ücretsiz ve sınırsız kaynak.

Tüm dünyada, milyonlarca öğrenci Kabala Bilimi çalışmaktadır. Kabala Bilimi'ni öğrenmek için, siteden, size uygun bir yöntem seçin.

İsrail İletişim Bilgileri

Tel: 035419411

e-posta: campuskabbalahrus@gmail.com

Face book: https://www.facebook.com/campuskabbalah

Kapsamlı Kabala Öğrenimi

https://www.zoar.tv/

Kabala Bilimi ve Kabalistik birincil kaynaklar konusunda derinlemesine, günlük çalışma yapmak isteyenler için her sabah Dr. Michael Laitman'ın verdiği canlı yayın dersleri vardır.

Zohar Tv Video Portalı, eşsiz içeriğe sahiptir: Filmler, televizyon ve radyo programları ve makaleler.

Kabala Kitapları Online Satışı

Uluslararası Kabala Akademisi'nin tüm öğretim materyalleri Kabalistlerin orijinal metinlerini temel almaktadır.

http://www.kabbalahbooks.info

Semion Vinokur, seksenden fazla film ve belgeselin yazarı, senaristi, yönetmeni ve yapımcısıdır. On iki uluslararası festivalde, en iyi belgesel dalında ödül kazanan Vinokur, İsrail Sinema Akademisi'nin, en iyi uzun metrajlı film senaryosu dalında birincilik ödülüne layık görülmüştür.

İbrahim'in Savaşı, insanlık tarihinin en ünlü kahramanlarından biri olan İbrahim'in, hayatının ilk yıllarındaki dramatik olayları roman halinde derleme çalışmasıdır. Aynı zamanda, her birimiz hakkında derin bir hikayedir.

Bu kitabın dayandığı kaynaklar; On ikinci Yüzyıl Yahudi bilgini Maimonides'in (RAMBAM) "Büyük Tefsir"i ("Midraş Raba"); Birinci Yüzyıl Romalı-Yahudi tarihçi ve bilgini Flavius Josephus'un eserleri; bu kitabın yazarı ve hocası arasındaki diyaloglar ve yazarın kişisel algı ve varsayımlarıdır.

www.ingramcontent.com/pod-product-compliance
Lightning Source LLC
Chambersburg PA
CBHW072150070526
44585CB00015B/1068